瞬间与永恒——三十年教坛散记

徐丰丽◎编著

文化发展出版社
Cultural Development Press
·北京·

图书在版编目（CIP）数据

瞬间与永恒 ：三十年教坛散记 / 徐丰丽编著 . 北京 ：文化发展出版社，2024. 5. -- ISBN 978-7-5142-4361-1

Ⅰ . G632.0-53

中国国家版本馆 CIP 数据核字第 2024CE3769 号

瞬间与永恒——三十年教坛散记

徐丰丽　编著

出 版 人：宋　娜

责任编辑：袁兆英　　　　　　责任校对：侯　娜

责任印制：杨　骏　　　　　　封面设计：守正文化

出版发行：文化发展出版社（北京市翠微路 2 号 邮编：100036）

网　　址：www.wenhuafazhan.com

经　　销：全国新华书店

印　　刷：天津和萱印刷有限公司

开　　本：710mm × 1000mm　1/16

字　　数：330 千字

印　　张：18.25

版　　次：2025 年 1 月第 1 版

印　　次：2025 年 1 月第 1 次印刷

定　　价：72.00 元

I S B N：978-7-5142-4361-1

前 言

时间犹如清风般从你我指间滑过，无声无息，快得我们都不曾驻足一望。掐指一算，笔者踏入小学教师这一行列已有三十年。自 1993 年参加工作以来，在增长自我综合能力和不断探索教学规律的过程中，积累总结了一些教学经验和做法。

“没有爱，就没有教育”，在三十年“传道、授业、解惑”的具体实践中，笔者不断探索和追求，最终悟出教育之真谛在一个“爱”字，即对教育事业的热爱，对学生的爱。课堂教学的根本在于传道，要传好道，首先要处理好教材、教师和学生的关系，必须实现这三者之间情感的和谐与共振。仅有情感的血液在知识这个活的机体中欢腾流动时，知识才会成为信念，成为学生主观世界的一部分。为此，笔者在教学实践中探索出一条可行的方法：启情—授知—守行。笔者坚信每一位学生都蕴藏着巨大的潜能，需要在特定的环境中被激发出来。所以，笔者以爱心关爱每一个学生，发现学生身上的闪光点，及时给予表扬和鼓励，使他们的潜能得以激发，并获得自信的力量。笔者在做到讲之有物，讲之有序，讲之有理的同时，更渗透“爱心”。

笔者在教学中注意理论与实践相结合，注意关注学生学习过程中的某个行为习惯，收集学生在实践中遇到的问题，结合教学从理论上解答学生出现的问题，提出解决问题的方法和措施，通过记录一个个特别的教育故事，反思提炼出相应的教学技巧，对提高教学质量和教学效果作用显著。

传统的“灌输式”“填鸭式”的教学模式，因其呆板、僵滞而早已成为明日黄花。笔者通过不断地探索并采用贴合中小学生实际的教学方式，强调师生共同活动，克服以教师为中心的倾向，激发学生的情感和兴致，变封闭式教学为开放式教学，使双方真正领略愉快教学的美学价值，并取得了较好的教学效果。

印度诗人拉宾德拉纳特 · 泰戈尔（Rabindranath Tagore）说过：“花的事业是甜蜜的，果的事业是珍贵的，让我干叶的事业吧，因为叶总是谦逊地垂着她的绿荫的。”这本页数不多但又沉甸甸的书本，凝聚了一位在一线任教三十年教师的智慧与汗水，笔者将和所有教师一道默默耕耘，共同托起明天的太阳！

目 录

教学感悟

童心似小鸟

——《云房子》教学案例与思考

一、背景说明

《云房子》是一篇清新别致、童趣盎然的小文章。

依据《语文课程标准》的要求："阅读是搜集处理信息、认识世界、发展思维、获得审美体验的重要途径……应让学生在主动积极的思维和情感活动中，加深理解和体验，有所感悟和思考，受到情感熏陶，获得思想启迪，享受审美乐趣。"本课教学设计以诵读为"经"，以想象为"纬"，适当运用多媒体课件，创设美的情境，引导学生在充分的阅读实践活动中品味语言魅力，积累语言，展开想象，感受大自然的美好，培养热爱自然、亲近自然的情感。

二、案例描述

早读时，孩子们从始至终都在兴致勃勃地读着课文，有的孩子还不时地加上一些可爱的动作。充分的早读为孩子们理解、学习课文做了很好的铺垫。课一开始，我让孩子们初读课文后，根据孩子爱动、爱玩的特性扮演成小鸟相互说说、做做，教室里顿时热闹起来。不用我导演，戏就开场了，教室里没有了腼腆的孩子，也没有了胆小的孩子，听——

师：有一群活泼可爱的"小鸟"飞到我们教室里来了（学生带上头饰），咱们飞上蓝天去看看吧。（播放多媒体课件）"小鸟"们，你们看到什么了？（课件展示雨过天晴的画面）

小鸟 1：哇！天空这么蓝，多像一片蓝布。

小鸟 2：这么多的白云，雾蒙蒙的一片，我好像来到了神仙居住的地方。

小鸟 3：白云软绵绵的，我好像来到了一个童话世界。

小鸟 4：我看到太阳公公正朝着我笑呢。

师：雨过天晴，太阳公公又露出了笑脸，我们一起把这美丽的画面读一读。

师：哇！还有这么多的白云，我们一起来造云房子吧。分小组合作来造房子。

师：看！你们多有创意啊！造出了这么多有趣的云房子，你愿意把你造出的云房子说给大家听吗？可以加上自己的表演，让其他的“小鸟”也喜欢。

小鸟 1：我造的云房子就像一个傻傻的大冬瓜，那样横横地躺在天空中。

小鸟 2：我造的云房子就像一朵美美地开着的花儿，它是那样美丽、那样鲜艳。

小鸟 3：我造的云房子就像一艘太空飞船，它载着我在太空中漫游。

小鸟 4：我造的是一只大白狗，它正在对着你汪汪直叫呢！（动作有点夸张）

小鸟 5：我造的是一串肥嘟嘟的葡萄，让人看了就直流口水。

小鸟 6：我造的是一幢高楼大厦，里面还有电梯，让那些贫困山区的孩子也能坐在明亮的教室里学习。

谁能想到，这就是所谓的“差生”的精彩回答。我带头为他鼓掌，全班掌声雷动。

小鸟 7：……

师：“小鸟们”飞出去互相欣赏和介绍有趣的云房子吧，别忘了请别人到你的云房子里来做客噢！

（表演，让学生在口语交际中学会运用语言）

师：你们玩得真开心！让我们一起快乐地读读课文的三、四自然段吧，相信你们会读得很出色。

此时此刻，我早已被孩子们那无拘无束的对话、手舞足蹈的表演吸引住了，也不由自主地跟他们说开了……我面对的似乎不是学生，而是一个纯真无比的童话世界。我深深地陶醉了！

在这种民主、和谐、愉悦的情境中，童心的宝匣被打开了，那灵动巧妙的诗一般的语言便汩汩地流淌了出来。放飞思维，激发想象，学生在参与中理解了课文，感受到了大自然的美，心中升腾起保护大自然的欲望。你看，无须循循善诱、苦口婆心，既实现了教学目标，又锻炼了学生的口语交际能力，为师者何乐而不为呢？

三、案例分析

课堂何以有这般魔力？其实修订大纲早就创造了这种魔力，课程标准也已经赋予了，关键在于为师者的施行。《语文课程标准》提出：“遵循学生身心发展和语文学习的规律，选择教学策略。”本篇课文的意境很美，语言富有童趣，全文采用拟人化的手法，以小鸟的活动为线索，描绘了雨后天空的美丽。如果仅仅读读说说，学生也只能是蜻蜓点水。小学生好玩、好动、好表现，每个人都是一本童话书，内心是个童话的世界，一千个学生，就有一千个动听的故事，但这往往需要特定的情境。虽说课本里有插图，但毕竟是静态的，缺乏一种生机，无法直接调动儿童多种感官的参与。就像游客，光听导游的讲解，而没有亲身去体会、去领略，再美丽的风光到头来也会毫无印象。让学生扮演角色说说做做，这正投其所好，顺应了他们的心理需求，让他们做自己想做的事，说自己想说的话。学生的情感一旦被激发，就会在课堂活动中快乐学习、大胆质疑、主动探究。

今天上午教学练习 8 的看图说话时，才刚欣赏完画面，那充满童稚的语言就来了："蓝队的小刚在对方毫无防备时，一个箭步窜了上来，猛踢一脚，球进了。""蓝队在场上欢呼起来，跳跃起来，他们紧紧地拥抱在了一起。"……《语文课程标准》提出："为学生创造良好的自主学习情境，尊重学生的个体差异，鼓励学生选择适合自己的学习方式。"因此，我们的课堂教学要尽可能地为学生发挥智慧和潜力创造条件，提供让不同学生展示才华的平台，让学生选择自己的方式学习，让他们充分体验到自主选择的快乐，他们学起来就会更加投入。这样做还可以使学生全员参与，因为平时后进生缺乏信心，而实际上，这些学生也有自己的特长和爱好，这种活动式的学习让他们也有了参与和表现的机会。

"教有法而无定法，贵在得法。"我相信，只要我们心中有"一切为了学生发展"这一理念，彻底改变自己独霸讲坛的旧习，提倡师生民主平等，尽量采用或创造新颖、活泼的教学方式，新课程的实施定能取得事半功倍的效果。

四、课后反思

学生在游戏中学习，游戏就是学习，飘荡着欢乐，充溢着智慧。

——放飞纯真的童心。童心就像水晶一样澄澈透明，不会有丝毫的矫揉造作和虚伪掩饰。上述案例中孩子们所说的、所做的都是在稚嫩童心、稚嫩思维的指使下纯真的做法，是心灵世界的需求，带有很大的原生性和自发性。而就是这种真切的感悟，往往使孩子们易于抒发内心的真实想法。待教师稍一"引诱"后，思潮犹如山洪暴发开来。

——表露无忌的童言。孩子们总是少有顾忌，口无遮拦。想说什么就说什么，几乎成了儿童的共同特点。在阅读教学中，我们应该宽容他们说的一切，因为那可是"天使说话"呀！当然，如果孩子们有不良的想法，教师也不要袖手旁观，而是循循善诱。相信在孩子们与教师面对面交流时，热爱大自然、保护环境的意识会根植在他们的心田，伴随孩子们一路同行。

童心似小鸟，在四季的童话里飞来飞去，但它需要爱的阳光，需要我们给它一片茂密的森林和蔚蓝的天空！

读绘本，做儿童阅读的点灯人

著名儿童文学作家、上海师范大学中文系教授、博士生导师梅子涵先生曾经说过这样一段话："儿童文学是给儿童看的，也是给成年人看的，更是给那些将儿童文学讲给儿童听的成年人看的。"我们这些从事儿童文学研究的人就像点灯人，把一本本有趣且耐人寻思的书带到孩子们的面前，让他们兴致勃勃地阅读，朦朦胧胧间竟然使他们的一生都有了方向。我们点了很多盏让人长大的灯，让孩子更加优秀、优雅和完美。

专家一致认为，绘本是最适合孩子阅读的图书形式。绘本是适合反复阅读的作品，不只是文字值得品味，充满艺术气息的图画作品也值得我们细细欣赏。对于一名语文教师来说，更应该把绘本引入班级，让更多的孩子一起阅读，并在阅读中一起感受快乐或悲伤，一起成长。

绘本阅读在欧美等国家已经有100多年的历史，是发达国家儿童首选的读物。20世纪五六十年代，绘本开始在韩国、日本兴起。20世纪70年代，我国台湾也开始了绘本阅读，随后引起了绘本阅读的热潮。而在我国大陆，对绘本的了解与绘本阅读的实践才刚刚起步。近几年，我国大陆一些儿童文学作家与小学语文教学研究专家认识到绘本阅读对低年级孩子成长的重要性，开始致力于绘本的推荐与绘本阅读的推广。绘本不仅是讲故事、学知识，而且可以全面帮助孩子建构精神世界，培养多元智能。21世纪，绘本阅读已经成了全世界儿童阅读的时尚。

一、什么是绘本

绘本的英文为"picture books"，直译为图画书，即用图画与文字来共同叙述一个完整的故事。书中的图与文有同等的重要性，有时甚至图画的重要性比文字要高。绘本高度的文学性和艺术性对培养孩子的观察、想象、创造等各方面能力都有着潜移默化的影响。

一本绘本通常包含封面、环衬、扉页、正文和封底五个部分。

我们对封面太熟悉了，拿起一本书，首先映入我们眼帘的就是封面。封面也是我们对书中内容进行预测的一个重要来源，哪怕是一个孩子，也可以从图画书的封面上猜出这本书讲了一个什么故事。还有一些封面是需要与封底连在一起看的，它们共同构成了一整幅画面，比如《好饿的小蛇》《蚯蚓的日记》等。

环衬是封面与书芯之间的衬纸，也叫作蝴蝶页，也是最容易被漏看的一页，而孩子一般是不会错过环衬的。环衬的颜色与图案常常与要讲的故事相吻合，看过《爷爷一定有办法》这本书的教师一定还记得它的环衬正是爷爷使用的那块蓝色布料，而在《一片叶子落下来》中，环衬是整篇的黄色，表达了生命的宁静与安详。

环衬之后、正文之前的一页是扉页，一般写着书名、作者、译者与出版社的名称。除了这些信息，图画书往往从扉页开始就有图画。它是通向正文故事的一扇门，不仅告诉你谁是故事的主人公，有时还会讲故事，比如《母鸡萝丝去散步》一书的扉页就是母鸡萝丝散步的地图。

当我们阅读完正文，合上一本图画书时，图画书的故事就已经讲完了吗？有时候是这样，而有时候又不是这样。有一些绘本将故事的结尾延续到了封底上。

以上种种无不在提醒我们：图画书的每一个细节都暗含了作者的心思，都是我们阅读的重要信息和提示。

二、为什么要读绘本

长久以来，一些人认为读图不是阅读，轻视读绘本，这意味着这些人不理解儿童阅读。绘本是最适合儿童阅读的书，年龄小的孩子一定要让他读，让颜色、图画、神情留在孩子的心里，这是一种心情、一种人格。精神里有丰富的颜色，就会变成一种目光、一种心情，去看自己的生活；精神里缺乏那种鲜艳和耀眼，心情就飞扬不起来。

生命的哲学、日常的情感态度，都包含在儿童文学中。读了儿童文学就懂了孩子，懂了孩子就会更慎重、更好地与孩子相处。儿童文学里有很多对成年人有启发的智慧与哲学。一个成年人读这些书时，实际上是在为自己收集阳光、收集颜色、收集诗意。

阅读，不是给孩子一个具体的东西，但比给具体的东西更重要。不仅学生读、家长读，教师也要一起学习绘本，品味绘本中的各种感情。在孩子还是一张白纸时读绘本、读儿童文学，成长过程中全部的情感、成长的方向都包含在这种书里了。把这些搁进他的记忆里，积累得多了会在孩子心里酝酿一种大气象，将来总有一个机会出现。这种大气象就是一种博爱、一种善良、一种真诚，是“因为你而让这个世界变得更美好”。不失时机地把这种书带进课堂，就是把感动和喜欢带给学生，带给中国的未来。

怎样实现班级共读呢？这是语文教师关注的话题。对一位妈妈来说，也许握着自己孩子的手一起读绘本就够了，但是对一名语文教师来说，我们更希望把绘本引入班级，让更多的孩子一起分享，并在分享中一起感受快乐或悲伤，一起成长。在学校由教师讲故事和在家里父母给孩子讲故事是有很大不同的。首先，在学校，讲图画书故事主要由教师面对班级所有学生进行，有更多的同伴参与进来，儿童之间由于家庭环境、个人气质、文化的差异而彼此影响，再加上有教师专门指导，班级内儿童共读图画书更能形成一种氛围。而教师在讲完一本图画书后，可以将讲过的这本书放在班级里让儿童阅读。教师丝毫不用担心儿童会因为听过故事而对它全无兴趣，恰恰是他们熟悉的故事才是他们最爱读的。

其次，对于低龄儿童，图画书最重要的是由“图画”和“文字”共同组成的故事。因此，对教师来说，重点在于如何“讲好故事”。我们知道，故事最吸引人听下去的就是情节上的悬念，如同磁铁一样，紧紧地吸引着孩子那双明亮的大眼睛，一眨不眨地盯着你。有些图画书的故事从封面就开始了，然后从环衬一直到正文，最后到封底，构成了一个美妙的回环。但也有更多的故事，封面选用故事正文中主要情节的画面，或者是故事的最后结果，如《鲸鱼》《爷爷一定有办法》等，这时我们的讲述就可以不从封面入手，在适宜的时候出现，同时满足了学生阅读时预测期待的需要。比如，在给二年级学生讲《爷爷一定有办法》时，就可以从环衬那块蓝色布料开始，直到讲完故事“约瑟写了一个故事”后，才让学生猜测：约瑟写的这个故事会叫什么名字？这样便成为一个很好的培养学生思维的教育契机。

最后，我们再来说说讲完故事后要不要讨论这个话题。

中日儿童文学美术交流中心副会长松居直先生告诫家长，千万不要在孩子听故事最专心的时候停下来，让孩子们回答“有几只狼？几头猪？狼和猪加起来一共有多少？你知道小红帽为什么被狼吃了吗？好心有好报，要和小朋友好好团结呀”等这些满足大人而令孩子讨厌阅读的问题。这一点在班级共读中同样也得强调，绘本中最重要的是故事，因此在讲述故事时千万不要破坏故事的完整性，而在班级共读的过程中，和单纯的“妈妈讲，宝宝听”亲子模式不同，这个故事的讲述是由教师和学生共同完成的，绘本的画面、文字，教师和同学的声音，随着故事展开的游戏，还有故事到关键处时同学的预测，最终大家合作完成一个故事，这个故事比原作者的故事还更加丰富完美，因为教室里所有的人都参与了这个故事的讲述，都把自己的经验贡献在了这个美妙的故事中。

而故事完成后，在班级共读中则是要对这个故事进行讨论的。低年级讲完故事后的讨论一般是点到为止，目的是把儿童指向更高的地方，更重要的是让儿童的生命得以自由充分地表达。而在中高年级，对于像《石头汤》《犟龟》《你很特别》《活了一百万次的猫》这样的绘本，则可以结合童书共读的经验以及当下的生命生活进行更加充分的主题探讨，引领学生站位更高、感悟更深。

三、绘本教学三要素

（一）发现

由于绘本的特殊性，每一个绘本从头到尾都隐藏着“神秘”。无论是扉页、封面还是环衬，都为孩子献上了精美的“食品”，这就需要拥有一双会发现的眼睛。

1．发现封面（包括腰封）

无论什么书，封面都是最先映入读者眼帘的，而在阅读前让孩子发现作者名、译者名、出版社名、主人公（年龄、性别、衣着、神态、动作等）、背景（如《爱心树》封面那棵树上写着的英文字母“The Giving Tree”的含义、《风到哪里去了》封面上月亮、群山、小鸟、房屋、雨点代表的世间万物）等都有助于孩子对绘本的理解。腰封上有时会有对作品的评价或对主题思想的提示（如《爱心树》腰封上有2005年度十佳童书；美国教育部百部最受教师孩子喜爱的书之一；看了这本书，孩子会更爱妈妈等），由封面中的图画与文字猜想故事，使整堂课弥漫想象的色彩。

2．发现环衬

环衬是封面与书芯之间的一张衬纸，很多绘本的环衬上也画有图画，不过千万不要以为它们仅仅是起装饰作用的图案而一翻而过，实际上，绘本的环衬不但与正文的故事息息相关，有时还会提升主题（如《花点点和鳞片片》的环衬是许多不同条纹和颜色的袜子，左右可以找寻配对的那只；《爷爷一定有办法》的环衬是蓝色布料，上面布满了闪烁的星星）。

3．发现会讲故事的扉页

扉页就是环衬之后、书芯之前的一页，上面一般写着书名和作者的名字，有时还有作者的简介及本书获奖纪录。扉页不仅是通向正文故事的一扇门，不仅是告诉你谁是故事的主人公，还包含着丰富的信息，有时还会讲故事（如《活了一万次的猫》扉页的虎斑猫与封面略有不同，仿佛在说明着什么；《猜猜我有多爱你》扉页的图画暗示着大小兔子快乐玩耍，在精神得到满足后才有了下面小兔的提问）。

4．发现正文毋庸置疑

每一个孩子都是读图画的天才，只要故事在图画上表现出来，那么孩子的眼睛就会发现它们。他们能发现画家没有发现的破绽，能读出成人料想不到的意思。在阅读绘本的过程中应尊重每个孩子的不同感受，教师不要把故事情节一股脑儿全盘托出，要积极鼓励孩子边发现边猜想后面将要发生的事，鼓励他们将自己比拟成故事中的角色，让孩子也自然地融入故事（如《彩色的乌鸦》里每只乌鸦色彩的区别和表情的变化；《要是你给老鼠吃饼干》中小男孩的表情；《藏起来的礼物》中角落里关注女儿的妈妈；《轱辘轱辘转》每一页都躲起来的米粒大小的金虫子，欣赏图画的同时关注画中画等），一边读文，一边赏图，让思绪随着图文驰骋千里，上天入地。在想象空间大的地方可以先让孩子想象再读故事，情绪色彩浓的图画可以让学生由图画想象人物的心理。

5．发现并未结束的封底

合上一本绘本时，绘本的故事就已经讲完了吗？答案当然是否定的。因为有的绘本就是把故事的结尾延续到了封底上，为孩子留下了想象的空间，因此绘本的封底不容错过。封底很有“看头”——大部分与封面相呼应，有的甚至需要与封面连在一起欣赏讨论，有的则是故事的结尾与延续（如《神奇的蓝色水桶》草地上遗留下来的充气鲸鱼；《失落的一角》抬头期盼的一角等）。

（二）思考

在引导儿童阅读绘本时，不应急着说教，不断地提问、说明，犹如应试教育一般，而应把看书、思考的空间留给儿童，让他们有足够的时间来品味故事，让他们的体验和感受经过时间沉淀，再慢慢地转化为知识和智能。

1．思考的内容

①对图画语言的思考。

②对文字语言的思考。

③对图文结合碰撞产生的新语言的思考。

2．思考的技巧

（1）朗读引发思考的技巧

对孩子而言，听别人朗读故事是一件轻松、没有压力的事。在倾听与欣赏的过程中，孩子自然而然地了解书写方式，认识生字新词，并熟悉语法。朗读故事给孩子听，也等于为孩子提供欣赏创作风格、了解情节铺陈、认同成功角色的机会，这对于引发孩子的阅读兴趣有很大的帮助。孩子倾听故事的机会越多，其生活经验与知识领域自然随之扩展，形成个人的思考与判断。

（2）讨论故事引发思考的技巧

讨论故事是儿童文学中很重要的一环，可通过二三人、一小组或整个班级进行。讨论故事可以建立师生双向互动的关系，对教师而言，讨论故事可以了解孩子看了哪些书，对故事的了解程度、思考的深度与广度如何。对孩子而言，讨论故事为他们提供了一个合作思考的机会，不仅帮助孩子确认、扩展及修正对故事内容的理解，而且在成人的引导下，培养倾听、发问与表达的技巧，学习说理与思考，建立对自己有意义的知识系统。

（三）表达

人才最本质的特点在于创造。如何在挖掘绘本魅力的同时激发孩子的创造能力呢？阅读绘本，应该给每个孩子创造表达的舞台，世界上最好的“绘本作家”应该是孩子。

1．表达的方式

①语言表达——讲故事、演故事、画故事、续编故事。

②文字表达——改写故事结局或改编故事情节、在扉页处写前言、写信给书中的人或作者、谈谈阅读的心得经验等。

③图画表达——学画书中图画，布置完成绘画日记或合作制作绘本的作业。

④其他形式——以上三种方式结合，班级家庭交流分享或开展综合实践活动等。

2．表达的案例

首先，不同的绘本可以用不同方式表达。例如，读《泰迪熊搬家记》，可以学画地图；读《泰迪熊的溜冰派对》，可以让学生自己筹备派对；读《别再亲来亲去》，可以续写故事；读《鳄鱼怕怕牙医怕怕》，可以演故事；读《可爱的鼠小弟》系列，可以直接在绘本的留白处写写画画；读《嘟嘟与巴豆》，可以学习写信、介绍各地风土人情等。

其次，同一绘本表达方式也可以多样化，如窦桂梅教学《我爸爸》后的延伸：用简笔画为你爸爸画一张像；用笔为你爸爸写上一句话；或者也像黑板一样，画一个网络图；注意爸爸的友情提示等。

最后，有些绘本还可以开展综合实践活动，如《树逃走了》就可以跟孩子们一起开展实践活动，学校哪棵树开花，哪棵树最大？找找哪棵树想逃走。从树的生长状况揣摩树的心情，填写实践记录表格：找校园中正在开花的树（观察花的颜色、花形、捡落花）；找校园中正在结果的树（观察果实的颜色、形状）；找校园中最大的树（抱大树、合抱大树、分享大树的心情）；找校园中最悲伤的树。

绘本在表达一个意思时可以用很多方法，但不会直接告诉人们这是什么意思，需要自己去补白、去思考。当你与学生用发现的眼睛、思考的大脑、创新的表达去理解绘本时，你会发现其中蕴含的哲理会不知不觉地铭刻在心，你和孩子都会从中学会怎样对待人生、怎样使用语言。

当然，发现、思考、表达并不是孤立的，因发现而思考，因思考而有了新发现，表达后再思考再发现，总之，它们彼此交融、相得益彰。由于绘本不同、教师不同、学生不同，方法也是多样的，既不能因注重“发现”而上成“看图说话课”，不能因注重“思考”而上成“集体面试课”“人文讨论课”，也不能因注重“表达”而上成“写作指导课”。如何在挖掘绘本自身的魅力、适当分享绘本的人文价值、思考绘本的个性风格的同时，让儿童品尝阅读绘本的甜美，培养儿童的想象力与观察力，教学设计时考虑如何“发现、思考、表达”仅仅是一方面，实际组织教学时，教师还得有敏锐的教学机智，善于抓住课堂中的机会，才能让课堂更加自然、出彩。

不要怀疑孩子的理解能力，孩子是看绘本的天才。不必强求完整的故事内容，不必强调深奥的道理，因为绘本不单单是一个道理，隐含在里面的教育意义很多很多。绘本是适合反复阅读的作品，不只是文字值得品味，充满艺术气息的图画作品也是值得我们细细欣赏的。推荐绘本给孩子阅读，引起他们的阅读兴趣，教给他们一定的阅读方法，在阅读中学会交流，从而提升他们的阅读质量。让我们都来做一个点灯人，借绘本这盏明灯，和孩子相约在心里，相约于生命的诗意中。

汲取教育睿智，苦修自身

——读魏书生《班主任工作漫谈》有感

本学期的班主任工作室开展中，我推荐大家阅读一些名班主任的书籍，从中学习他人的教育智慧。其中，我拜读了我国教育改革家魏书生的《班主任工作漫谈》这部教育名著，心中感慨颇多。记得有人说过，读一本好书，就好像和一位伟人交谈。读魏老师的这本书，就有此感受，书中虽然没有华丽的辞藻，也没有冗长的理论说教，但它言辞恳切、入情入理，读起来有如生命之石划过天空的闪烁光芒。它不是经典，却是践行的楷模；它不是哲理，却熔铸了教学的睿智。

同是三尺讲台，魏老师却能做得这样有声有色、有滋有味，并以高尚的人格、崇高的师德成为当代教师学习的楷模。他以丰厚的人生积淀、深厚的文化底蕴、丰富的教学经验、精湛的教学艺术使我深深折服，更以对学生细致入微的关爱深深感染启迪着我，促使我不断地学习、不停地追逐。

一、学习他以身作则、为人师表的自身修养

通过读书，我体会到作为班主任，必须处处为人师表，注重自己的言行，做学生的楷模，用自己的言行去感染和带动学生。班主任不经意间的一个动作和一句话，可能会出现事半功倍的效果。要学会关注每一个学生，用“真爱”去发现和培养孩子的闪光点，使他们发挥自己的潜能，让每个孩子的心里都洒满阳光，特别是残疾孩子。教师的言行直接对每个学生起着潜移默化的作用。俄罗斯作家尼古拉·加夫里诺维奇·车尔尼雪夫斯基（Nikolay Gavrilovich Chernyshevsky）说：“教师把学生造成什么人，自己就应当是这种人。”我希望我的学生成为积极向上、勇于创新、不怕困难、对人以诚相待，有同情心和责任感，有一定心理承受力的全面发展的有用人才，我首先就要使自己成为这样的人。因此，要求学生做到的，班主任首先要做到，而且要做得更好，更具有示范性，在无形之中为学生树立榜样。学生是极具模仿力的一个群体，他们时时刻刻观察着教师的一举一动。行动是无声的语言，班主任必须牢牢谨记。事实证明，在教育工作中要努力做到正人先正己，时时事事做学生的表率。例如，教育学生遵纪守法，教师就不能有违法乱纪的行为；教育学生不怕脏、不怕累，教师就必须做

到亲自动手，吃苦在前，做好学生的带头人，否则即使你说得天花乱坠、头头是道，而不注意自身修养，也不会收到满意的效果。

二、学习他强烈的事业心和责任感

教师必须有强烈的事业心、责任心，时时处处严格要求自己，牢固树立教师的光辉形象，班主任更是如此。通过学习阅读《班主任工作漫谈》，我有着很深的感触，发觉我与这些优秀班主任之间的差距实在是太大了。有时觉得做班主任工作压力很大很累，现在却体会到，我们的工作是充实的、意义是深远的、职业是幸福的，热爱每一个学生是我们的责任，教育这些孩子是我们的神圣事业，时刻把学生放在第一位，是一名班主任必须承担的责任和义务。班主任必须做到爱校如家、爱生如子、任劳任怨、不计得失，对学生既要爱又要严，时时以“爱心、耐心、细心”去关心每一位学生，要把做工作看成品尝人生的欢乐，爱在其中，以苦为乐，用爱心去感化、去关心、去教育学生，让他们感觉到在学校里比在家里还要幸福。

三、学习他信任学生、尊重学生的人文情怀

通过阅读《班主任工作漫谈》这本书，我更进一步认识到，渴望理解、渴望信任是人们的一种正常需要，对于学生更需要理解、信任和鼓励。作为班主任，首先要亲近他们、尊重他们，在学习上耐心引导、在生活中热心关怀，经常同他们交谈，了解思想状况，抓住时机，尽量做到多表扬、多鼓励、多给他们改错的机会，使他们树立自信心，在快乐中成长，在快乐中学习。对每一位学生要做到公平、公正，严格要求，不歧视、不挖苦，耐心教育、耐心指导。魏老师以博大的胸怀、真挚的爱心，长年累月、点点滴滴、锲而不舍地坚持下去，真正实践了目中有“人”的教育，充满人性、人情和人道的教育，为了一切人全面发展的教育。

四、学习他热爱生活、坦荡乐观的人生态度

魏书生尽管身兼数职，但他始终认定自己是一个“在讲台用粉笔干活的人”，把自己归于平凡。他在平凡的岗位上经历着不平凡的人生，干出了惊人的业绩。他热爱生活、珍惜当下，他认为多干实事是享受生活。他有一颗乐观坦荡之心，更有一颗和谐包容之心。他只知奉献、不求索取，淡泊明志、宁静致远。这就是他的艺术人生，更是他的人生艺术。面对物欲横流、社会风气尚需进一步改进、

师德师风建设尚需进一步加强的当下，我们应当以魏书生为榜样，树立良好的师德师风，创建和谐校园。

多向魏老师学习，多改变提高自己，改变了自己，你会觉得世界更可爱、水比昨天清、花比昨日艳，天空看起来都比昨日更蓝，就会营造一个“海阔凭鱼跃，天高任鸟飞”的广阔空间。在教学中不如意的事十有八九，碰到类似情况我们总喜欢找客观原因，很少去找自己的主观原因。然而读了魏老师的《班主任工作漫谈》后，我深感这句话的真谛：“埋怨环境不好，是因为我们自己不好；埋怨别人狭隘，是因为我们自己不豁达；埋怨学生难教育，是因为我们方法太少。”是啊，遇事我们如果能不断地找自己的原因，以此来不断地提高自己、完善自己，并选择积极的角色进入生活，相信脸上会多一分笑容，工作会多一分快乐、少一分埋怨。

美丽的荷花开满课堂

《荷花》一课，听过很多教师上过，但今天这位教师的课给我的印象很深。

一开课，《出水芙蓉》的音乐在教室响起，教师让孩子们想象音乐带来了怎样的画面。悠扬的音乐唤起孩子们对荷花的美好记忆，激发孩子们展开想象的翅膀："有好多荷花像跳舞一样，好漂亮。""很多荷花，微风吹来，翩翩起舞。"我听见荷花好像在说：'瞧，我多美啊！'……孩子们沉浸在美好的想象中。接下来，教师说带着大家去荷花池看看。听教师的要求：可以下座位、可以东张西望、可以指指点点、可以说长道短。嗬，如此看花，该是多自如、多开心呀。荷花在哪儿呢？孩子们变魔术般纷纷拿出自己画的荷花图，教室里顿时开满美丽的荷花，仿佛荷花的清香也一起溢满课堂。孩子们下了座位满心欢喜地互相欣赏大家画的荷花，把最美丽的词语送给自己看到的荷花——鲜艳、婀娜多姿、无比美妙、冰清玉洁、亭亭玉立……荷花的美好形象已经给孩子们留下了深深的印象，也激起了孩子们进一步学习的强烈兴趣。

孩子们在教师的引导下，品读着、赏析着、想象着，徜徉在叶老优美的语言中流连忘返。"有的才展开两三片花瓣；有的花瓣全展开了，露出嫩黄色的小莲蓬；有的还是花骨朵儿，看起来饱胀得马上要破裂似的。"教师美美地朗读着，孩子们则随着教师的朗读高高举起小手，把这几种姿态表示出来，盛开的"荷花"映着孩子们的笑脸，似乎开得更艳了。有了亲自"开放"的体验，孩子们再读这几句话，那分投入极富感染力，那分情感全融在琅琅书声里。"我想，一池的荷花恐怕不只有这三种姿态，想一想，还会有哪几种呢？"孩子们的想象起飞了："有的还是小花苞，非常小。""有的快脱落了，只剩两三片花瓣。""有的全展开了，随风飘动。"……

教师在和学生交流阅读的体会："'白荷花在这些大圆盘之间冒出来。'每当读到这里，就觉得'冒'字用得特别好。怎样长叫'冒'？做动作感受感受。"孩子们的动作未免太过夸张，但是"冒"也随着这个动作映在脑海里了。孩子们体会得也未必准确，"突然间长出来了，不是慢慢长。""从缝隙里长出来。"……但是从这些真实的话语中能够体会到孩子们对语言的感受。教师继续激发孩子们对语言的运用："如果让你写，你打算用什么字？""冲、顶、钻……"虽然三年级的孩子可能还没有把这些字和“冒”进行比较的能力，但是自己创作的快乐是无与伦比的。教师也对孩子们的创造给予了充分的肯定：“这么多这么美的荷花从荷叶之间冒出来、冲出来、顶出来，当她们眨着眼睛、竖起鼻子的时候，她们又能看到、听到什么呢？”同时把孩子们引到想象的天地里遨游。

文章的作者把自己想象成了荷花，在这里，这些小学生也仿佛成了荷花。荷花的图画、美妙的音乐、奇妙的想象，学生已经达到了物我两忘的境界。

牵手阅读，撒播幸福的种子

书籍是人类进步的阶梯，是人们的精神食粮，缺少书籍，生活将黯然无光。一本好书往往能改变一个人的人生轨迹，能让孩子远离陋习。一本好书就等于交给孩子一把打开智慧之门的钥匙。

《语文课程标准》在实施建议中强调："遵循学生的身心发展规律和语文学习的规律，选择教学策略，培养学生广泛的阅读兴趣，扩大阅读面、增加阅读量，提倡少做题、多读书、好读书、读好书、读整本书。"我校推行了"读百本书"读书活动，极大地激发了教师和孩子们的读书热情。孩子们手捧一本本精心挑选的新书，沉浸在书香墨韵之中，畅游在知识广阔的海洋里。那种陶醉、那种沉迷，让人欢喜……我们语文教师欢喜着孩子们的欢喜，带领学生们开心地阅读。喜欢就会有动力，喜欢就会用心去做。高年级的语文教师引领孩子们在阅读中感受名著的魅力，受到优秀作品的感染和激励，与书同欢、与书同喜、与书同悲、与书同忧，学生在积极的阅读、思维活动中有了感悟和思考，受到情感熏陶，获得思想启迪。

一、创设情境，营造阅读氛围

孩子不可能天生对阅读感兴趣，这就需要我们有意识地营造浓厚的读书氛围，把孩子引入阅读的海洋。

首先，教师要以身作则、率先垂范，教育不是依靠说教、训斥。要让孩子爱书，教师首先要爱书；让孩子读的书，教师首先要读。跟孩子一起读书，仿佛在学生心中点燃了星星之火，为阅读习惯的培养加入了润滑剂。读后一起聊聊书中的人物情节，这随意聊聊不仅有对书的感悟，更有师生情感的温馨！这样的阅读，才是一种享受！主动地阅读，才会津津乐道、沉浸其中！

其次，语文教师平时在班级也要营造浓厚的读书氛围，让学生在潜移默化中受到感染。如在班级蓝板上开辟一些栏目，设计一些读书格言、经典诵读、好书推荐、精选习作等，让学生徜徉在经典中、沐浴在书香里，在潜移默化中感受阅读的重要性。每班的图书架上都摆满了学生带来的课外书籍，每人带一本却可享受多本的知识大餐。在每周的阅读课上，安排一次好书推荐或者好书梗概介绍等，教师向学生或学生之间推荐书目，如《成语故事》《钢铁是怎样炼成的》《八十天环游地球》等，让学生各取所需，根据自己的爱好选择要读的书籍。学生经常处在这样的环境中，感受到书海的浩瀚和读书的乐趣，从而形成跟书本交朋友的愿望，让阅读成为自己的生活方式，成为生活的一部分。

最后，教师要设计花样，创设招数，让读书成为学生生活的需要、成为一种习惯、成为永恒的乐趣。

第一招：让竞争促进诵读。韩主任在引导学生读《中国大自然》一书时，就提出要求：读书时把自己最感兴趣的内容用纸条做好标记，每节语文课上课前，推选出一生汇报自己读的书中的精彩片段，带领大家畅游祖国的山川风光，与大家共享读书的收获。

第二招：让悬念推进阅读。李老师在引导学生读《狼獾河》一书时，开始的故事情节没有吸引力，孩子们看书的兴头不足，在一次阅读课上，李老师拿出这本书，给正无聊的学生读了几段，读到惊险处，正当孩子们津津垂听、情感交叠，期待结局之际，李老师戛然收声，动容地告诉孩子："故事情节交错复杂，后面的可更精彩呢，欲知后事，请自己阅读《狼獾河》。"从那以后，学生迫不及待地读起来，甚至有几个学生读得晚间的作业没完成。没几天，一本厚厚的书被学生拿下了。

第三招：因势利导，见机行事。刚刚讲了某篇课文，孩子感到意犹未尽，这时不妨因势利导，见机行事。例如，刚刚学完《我和祖父的园子》一文，教师可以问学生"你知道这篇课文选自哪本书吗？上面还有一些更好玩的故事呢"或者"你知道作者其他的作品吗？不妨读一读另一本书哦"。就在吊起学生的胃口时，及时地发下《呼兰河传》一书，慢慢地引导孩子接触作者、接触阅读，感受作者自由自在、乐趣充盈的童年生活，体会阅读的美妙。

第四招：礼物引诱，积极阅读。韩主任是生活中的有心人，把新衣服的商标收存起来，拴上丝线，做成书签。学生看到了这些五彩缤纷的书签，眼馋得不得了，此时他告诉学生谁读书多、读书好，就可以得到其中一个。学生为了得到教师的小礼物，就会用心去读。读书让学生打开了一扇扇通往世界的窗口，收获的不仅是知识，还有勇气、智慧、信心和思辨力。

第五招：循循善诱，快乐阅读。在培养学生阅读兴趣的过程中，有一部分学生常常找借口不主动读书，就需要教师略施小计，循循善诱。从图书室挑选适合他们能力的阅读书籍，利用早晨时间、课外活动的时间阅读，每天阅读时间不少于50分钟，一有空闲，如课下、课间操、午间活动等，就与他们温馨交流，稍有进步便可对他们进行精神或物质奖励。这样的诱导和鼓励双管齐下，能够使学生感悟到书中的乐趣，使之成为一种习惯、一种快乐。

二、日不间断，沉醉阅读书香

著名国学大师南怀瑾先生有一个弟子，有一天突然对老师和同学说："我要学古琴。"大家都笑了。因为这个学生没有音乐细胞，也不聪慧，怎么可能学好古琴呢？可是，十年后，当这些弟子再次与老师相会时，当年那些聪明学生的琴艺并无多大长进，而这个当年的笨学生一曲弹罢，余音绕梁，震惊四座！大家纷纷询问他是如何达到如此高的境界的，他微笑着说："没有什么啊，我就是每天弹奏十分钟，十年坚持，从未有一日间断而已。"南怀瑾感叹："水滴石穿啊！"这就是坚持的力量，每日坚持十分钟，十年坚持下来，就可以创造伟大的奇迹！

读书更是一辈子的事，更要日不间断、长期坚持。我们不妨算一算，作为一名高年级的学生，读一本一般性的书籍，每分钟200字，不仅理解而且能够欣赏，应该是不成问题的。10分钟就能读2 000字，一周能读14 000字，一个月能读42 000字，一年的阅读量可以达到2 160 000字。而书籍的篇幅从几万字到十几万字不等。每天读10分钟，一年就可以读10多本书。尽管数字统计并不总是有实用价值，但我们看看这些数据，每天10分钟的阅读量也是惊人的。如果每天读20分钟、30分钟、1个小时，甚至更多的时间呢？这样，我们的学生同样会创造奇迹。

每日坚持阅读，唯一需要的是读书的决心。有了决心，不管多忙，你一定能找到这几十分钟。同时，一定要身边有书，桌子的左上角总是要求学生摆放一本课外书。闲来无事，拿来就读。一旦开始阅读，不管几分钟、几十分钟里的每一秒都不应该浪费。学生沉醉于书中美丽世界的时刻，是最美的时刻。春梦雨天，芳草芊芊，教室里弥散着袅袅的书香。学生在阅读时，不仅得到了文字上的积累，更得到了精神上的宁静。这样一学期下来，每个学生读10来本书是轻而易举的，爱好读书的学生甚至能读双倍的书，甚至更多。阅读对学生写作产生的影响不好估量，但绝对是不可低估的。也许就在某篇文章中，学生能将读书中积累的词句、典故运用到自己文章中，让自己的文字开始流光、开始溢彩，那就是他们开始一点点收获读书"稻香"的时候了。

三、情理润心，打好人生底色

小学语文教学必须从教师滔滔讲说、条分缕析的樊篱中解放出来，返璞归真，把一部分费时费力、劳而无功的分析时间用于指导和训练学生阅读。退一步说，我们什么也不做，让孩子大量地读就行了，读得多了，自然就积淀下来了。阅读就是一种积淀，是一种浸润，是一个深入骨髓和灵魂的过程。它不一定马上就显示出它的作用，不会是学生读了几本书，语文马上考100分，也不会马上就能写出好作文。它就是一粒粒种子，它让学生的语文生命力慢慢地伸展，只不过暂时还看不到。

在这里，有一个值得我们语文教师深思的话题——“不动笔墨不读书”，这一习惯的养成并非一朝一夕就能完成的。我们在这里强调的“动笔墨”主要包括两个方面：一是摘抄式阅读；二是感悟式阅读。我们倡导“不动笔墨不读书”，简单地说，就是把自己的读书收获和深切感受在慢慢地读、细细地品中记下来，这是从心里生发出来的，是情感的自然流露。

摘抄式阅读是量的积累。学生每人一本读书笔记，在阅读中随时将精彩片段、好词好句、名人名言等摘抄进读书笔记里，还可以根据自己的兴趣选择自己喜爱的笔记形式来记笔记。这样学生不仅积累了大量的素材，而且有效地提高了写作能力。

读书也是一种创作，读书笔记应成为学生自由发挥的空间，还可以让他们给文字配上插图，在本子上描描画画，或一朵小花，或一棵小草，或高山流水，或鸟兽虫鱼。教师对学生所做的笔记，每次都要细细地品评，并打好等级，对写得好的学生加星奖励，并在同学之间传阅那些内容丰富、图文并茂的笔记，借此指导阅读方法，向学生提出阅读建议，切实培养学生的阅读能力。这种奖励是保持孩子们读书热情的不竭动力。这样日积月累，那些词汇、段落、章法等就潜移默化地进入孩子的脑中，为写作打下坚实的基础。

感悟式阅读是质的飞跃。我们引导学生阅读，就是让优秀的儿童文学为孩子们打下健康纯净的精神底子。读书就像照镜子，它不仅能整理我们的容貌，更能修正我们的心灵。在书的面前，我们无法掩饰自己的缺点，我们也会发掘自己的优点。在书的面前，我们会读到自己的影子，会读书的人就会读自己。

《小学语文课外阅读》里的每篇文章，都记下了学生的独特见解。读完《快乐的足球赛》一文，陈怡彤写道：“比赛其实不需要很豪华、很严格，只要像与同学们游戏一样开心就好。不要让规则约束我们，因为童年时光最美好，让我们一起度过开心的童年。”《为自己铺路》是把两个相似的故事放到了一起，李浩民在读完后是这样写的：“幸福在于给予，而不在于索取，乐于帮助别人会使你的心灵变得更加美好。让别人幸福吧，那样你会更加幸福；让别人快乐吧，那样你会更加快乐。搬开别人脚下的绊脚石，有时恰恰是为自己铺路。帮助别人吧，那是在帮助你自己。”在西伯利亚的阔叶混交林中生活着花腹驼鹿，它的腹部布满的不规则花纹的形成需要经历三个被荆棘刺伤的秋季，因此它被称为“西伯利亚丛林的勇士”。刘怡然读懂了，她是这样写的：“逆境可以磨炼人的意志，促使人奋发走向成功。这正像‘化蛹成蝶’，也正像巴尔扎克所说的‘苦难是人生最好的老师’。”

学生用自己的笔在书本上记录下了自己的阅读感受，虽然有些只是三言两语，但那是读到深处情感的自然流露。

学校开展了读百本书活动，在交流中，学生杰作异彩纷呈。

读后感是学生读完整本书后的真切感悟，是言由心生、有感而发。很多书都能引起学生的共鸣，引发学生进行深入的思考。

《西游记》是一部所有人都爱读的经典大作，每个人都能在解读它时获取不同的感觉和启示。六年级二班的陈昊雯是这样写的：“在我看来，它那曲折的情节中暗藏着人们可望而不可即的生活理想和人性追求，那就是自由。它还让我懂得了一个道理，那就是想要办成大事，必须大家齐心协力，团结一致才能成功。”我们知道神通广大的齐天大圣孙悟空不仅会七十二般变化，还有一双火眼金睛，能够分辨人妖，所以孙悟空善于降妖捉怪，斩邪恶魔，为西天取经立下了汗马功劳。但是，如果没有诚心憨厚的猪八戒、擅长水性的沙和尚助阵，孙悟空在水中捉妖也就不顺利了。唐僧始终以慈悲为怀，感动了苍天，最终取得了真经。

我们也要学习孙悟空的善于分辨真假善恶，不要被社会上形形色色的“妖魔鬼怪”所迷惑。只有擦亮眼睛、明辨是非，才能撕破一切伪装的画皮。

《哈佛家训》是一本能够传播美之理想、善之操行、爱之温馨的书，是一部可以经受岁月考验的书。孩子们读完《哈佛家训》后，不禁感叹哈佛家训真好。是啊，他们在书中找到了自己的影子，得到了情感的洗礼。（请看孩子们的肺腑之言）

读完《趟过生命之河的小泥人》，李浩民是这样写的：“哪怕河道再宽、河水再急，哪怕困难再大、再艰巨，闯过去，就是向往的天堂！我们的生活就是去战胜一个又一个的困难，一辈子心甘情愿地当个普普通通的人，人生还会有什么意义、什么乐趣呢？”

读完《独舞的蝴蝶》一文，崔启月是这样写的：“无论在人生之中遇到怎样的困难，都不要绝望，扇动生命的翅膀，你就会在苍茫的原野听见春天轻盈的足音。”

读完《小女孩》，李宛舆是这样写的：“只要你心无旁骛，魔鬼也拿你没办法。”

韩柳看完《女管家》后，是这样写的：“忠于职守并非难事，面对权威挑战，还能够坚定不移，那才是最可贵的。”

王总吉读完《白色金盏花》与自己对照，写下了这样的话：“我是一个急性子。生活中，只要一件事短时间内无法完成，就会放弃，甚至会留下阴影，不再去干，害怕再次失败。读了《白色金盏花》后，我变了，变得敢于尝试，就算失败也会从头再来。”

董琳琳反复读了《昂起头真美》，心里不禁反思道：“生活中，我是一个自卑的小女孩，跟故事中的女孩一样，总以为自己长得不够漂亮，总以为所有的同学都不喜欢我。是这个故事让我变得自信起来、漂亮起来。”

《亿万富翁和清洁工》引起了张昕华的共鸣，她是这样写的：“我正如以前的亿万富翁一样‘狗仗人势’，觉得自己是班长，就瞧不起那些学习差的同学，常常取笑他们。现在想一下，真是做得不对，人人都应该平等，我不能轻视他们，尊重是平等虔诚的敬畏。”

《改变花瓶的颜色》一文给了郭琪这样的启示：“看，一个多么令人沉思的故事啊！其实让墙的颜色和花瓶的颜色一样，或者让花瓶的颜色变得和墙一样，对那位贵妇人来说没有区别。正如我们不能让天空变小，不妨让自己的心灵变大、变宽广。如果你遇到不开心的事情，不如给自己的思想墙换一种颜色，那么你的不快就会不翼而飞，等待你的是宽容后的快乐、阳光下的灿烂。”

读完《一只手套》，封晓宇感慨道：“上帝对我们是仁慈的，他把幸运给了我们。当我们生活在这样的幸福中，却仍然不停抱怨的时候，我们没有想到那些残缺的人是怎样生活的。从小又聋又哑的海伦·凯勒，不幸瘫痪的桑兰……这一个个鲜活的生命生活在不幸的残缺中，但他们依然顽强地活着！他们依然追求活得精彩！”

记住！残缺的单翼天使，更要我们加倍地去呵护！

我们欣喜着孩子们的成长与变化，于是，我们的语文课堂不再是语文教材的反复诵读，而是哈佛故事的盛宴、情感释然的舞台。

还记得刚刚发下去《狼王梦》一书，课下几乎没有孩子打闹了，他们都沉迷于故事中。刘怡然周五放学回家一口气读完这本书并写下了自己的心里话：“我要向蓝魂儿学习，像他一样坚强、勇敢、自立。从小到大，我一直很依赖妈妈，就像一位小公主一样，衣来伸手饭来张口。转入新世纪小学以后，我不想住校，晚上因为想妈妈，经常哭鼻子。蓝魂儿是我的学习榜样，从现在起，我要努力适应新学校、新生活、新环境，使自己成为一个独立自主的小姑娘。”

“紫岚像谁？她不正像我们的父母吗？他们望子成龙，望女成凤，为我们付出了那么多，从不计回报。可我们却身在福中不知福，只考虑自己，从不体会父母的良苦用心。”

读完《狼王梦》，每个孩子都有自己的收获，都读出了不同的价值。陈怡彤是这样写的：“父母的爱，是世界上最圣洁无私的爱，他们可以为你不顾一切，跋千山、涉万水，铤而走险……这爱是我精神的支柱，让我变得坚强不屈。”郭琪是这样写的：“母爱是伟大的，天知地知，人人皆知。每位母亲都拥有一片爱的海洋，她们用所有的爱来呵护自己的孩子。”刘浩是这样写的：“爱，一个简单而渺小的字眼，却拥有巨大的力量。每个人都拥有母爱，浓浓的、稠稠的，是它让我充满了活力，看到了希望。”张玉坤是这样写的：“人既然有了目标，就应该向着目标发展，无论遇到任何艰难困苦都不应该放弃。只有拥有坚持不懈的品质，才能一步步走向成功。”

《狼獾河》也是一本好书，我拿到之后，和孩子们一样爱不释手。徐颖读完，是这样写的：“每一个生命都是一个不朽的传奇。每一个传奇背后都有一个精彩的故事。我们必须敬畏生命、尊重生命，与动物和平共处。”李洋是这样写的：“有些时候，人生只有一次机会，只有珍惜才能好好把握。让我们用简单的眼睛看世界吧，用火热的心去温暖拥抱冰凉的悲伤，用无尽的美好向往去包容整个生活、整个世界。”

《我的爸爸叫焦尼》是绘本故事，丰富的画面、简单的语言却让人陷入沉思。学生们心情澎湃，读到了伟大的父爱，于是洋洋洒洒写下了自己的感言：

“这是我的爸爸，他叫焦尼！”

“这是我的儿子，他叫迪姆！”

两句简单的语言，表达了丰富的感动！

父爱是伟大的，是不可衡量的。

迪姆的家庭虽然不是那么圆满，但是你看见了吗？妈妈戴着绿色的围巾，爸爸戴着红色的围巾，而迪姆却戴着红绿相间的围巾。这就足以说明迪姆是多么希望家人圆满地在一起！

文中有许多的小细节，可能不是人人都能看到、感觉到的。

读完后，我的眼睛湿润了，眼眶里充满了一种特殊的泪水。那是一种感动的泪水啊，那是一种替迪姆高兴而又悲伤的泪水啊！

我的家庭很圆满。妈妈就是放风筝的人，爸爸就是风筝，我和姐姐就是那联结父母中间的线。我们永远都不会分开……

而迪姆呢？他难道不想有一个完满的家吗？他想！可是他没有办法……现在爸爸回来了，你看，迪姆拉着爸爸的手，在爸爸身边大声喊："这是我的爸爸，他叫焦尼！"

而父亲呢？他难道不想有一个完满的家吗？他想！可是他没有办法……现在他回来了。你看，爸爸抱着儿子在火车上自豪地喊道："这是我的儿子，他叫迪姆！"

爱是伟大的，爱是不可衡量的。让我们去珍惜这份爱吧！

——李华

焦尼奔下火车，脸上洋溢着像小孩子一样单纯幸福的微笑。他紧紧地抱住了儿子，生怕他会逃走。迪姆扬起了小手，被爸爸逗得哈哈大笑……是的，这的确是白雪般的爱，那么简单但又那么浓……

——冯琳

和父母在一起，虽然时常吵吵闹闹，有时是自己做错了事，但父母都会以宽容的心对待我们。有时学习上有点儿退步，父母会安慰我们、鼓励我们。所以，一家人都很幸福。

我想，人生最美好的，就是和亲人在一起时，那纯洁美丽的回忆吧。

爱，是不需要理由的。

因为爱，所以爱。

——邵磊

我才觉得自己太幸福了。我有爸爸妈妈，他们都爱我，他们在一起，很高兴很快乐，我也很快乐。可是我却身在福中不知福。我们还有些人觉得这还不够。和迪姆相比，我现在可真幸福，以前我却发现不了……

——逄若斐

绘本《三只小猪的真实故事》，同样让学生读到了自己，让自己的心灵更加澄净。

其实在日常生活中，有些人做了坏事还不承认，给自己找理由，为自己辩护。我们要一心向善，同时要学会分辨善恶，不要被坏人的花言巧语蒙蔽了自己的眼睛！我们要用实际行动来创造一个完美的社会！

——张佳慧

骗子的脸上不会写着“骗子”二字，只有我们提高警惕，才能使那些骗子原形毕露。

——董春

其实，大野狼说的话漏洞百出，可是为什么还有人相信他呢？我想，很多人肯定被大野狼“可怜兮兮、文质彬彬”的外表所蒙骗。我觉得，人在思考问题时不要只看事情的表面，也不要对事情过早地下结论，因为很多事情并不是它看上去的那样。人不可以感情用事，但有时又不可太理智，要想在社会上生存，就必须学会把理性和感情互相恰当地转化。

——刘姣

绘本《獾的美餐》同样让学生品出了书中闪烁着的人类情感性灵的光彩。下面是孩子们写的部分题目：

失去了，你才会懂得珍惜

珍惜现在就是把握机会

珍惜现在所拥有的

做人不能太贪心

一再的贪婪是可怕的

……

下面是孩子们心底的絮语：

我觉得那只獾太贪婪了，我从小就听人说：“做人不能贪得无厌。”在读绘本的过程中，我真想马上跑到獾的面前，拎着它的耳朵把它拎进小窝，指着地上的水果大骂它一顿：“有这么多你还不满足，你妈怎么教你的……”

——闫民

转眼小学的五年半过去了，我已经上六年级了，我一定会珍惜好与同学、老师在一起的每分每秒，不然直到失去了再去后悔就晚了。

——徐凡

我想到了霍金，他是个命运不幸的人，但他有一颗感恩的心，尽管他在风华正茂时不幸瘫痪，但他对生活充满了希望，不放弃。他感谢身边照顾他的人，他感谢上帝赐予他生命。他不在乎失去，只在乎拥有，所以他收获了很多很多。

——高婧

珍惜现在拥有的人，一定是一个前途无量的人。

——徐虎

真正的读书应该是一个思考、探索、得道，从中寻找快乐的过程。会读书的人能对自己的人生有深层的认识和诠释，会读书的人会从中找到快乐，并将快乐应用到生活中。这样的读书才是最有效的读书、最有意义的读书、最有价值的读书！这样读书的人才可能最大限度地了解自己、完善自己。读书就是读自己！

阅读答题是在学生深入阅读后设置的“考考你”的环节，将一些琐碎细小的事情通过这一环节展示出来，引导学生读得仔细、读得认真。在让学生读《水浒传》《中国大自然》等书时，我们出了阅读测试题让他们做，学生在这一测试过程中为阅读获得的知识而感到兴奋，同时对练习题目的思辨也为以后读名著提供了方向，找到了方法。

【附件】

五年级阅读测试题《水浒传》

班级：　　　　　　姓名：

1.《水浒传》的作者是（________）。

2.《水浒传》中“智取生辰纲”的领导者是（________）。

3.与潘金莲狼狈为奸谋害武大郎的是（________）。

4.“景阳冈打虎”“醉打蒋门神”“大闹飞云浦”“血溅鸳鸯楼”说的是《水浒传》中的一位传奇英雄的故事。这位英雄是（________）。

5.《水浒传》传中三名女将的名字：（________）、（________）、（________）。

6.《水浒传》中“倒拔垂杨柳”的人物是（________）。

7.《水浒传》中（________）位好汉个个都有一段精彩的故事。

8.请写出《水浒传》中你最熟悉的一个故事：（________）。

9.《水浒传》中叙述了好汉（________）“大闹野猪林”的故事。

10.《水浒传》中的人物很多，及时雨是（________），花和尚是（________）。

11.《水浒传》中有一位武艺高强的英雄，他与《三国演义》中的关羽出自同一宗室，并使用同一种兵器，这位好汉是（________）。

12.《水浒传》的作者是（________），朝代是（________），它是我国第一部歌颂（________）的长篇章回小说。该书描写了北宋徽宗时，以（________）为首的108名好汉打家劫舍、杀富济贫的豪举。

13.在《水浒传》中，绰号为“智多星”的人是（________），也被称为“赛诸葛”。

14.绰号豹子头的是（________），原为东京八十万禁军教头，后被

（________）设计刺配沧州。

15.（________）怒杀阎婆惜。

读书画报是学生广泛阅读、收集读书资料，精心设计的手抄报。学生在读完《西顿动物故事》《福尔摩斯探案全集》等图书后，精心绘制了读书画报。学生的作品色彩艳丽、协调，构思独特，内容丰富，有“名人名言”“好书推荐”“走进作者”“美文欣赏”等栏目。学生通过自己的精心设计、绘制，尽情体验着阅读带来的快乐与收获，充分展现着阅读带来的智慧和才气。

阅读卡是对阅读内容理解的记录和深化。六年级学生做了《森林报》的阅读卡，着重于优美词段的摘录；五年级学生做了《哈佛家训》的阅读卡，着重于对文章的感触和理解。学生制作的阅读卡既有形式的花样繁多，又有内容的五彩缤纷，但都能看出阅读卡是建立在对阅读对象的喜好和理解上，对阅读过程中产生的想法和感触进行记录的。小卡片发挥着大作用呀！

人物小传是在概括人物全貌的同时，选择重大的、有代表性的最能表现人物主要性格特征的典型事件写成的浓缩型短文。在读完《叶永烈讲述100个科学家的故事》后，引导学生选择印象最深的一位科学家来写小传，培养学生把长文章读短、把厚书读薄的能力。学生加工、提炼文章内容，坚持实事求是的原则，不夸大、不缩小、不编造，用创造性的笔法来展现人物的一生及其主要成就。

读书交流是学生在读完一本书后，交流一下读书的收获，谈谈读书的方法，从中受到的启示等。读书交流的目的在于交流，不仅能激发学生读书的兴趣，使其学到读书的方法，还能引导他们学会与人交流思想，从中辨别是非，领会文章的内涵，加深对书目的理解。孟老师在学生读完《哈佛家训》后，上了一堂读书交流课。课堂气氛宽松和谐，学生畅所欲言。孟老师善于从学生的发言中捕捉住问题的生成点，适时激发学生的读书兴趣，指导学生的读书方法，让每一个学生都能积极地参与其中。

一个不读书的人，他的生命只有一次，除了他自己所经历的，他不知道还有别的。而一个博览群书的人，他的生命体验就成百上千地增加了，他可以体察帝王生涯，也可以品尝布衣甘苦；可以饱览山川景物，也可以深谙风土人情……就像汽车是我们双足的延伸一样，书是我们目力听力的延伸、大脑的延伸、心灵的延伸……

俗话说，读史使人明智、读诗使人灵秀、读书使人明理……就在日复一日的阅读中，孩子们体验着一种别样的生活。我们深信从小爱阅读的孩子不会是平庸的人，因为阅读打开了他们的视野、提升了他们的品位。在阅读中，孩子们有了丰富多彩的语言积累，受到高尚情操与趣味的熏陶，生活变得充满生机和活力，生命也显得绚丽多彩。

学校统一制定各年级各学期阅读书目，每年级每学期阅读 8～10 本书。六年共阅读 100 本以上。学校拨出专项资金，每本书按最大班额 60 本配齐，学生、教师人手一册。图书按 1～60 号编号，每本书对应一名学生。各年级实行班级内轮流交换阅读制。所有要求学生阅读的书籍，教师必须深入阅读，同时在关键处给学生以指导。学校设立课外阅读课，教师通过课外阅读课指导学生的读书方法，交流读书感受，使学生读书有收获。

让美文从学生的指尖流出

《语文课程标准》提出让教师少讲精讲，把时间还给学生，实现语文教育的美丽转身，这就要求教师扎扎实实进行“字、词、句、段、篇”的训练，实实在在进行“听、说、读、写”能力的培养，尤其是在语言文字训练方面，让我们看到了语文教育的又一次回归。

教语文就是要求学生在读懂文本的基础上，学会运用语言文字，学习作者的用词造句、表达方式、谋篇布局等。因此，在教学中，教师必须紧扣教材，进行扎实、有效的“写”的训练。“写”是一种表达方式，需要学生专心阅读、潜心思考、静心书写，因而在课堂上要让学生有足够的阅读、思考、书写的时间。匆匆而就，所表达的就难免肤浅、草率，达不到教学的目标。因此，阅读教学过程中“写”的训练要落到实处。

一、“写”的训练目标明确

是为诗歌（《风儿》）的仿写，培养学生的观察与想象力；是为文章的留白处（《穷人》里渔夫回来后，桑娜会想些什么）而写，写自己的深刻理解和感悟；为理解表达（《竹石》描绘的情景）而写，鼓励学生通过自己的深入思考，写出自己的见解……写，既有利于学生渐入学习佳境，又给每个学生练笔的机会，人人都能得到训练、得到提高。通过书面的展示，给学生和教师进行评点、修改留下了空间。

二、“写”的方法指导到位

在写之前，教师需要对学生进行写法的指导，有意识地让学生积极运用课文中学过的词语、句式、构篇布局等，逐步掌握一般的表达方法。例如，四年级上册写连续观察的习作，李倩老师就带领着全班学生种植植物，通过每天的观察，从点滴成长写起……学生“写”的欲望被激起，写的过程水到渠成，满足了他们发表自己看法的愿望，让他们如愿以偿。

三、“写”后讲评及时快速

写完后，教师应有针对性地批改，不仅圈画出好词佳句，还要带有欣赏地评价，让学生感受到“写”带来的快乐与成功。讲评中，有意识地让学生发现别人思考角度、思想内容的独到之处，开阔写的思路、丰富写的内容，引领学生发觉别人表达中的好词好句，并移植到自己的写作中，以不断丰富自己的表达内容和技巧。通过这样的“写”，学生就能切实感受到自己的进步、提高，获得学习的成功感。

当然，写的训练要适时、适度，真正促进学生语文能力的发展，促进学生语文素养的提高。让我们的语文课堂扎扎实实、活活泼泼；让一篇篇美文从学生的指尖流出来，那是课堂最美的风景线！

网课里的“种种”

清晨起床，我拉开窗帘，视线透过水雾朦胧的玻璃，看到外面的景物徜徉在神秘的薄雾里，天空没有放晴，模糊的景致与我此时的心境相符……

为期一个月的网课轻松而又紧张，忙碌而又无奈，心情种种，“醉”在其中；欢喜悲忧，味味俱全。

电话另一端带来的触动

每一个畅言作业清单里，都会有那么几个未完成的。

对大显和大昙这两位男孩，我已无法问津，家长也给了我明确的答复：孩子健康就好。也罢，这也是家长最大的心愿了。

教师是跟孩子没有血缘关系，却巴望着孩子成才的长者。因为我很要强，恨不得班里的孩子人人都满分，上清华北大！于是，总会严格要求，尽己所能地引导教育孩子们，从教 28 年来，始终如一，尽职尽责、勤勤恳恳，不曾有一丝懈怠。

这不，饭后的我又开始网上批阅作业了……

还是这几个懒于学习的，必须得打电话给他们！“叮咚叮咚……”没响几下，宜就接通了。

“宜，在家吗？”

“老师好！在家。”

“吃饭了没？”

“没有。妈妈还没下班。”

现在可是晚上 7 点啦，我觉得是该吃过饭了的。没承想，宜还没吃上饭……我拿着电话的手颤抖了，心里泛起了酸楚：每个家庭都有每个家庭的难处，宜的爸爸因病离开得早，宜妈妈为了生活忙碌奔波，难为了宜自己一个人在家的生活……

没有再多的话语，我叮嘱了几句好好学习，认真完成作业之类的话，就挂掉了电话。

心头多了几分怜悯……

过了一会儿，我又打电话给小群，也是大人不在家（开饭店），家里只有她和弟弟……

就此，我放下了电话。

看来，教师不要紧盯孩子们的“脚后跟”，或许他们的作业会比别的孩子晚一些完成，不急，静待花开！尽自己所能去关注孩子们的方方面面，这样你教育起来会更加有的放矢，而你也会少了苦恼，丰满了人生。

钉钉动态纷呈

学生动态五花八门。很无意地跟学生交流时，发现学生更新了自己的动态，于是点击进入一看，呵，让我大跌眼镜：

“不可拖堂，一分钟也不行。”

“拖堂一分钟，让我离死神又近了一步。”

“老师拖堂一时爽，同学上课两行泪。”

“保护眼睛，保护思维，我们禁止考试。”

“老坛酸菜牛肉面加两根双汇。”

“唯有历经风雨，才能面对未来和时光。”

“2 022 元气满满。”

“宁肯错千次，不可错一时。”

……

这五花八门的动态引发了我很多的思考：

——反思自己的拖堂行为，总想不留“小尾巴”当堂课当堂结，尽量完美收官。学生到点溜号实属正常，那么教师所谓的讲也就一文不值了。

——心态不同对待学习也是千差万别，满满正能量的动态带给人的是前进的源泉，奋斗的力量；动态里怨天载道，心中充满的就是愤慨、不满，甚至是抗拒。

窥一斑而观全面，小小的印记带给人很多的思考。看来，明目张胆地潜入学生的领地，你会有意想不到的发现。

作业提交“多样”

线上课堂布置的作业，不能面对面地批阅讲解，只能在钉钉群里或者畅言晓学的平台上设置作业，孩子们按照要求自行提交。可是，每次我在网上批阅作业时，就会出现各种意想不到的“作业”：

A：作业拍照上传时，模糊不清。

我想，这类孩子故意拍不清楚，是不想让老师找他纠错，或者是有空题老师也看不出来，蒙混过关。

B：拍照上传的作业横屏竖屏，东倒西歪。

我想，这类孩子在拍照时只想着上传作业了事，没有顾及老师批阅作业时的麻烦，头一会儿正着，一会儿还得扭着身子歪着头去给他看作业。其实，只要多为他人着想，就会做得很完美。

C：上传的作业拍得不周全，缺边少角。

我想，这群孩子在拍照时没拿稳手机，以至于拍出来的照片只有作业的一半也毫不在乎地上传了。这是把作业当成给老师完成任务，学习上马虎大意的孩子。

D：上传的作业混乱，张冠李戴。

我想，这样的孩子一般是马大哈，做事不细致的人。老师布置的每项作业的标题都很显眼，只要过过目就不会提交混乱。他的“想当然”只会栽跟头。

E：一份作业重复提交，省时省力。

我想，这样的孩子投机取巧，心力不在学习上，而是在怎样对付老师上，琢磨着用这样的“小聪明”来骗过老师。不承想，老师是谁啊，那可是有火眼金睛得人!

F：黑屏作业。

我想，这样的孩子作业根本就没写，就是单纯为了糊弄家长，在“未提交”里面不显示自己的名字罢了，就躲过了父母的唠叨。可是，老师这一关也躲不过呀!

G：提交的不是作业，是“完成”两字。

我想，这样的孩子懒惰成性，不想在学习上出力，作业有一搭无一搭，写时完全凭心情，心情好时好好干，多干点；心情不好时，啥也不干。提交“完成”两字，除了蒙骗家长，就是为了蒙骗老师，家长关交差了，可是老师关怎么会轻易上你的钩呢!

……

五花八门的作业，每次批阅时都会令人哭笑不得。优秀学生的作业，拍照清楚鲜明，正确率高，书写极其认真，看着都让人舒心。看这样的作业不是“批阅”，是“欣赏”。可是，这样的优秀作业每每占不到三分之一。更多的就是令人“意想不到”啦!

班级里有的孩子在其他方面很优秀，孝顺懂事，勤快灵巧，可是一谈到读书就避之不及，犹如谈虎色变。他们在学习上不想吃苦，叛逆、偷懒，但放纵换来的可能就是一生的卑微！

人生稍纵即逝，珍惜短暂的学习生涯，吃苦十年，你会精彩五十年；反之，安逸十年，你将吃苦五十年、一辈子。

家长的“万千姿态”

都说家庭教育很重要，只要家庭和学校携手共育，就能让孩子们成长得更加优秀，更加出色。可是，每带一个班级都会有或多或少的家长的手不让你“牵”，不能同频共振，这样，学校教育就显得苍白无力，教师更是无能为力。

课堂上，我一边不停地巡视，发现细微的问题及时指出强化改正，一边提高分贝讲解课文，通过高低不同的语调来吸引学生的注意力，使课堂听讲效果最大化。可是，仍有学生看似端坐桌前，魂魄却早已周游列国啦……我利用课下时间，与家长交流，反馈情况，寻求支持。课下，学生的作业提交更是问题多多，五花八门。无奈，我还得跟家长沟通，求得协助，促进孩子成长。

万千家长，教育理念不同，教育的方法也千差万别。每一个问题孩子的背后，都会是一个问题家庭，或者是问题父母。

离异家庭的父母，总觉得缺失一方面的爱而亏欠了孩子，于是对孩子的行为百般纵容、宠溺，天长日久，孩子的脾性就定形了，修正起来就很难。

嘉就是在这样的环境中成长起来的。单亲妈妈的抚育总是“不舍得”，造就了嘉的懒惰、拖拉，学习上更是如此。好在几次交流沟通后，嘉妈妈有所觉醒，孩子有那么一丝改变。

月是爹不疼娘不爱的女孩，今天在这家，明天去那家，等父母都又成家了，就被送到爷爷奶奶或姥姥姥爷家了。因为没有固定的居所，导致左瞒右骗、撒谎、贪玩、爱打扮的劣性在月的身上都能找到。学习根本就不是她的任务！与家长沟通后，孩子的改变微乎其微。我在钉钉动态里发现，月爸爸的教育就是以周末带月去买衣服为奖励。

包庇孩子的父母，把孩子看成心头肉，含在口里怕化了，捧在手里怕飞了，容不得别人的指正。孩子是千好万好，哪哪都好。当教师跟他们交流时，就会给孩子找各种理由来搪塞教师，以求自家孩子的完美。

瞳的妈妈就是这样的。当我把瞳的情况一一说给她听时，她的回复是“光怕老师收不到”“家里的信号确实不好，老是掉网”。当我把瞳写的一次作业提交四次告诉她时，她的回复是“那我也督促了，孩子就是不听，我也不能打她啊”。这样的交流让我哑口无言，只好以“好吧”结束谈话。

起的妈妈也是这样的。课堂上，起玩恐龙玩具，随意聊天发送信息，作业的提交就属他花样频出：要么提交黑屏，要么提交“已完成”三个字，要么拿别人的作业来充当，要么干脆就不提交。当我一次次把起的情况跟他妈妈反映时，他的妈妈态度足够温和，总是会说“哦，是啊，这个小孩聪明过头了”“真是拿他没办法”等之类的话来应付我。当你面对这样极其不配合的家长时，还有必要继续聊下去吗！

当然，优秀的孩子，家长的素质也是很高的，会跟教师站在同一战线上，竭尽全力地教育孩子，优秀的背后必是优秀！

瑜是班级中优秀的女生，瑜的妈妈也是极有素养的女人。网课课堂上，让瑜回答问题，传输出的声音很杂乱，瑜的妈妈及时向我道歉，说自己不应该大声打电话，并承诺会在以后的课堂上给瑜提供安静舒适的听讲环境。

诺的妈妈也很给力，每每向她反馈诺的表现时，她总会第一时间配合老师，让诺在教育中不断进步。

一个班级，优秀的家长是绝大多数的，哪个家长又不巴望着自己的孩子成人成才呢！我做淡定的师者，就在仰视中欣赏优秀，在俯视中看淡缺失。不悲不喜，从容面对。

网课期间的故事很多很多，事故也层出不穷。我奋力前行，携手我那一群可爱的孩子们，迎着太阳，刺破窗外那阴郁的薄雾，迈着轻盈的脚步，奔向远方……

新理念下口语交际能力的培养

《语文课程标准》总目标中指出，学生要具有日常口语交际的基本能力，在各种交际活动中，学会倾听、表达与交流，初步学会文明地进行人际沟通和社会交往，发展合作精神。因此，落实新课程标准理念，培养学生的口语交际能力，是新课程环境下口语交际教学中一个极其重要的课题。

一、增强主动交流的参与意识，突出交际主体

《语文课程标准》中强调：“学生是语文学习的主人。”口语交际同样必须突出学生的主体地位，放手让学生主动参与，积极交流。

第一，要让所有学生确定交际的主体地位。以学生为本是教育的出发点，也是口语交际教学的立足点。在口语交际教学中，教师要尽可能多地给学生人文关怀，以满足所有学生的交际需要，让学生学会充分展示自己，并从中获得自信和交际的乐趣。

第二，要让每个学生承担具体的交际任务。长期以来，口语交际教学往往是善于表达、乐于表达的学生的殿堂，他们总是在侃侃而谈，教师也会尽可能多地给他们提供表达的机会，口语交际教学就变成了少数学生表现自我的舞台，而大多数学生则充当了“忠实观众”。针对这种现状，教师要把交际的任务交给每一个学生。以小组或同桌为单位，采用讨论、辩论赛、课本剧表演、小记者采访、实话实说、演讲会、画画解说、自我介绍、问答等多种交流形式，让所有学生都感到自己身上的责任，积极参与到交际活动中。

二、再现现实生活的精彩画面，创设交际情境

语文学习的外延和生活的外延相等。生活就是口语交际的内容，口语交际就是生活的工具，丰富多彩的现实生活为口语交际教学提供了源头活水。在口语交际教学中，教师要善于捕捉现实生活中的精彩画面，创设交际情境，让学生进行口语交际训练，既要把学生从课堂带入现实生活，又要把学生从现实生活带入课堂。

三、强化双向互动的语言实践，锻炼交际能力

一直以来，语文课堂教学只重视读写，而轻视听说。学生的口语训练往往局限于课堂教学中回答教师提出的问题，很少有双向互动的口语实践。要改变长期以来形成的这种现状，教师必须在语文课堂教学的各个环节中有意识地设计和组织师生互动的口语交际实践训练。这样，学生的语言表达能力会得到充分锻炼，从而舌绽莲花、侃侃而谈。

四、倡导积极肯定的评价方式，激励交际信心

《语文课程标准》指出："评价学生的口语交际能力，应重视考察学生的参与意识和情感态度。"这就要求教师从积极的角度去肯定学生，激励每个学生交际的信心，具体做到以下几点。

第一，要欣赏成功的学生，让他们感受成功。对于表达能力和欲望强的学生，教师要及时对他们的发言表示祝贺，让他们体验到成功的快乐。当自身的成功被同学所欣赏时，他们会感到巨大的成就感，也会看到自身的价值。

第二，要鼓励沮丧的学生，让他们保住尊严。在课堂交际训练中，难免有学生答非所问，可能会遭到同学的嘲笑，在无形中他们的身心会受到伤害。出现这种情况，教师要微笑着走到这个学生的面前，用手轻轻地抚摸一下他的头，面向全班同学，给他以鼓励："人非圣贤，孰能无过？你回答问题很积极，老师相信你下一次一定可以回答得很完美！"并暗示其他同学为他鼓掌加油，这样，他不至于因一次回答失误而丧失交际的积极性。相反，他会激动不已，力争下次表现更积极、回答更完美。

第三，要唤醒自卑的学生，使他们发现自己。班级中有一部分学生喜欢独处，沉默寡言，常常陷入顾影自怜、自我封闭的境地，对任何事情总是漠不关心，熟视无睹。针对这部分学生，教师要专门为他创造表达的机会，让他们感觉到教师并没有遗忘自己，而是时刻关注着自己。即使回答并不完美，哪怕答非所问，也要及时给予鼓励，并不失时机地专门为他讲述演讲大师的成长故事，从而启发、唤醒一个自卑的学生，使他信心倍增，转自卑为自信。

第四，要爱护"出错"的学生，使他们多受启发。作业是口语交际的成果展示，也是学生通过语言文字与教师的交流方式。教师要通过批改作业让学生发现问题，更重要的是为学生答疑解惑、创造有利的学习环境和学习条件。要让成果"出错"

的学生看不到令人“胆战心惊”的“叉号”，取而代之的应该是“问号”或者“再仔细想想”等提示语或启发性的文字，从而消除“出错”学生的心理畏惧，激励他们认真解决问题，主动向同学或教师沟通出错的原因。

总之，要培养学生倾听、表达和应对这三大能力，不要仅仅停留在课堂、学校，还应当延伸到学生生活的点点滴滴中，为学生一生的发展奠定坚实的基础。

兴趣是写字的内动力

托尔斯泰指出："成功的教学所需要的不是强制，而是激发兴趣。"写字教学比较枯燥、乏味，小学生的年龄小、自控能力差，指导学生练字，如果只是一味地向学生讲解偏旁部首、结构造型，只是机械重复点、画、钩、挑等写字技巧，久而久之，学生就会感到乏味。因此，在写字教学中，我特别注重学生写字兴趣的激发。

一、注意写前激趣

为使学生一上课就产生浓厚的写字兴趣，我特别注重写前的导入，采取不同的方式激起学生的写字欲望。有时根据学生崇拜名人、喜欢模仿名人的心理，收集古今书法大师少年时代练字的传说故事，讲给学生听，从而激发学生写字的兴趣。有时根据小学生天性好胜的特点，采取展览习字本、表扬上次作业写得好的学生、展示取得进步的作业本等形式，激发学生的写字兴趣，促使全班出现你追我赶的生动局面。

二、注重维持兴趣

小学阶段，学生的形象思维比抽象思维发达，但模仿能力有待提高。依据这个特点，在写字教学中，我采取生动讲解、直观演示和练评结合等措施，注重维持学生的写字兴趣，使学生在整个习字过程中始终轻松愉快。

"生动讲解"是说在指导学生写字时，通过打比方、编顺口溜等方式，激发学生兴趣，帮助学生记住字。如临帖写"鲁"字时，对于主笔"横"的指导，引导学生想象人走在钢丝上，伸长手臂，可以起到平衡作用，因此"横"要写得长一点，这样有利于学生产生浓厚的写字兴趣，便于把握"鲁"字的特点。

"直观演示"指的是采用示范或利用投影、录像、课件等现代化教学手段，帮助学生掌握正确规范的书写姿势和书写方法，让学生在头脑中形成可参照的"书写形象"，使学生知道怎样做才是对的，对怎样起笔、怎样收笔，哪里轻、哪里重等都一目了然，不仅使学生对写字重点感兴趣，而且有利于学生掌握运笔过程中的轻重、快慢等书写技法。另外，根据教学实际需要，教师可以利用投影仪或微机设计汉字拆拼练习，把汉字分成部件，由学生自由拼摆，比一比谁拼摆得最匀称、最美观。这样有利于帮助学生找准笔画或部件所在田字格中的位置，把字写匀称。

“练评结合”是说在写字课上把练字与评价有机地结合在一起。写字练习是一种脑与手协调进行的操作活动，在这一操作过程中，需要花费一定的精力，需要有较高的耐性。小学生年龄小，心理素质不稳定，如果长时间练写，精神就会疲劳，注意力会分散，练习就会达不到预期的效果。在教学中采用“练评结合”的方式，可以使学生的体力、精神得到调节，消除疲劳感，有利于完成写字任务。同时教师也可以及时得到反馈信息，矫正学生错误的书写行为，促使学生字越写越好、兴趣越来越浓。

三、极力强化兴趣

练好字不是一朝一夕的事情，必须有一个长期的训练过程，勤练是写好字的保证，同时是强化兴趣的唯一途径。只有通过引导学生勤练，才能使学生逐步把字写端正、美观，才能使学生逐渐感受到成功的喜悦，对自己的练字信心与日俱增。为做到强化学生的练字兴趣，学校安排了每日午练活动，每天中午午休后全校统一规定 10 分钟的练字时间，并体现在课程表上；每周开展一次班内小组评比活动，选出好的作品张贴在班内写字栏中；每月开展一次年级写字评比活动，各班推选出最佳作品张贴在年级壁报栏中；每学期举办两次校级书写大赛，由学校统一发奖。各层面练字活动的持久开展，为学生创设良好的习字环境、养成良好的写字习惯、保持积极的写字兴趣提供了保障。

教育故事

爱将冰雪融化

入冬以来的第一场雪纷纷扬扬地飘洒了整个夜晚，今天，孩子们兴奋极了！看到他们按捺不住的激动，课间操时间，我一声令下："走，咱们到外面去玩雪吧！"孩子们迫不及待地冲出了教室，来到了教学楼前的空地上……

快乐的游戏开始了！

几个调皮的男孩在打雪仗，润峰快速地团起一个雪球，朝着目标扔去，不巧击中高勇的背部，雪球立刻在他的背上开了花，润峰在远处发出了爽朗的笑声……正在快乐之时，高勇的朋友晓东一个雪球打中润峰的头部，不料雪花顺着衣领进了衣服，润峰忙不迭地抖衣服，却又不得不寻找逃路……

一群女孩在堆雪人，她们合作得非常默契，有做雪人头部的，有做身体的，还有几个在寻找适合的"五官"，我也不自觉地加入了做雪人的行列，一边指挥，一边动手干起来……

忽的一抬头，看到远处一个女孩在风中瑟瑟发抖，全然没有快乐。我不禁走过去，看到她冷极了，双唇发紫。唉，可怜的孩子，她竟穿得如此单薄——一件秋衣、一件线衫，外加一件单褂，腿上连条毛裤都没有！

我拉起她的手，来到办公室，把我的一件小棉袄外套穿在了她身上，她感激地抱住了我，哭个不停……是啊，妈妈的离家出走给孩子带来了多大的悲痛啊，我在心里默默地说："孩子，我们会爱你的！"

在自发的关爱中，李璇的妈妈为尹杰买了新的棉衣、新的保暖裤；徐老师把女儿的一些棉衣带来让她穿；学习上，同学们更是无私地关爱着她……

我忽然想起诗人海子在疾驰的火车上写下的诗歌《日记》。诗的结尾是这样的：姐姐，今夜我不关心人类，我只想你。

这是真正激荡人心的诗句。它让我们知道，爱是如何的真切、具体，远比那些看似崇高实则虚无的感情要可贵得多。

这爱，温暖、甘甜，悄悄融进了心中！

爱与被爱着

今天早上，我一跨进教室，学生的目光立刻聚集于我，而且大声地喊着：

“哇——语文老师！”

“语文老师回来了！”

……

我去外地学习了几天，今天是回来后第一天给孩子们上课，竟赢得了学生们如此热烈的欢迎。要知道我离开他们仅有5天，孩子们却表现出了久别重逢般的喜悦，为师的感到那么幸福和欣慰。顷刻间，我的周围就聚过来一群可爱的小孩子，前呼后拥地仰起他们纯真灿烂的笑脸，叽叽喳喳说个不停。

竣皓拉起我的手，神秘地说：“老师，我知道你去济南了。星期天我给你打电话，你老公接的，他告诉我的。”

高洁拍拍我的肩头，天真地说：“老师，我小姨就在济南，你们就没碰见？”多么天真的问题啊！

小玉歪着小脑袋说：“老师，我们想死你了，你不想我们？”

想想跟他们在一起的日子，有快乐也有烦恼，有爱的付出也有爱的回报，这种被学生爱着的感觉是幸福甜蜜的……

班里性格内向的玉荟用她胖乎乎的小手拉拉我的衣襟，她是想引起我的注意。我和蔼地望着她，用我的大手握住她的小手，使劲地攥着。你可知道，这是一个多么腼腆的小姑娘，她能主动地伸出小手得需要多大的勇气与信心。但愿这次“握手”会给她带来自信与胆量。

……

课开始了。课堂上，孩子们坐得是那么端正，听得是那么认真，学得是那么起劲，我被学生深深地感动着……

爱是相互的，只要有真心，就没有距离。你一旦给予了爱，孩子就会毫无保留地亲近你，你得到的回报也就会越大。孩子们是可爱的、懂事的，当我把无言的爱伴着汗水融进心中，当我把辛勤的耕耘随同期盼融进血液，我收获的不仅是累累硕果，还有那40多颗充盈着爱意的心。

不省心的学生

上午第一节课，数学教师在教室里上课，我正在批改作文。这时，手机响了，接起来一听是生活教师打来的，她很歉意地向我诉说着……

昨天晚上饭后活动结束了，孩子们回到了教室里。过了没有10分钟，云飞说："老师，我要去厕所。"经过允许后，他冲出了教室。事情并非我们想象的那么简单，一切都很悄然，后来我们通过监控才查清了事情的真相。

在后来的谈话中，他说出了实话："走到一楼时，我实在是憋不住了，就跑到了办公室的昏暗区域，尿地上了……"

这是多么荒唐的行为呀！教师洗手间就在五步之遥啊，你为何不进去呢？即使你错了，又为什么不告诉老师，想出补救措施呢？孩子，你为什么这么不省心呢？

有时，真的很不想担任班主任一职，除了教学的压力，工作的琐碎与复杂还在于对学生的管理，有时在学生管理上所花费的心血与精力甚至超出了教学方面，因为我知道，没有管理就没有教育教学。但，今天的事还是令我愕然。

我深思，管理班级不能进行限制和压抑，开学初就告诉学生，教师洗手间不能进，如果大家随便进入又搞不好卫生，就会污水横流，臭气熏天，办公区域的教师就无法工作了。可能这样的要求让孩子感觉到自己受到了限制，没有想到特殊情况特殊对待，而做出这样无法解释的行为，实际上正是老师死板地、一味地禁止造成的。

少提禁律，用积极向上的活动让孩子学会控制自己的欲望，让孩子在被管理中获得无痕的教育。

不要吝啬你的夸奖

别把你的表扬和鼓励藏在心底，对孩子说出来吧。

现在六年级的小杰默写一首课本上的五绝古诗能有3～5个字会写，其他的都用小圈圈代替了。他能背下来，就是下笔写时，生字都躲得远远地。基础太差强人意了，从字词抓起吧！就这样，从背到写，慢慢地，一首诗也能默写出个大概了——错3～5个字！好！那次我猛烈地表扬了他——除了语言的鼓励，还有小饼干和糖块！小杰得到礼物的那一刻欢喜溢满脸庞，我知道，夸奖鼓起了他前进的风帆！

渴望得到别人的肯定和鼓励，这是每个人都有的一种心理需求，而且是一种重要的心理需求。孩子更是如此。他们的自信常是脆弱的，往往会担心自己不行。这就决定了大人尤其是家长或教师的肯定、表扬和鼓励对他们来说非常重要。正如赏识教育倡导者周弘所说的那样："孩子的成长道路犹如跑道和战场，父母应该为他们多喊'加油'，高呼'冲啊'，哪怕孩子一千次跌倒，也要相信他们能一千零一次站起来。"

睁大双眼，从孩子平凡的生活中挑选值得肯定的地方，给予表扬和鼓励。当孩子遵守校规的时候、当孩子对来宾很有礼貌的时候、当孩子学习上有了进步的时候、当孩子关心教师要注意保护嗓子的时候，别忘了发给他们一份"奖品"，这份"奖品"可以是一句表扬的话，可以是爱抚地拍拍孩子的肩膀，也可以是一个满意的微笑。你要用这样的"奖品"让孩子知道他的努力得到了你的认可，他在你眼里是永远的胜利者。

孩子需要夸奖，但值得注意的是，夸奖绝不是一味地说孩子爱听的好话。没有原则地一味表扬孩子，也就失去了表扬对孩子的鼓励作用。表扬必须实事求是，让孩子感觉到的确是因为自己的努力和良好表现而受到表扬。我们应当仔细观察孩子生活中的一些小事，凡是做得好的地方都应及时给予肯定和表扬，哪怕这件小事在成人看来算不了什么。同时，在表扬的时候，要向孩子说明是因为什么事而受到表扬，不可笼统地说"你真是个好孩子""你干得真好"之类的话。

赞美孩子只需一分钟，可赞美产生的愉快感受却会影响孩子的一生。多给孩子一些表扬、鼓励和肯定吧，让他知道"我能行"！

孩子，老师错怪你了

学校校园迪斯科比赛就要开始了，我在为孩子们忙碌地换衣服、梳头……孩子们都士气高昂，做着赛前的各种准备工作，我也满怀信心争夺第一！

“老师，晓辉不穿校服。”班长云梦跑来对我说。此时我忙得不可开交，便不加思索地对晓辉说：“晓辉，比赛马上就要开始了，抓紧时间穿好！”

接下来，又是一阵忙碌。“老师，我还得脱下里面的裤子？”“冰玉的头发也乱了。”“老师，我的裤子长了。”……简直把我忙得喘不过气来。

“老师，晓辉还不穿校服！”志凡在座位上大声地嚷道。难道仅仅因为你而失去第一？我的火气开始往上冒，但我努力控制住自己，仍不停地忙着我的赛前准备工作，没有去细问什么原因，抬起头来，没好气地说：“晓辉，你不想为班级争光了？你想让我们全班的努力因为你一个人不穿校服而白费？还不抓紧时间穿好！云梦，你去帮她穿。”

这时，学生的衣服基本穿戴整洁，为了万无一失，使比赛取得好成绩，我又挨个检查学生的装束，翻翻领子，挽挽裤腿……

“老师，晓辉不穿，她哭了。”走到晓辉的座位边，云梦又对我说。这时，我的火气一下子上来了，瞪大眼睛，大声说：“晓辉，你不穿校服，就是不愿为班级争光，那你干脆不要上去表演了。”晓辉啜泣起来……我又催促了一遍，“还不赶快穿上！”这时，她鼓足了勇气，怯怯地说：“老师，校服太大了。”“校服都大着，因为你们要不断地长高。你没看见同学们都挽着裤腿。”我压低了语气，意识到了我对学生的工作不够细致……

当我为她打开校服的包装袋，拿出衣服，准备帮她穿上时，我呆住了……这哪是一年级孩子穿的衣服呀？裤子足足有一米多长，分明是四五年级的大个子学生穿的。看着哭泣的晓辉，我深深地责备起自己：为什么不先看看她的校服？为什么大声呵斥她？为什么不先问问她不穿校服的原因？我知道，从一开始我就错了……

我伸出双手，一边为她擦干眼泪，一边安慰着她：“别哭了，老师给你从二班借一身校服穿。”此时的我，再也没有别的话可说，我的心在痛……

迪斯科比赛结束了，我走到晓辉跟前，握着她的小手，说：“晓辉，老师错怪你了……”

教育需要因势利导

孩子上六年级了，心理不断成熟，青春期的懵懂让他们关注异性，并产生爱恋，有时不小心就会没收孩子们写的“情书”，情啊、爱啊，满眼都是喜欢。

针对这种情况，你会发现一味地“堵”、一味地“压”，会使孩子们转为地下交流，更加隐秘、更加难缠了。教育真是一门大学问，顺应时局充分地“引”，也就是因势利导，这样就会让孩子走出情感误区，从“爱恋”转化为“欣赏”，让青春不再迷茫。

要“导”，首先要发现“势”。

有一个孩子任性暴躁，常常对别人乱发脾气。有一天，他父亲给了他一大包钉子，并告诉他，每次发脾气的时候，就在他家后院的栅栏上钉上一颗钉子。

第一天，这个男孩发了37次脾气，栅栏上也就有了37颗钉子。慢慢地，男孩学会了控制自己的情绪，他发现控制自己的情绪比往栅栏上钉钉子要容易些。终于有一天，小男孩很少发脾气了。

他父亲告诉他：“如果你能坚持一天不发脾气，就从栅栏上拔下一颗钉子。”过了很多天，小男孩将钉子全部拔了下来。

父亲拉着他的手来到栅栏前，对他说：“孩子，你做得很好，但是现在看看这个栅栏吧，上面留下了这么多小孔，它再也不能恢复原来的样子了。当你向别人发脾气时，你的话就会像钉子一样，在人们的心中留下伤痕。不管你说多少次对不起，那伤痕都将永远存在。”

这位父亲“引”得巧妙。

孩子的生活中时时处处充满教育的“势”，教师要学会因势利导，让教育的大道更加平坦。

开学第一课

新的学期开始了，我又和孩子们走到了一起，开始了快乐的学习生活。今天，我在孩子们充分预习的基础上教授第一课《老师，您好！》。课伊始，为了激起学生的爱师、敬师之情，我给大家讲述了这样一个故事：

故事的主人公是一位乡村女教师。这位年轻教师的一生极其平凡。

她在 19 岁的时候就加入教师这个行业。当时她被分配到乡下教书，那所学校离她家有几十里山路，要走很长很长的崎岖小路，要赤脚过好几条小河，冬天的时候可想而知，那虽然不深但刺骨的水是多么难忍，她想到这些心里真有点不愿意去，但最后她还是去了，因为那里真的很需要她，学校与镇里的领导找她谈了很多次话。就这样她走上了工作岗位。

每一次去为那些孩子上课，她都要走崎岖的山路，蹚过几条小河，但是自从她教那些山里娃娃开始，她越来越喜欢孩子们的纯真可爱，他们之间的感情也越来越深，孩子们在她的教育下进步很大很大，甚至超过了许多乡镇小学的学生。

很快，一年过去了，她因为工作出色要被调到城里教书，孩子们为她骄傲，但同时感到伤心，家长们也是高兴又无奈。

不管怎么不情愿，要走的那一天还是来了。那天，女教师怕孩子们伤心，就没有和孩子们说，在天还很黑的时候就上路了。走了一会儿，一个山岗出现在眼前，是那么熟悉，但是当她走到山岗时，却发现孩子们都在那里等着她，他们离得很近很近，却不说一句话。她开口了："孩子们，你们回去吧。"孩子们不说话，只是看着他们喜欢的老师低头不语，终于有一个孩子说了："老师，您走吧，我们会想你的。""我们只是送送您。"……孩子们都说出了自己的心里话，尽管他们懂得这个进城机会难得，但是他们爱他们的老师啊，就在女教师与孩子们目光相对的那一刻，"扑通"，孩子们不约而同地齐刷刷地跪了下来，一起说道："老师，您留下来陪我们吧，留下来教我们吧。"所有的孩子都哭了，女教师看着他们，也哭了，这一哭，女教师留了下来。这一留，留了十多年，她送走了好几届学生，每一届学生与她的感情都很深。

有一天，女教师晕倒在讲台前，当送到医院后，才知道她已经得了癌症，而且不久后就会离开人世。一开始所有人都不告诉她病情，后来她才知道，于是她决定不治疗，因为治疗费用太高，乡亲们凑的钱几乎用光了，孩子们几乎将自己所有的零花钱都拿来了，可是治不好了。女教师决定回到学校，她说："我得回去给孩子们上最后一节课。"经过她的再三请求，领导和朋友们才允许她回去。

于是，第二天，她就拖着沉重的身子去给孩子们上课。这是最后一课呀，她对孩子们说："孩子们不要伤心，虽然我很快就离开你们了，但我还是希望你们好好学习，如果你们将来考上了大学，一定到我的坟前和我说一声，如果你有什么烦心事，你来我的坟前与我聊一聊，我死后，我的骨灰就埋在窗户外的那个山岗上，我会陪伴你们一起成长……"孩子们听后，教室里哭声一片，悲切而持久。

几天后，女教师永远地离开他们了，她的骨灰真的埋在了那个山岗上。

故事讲完了，孩子们的眼里噙着泪花，可爱的丁涵控制不住自己，泪水像决堤的洪水奔涌而出……此时，不需要用过多的语言来赞美教师，教师崇高、伟岸的形象已在孩子们的心中扎下了深深的根。

接下来的感悟句句抓其要点，切其主题，哪需要教师再啰啰嗦嗦地讲了。

于是，继续美美地读，读得几乎能成诵。

能做到不教自悟，达到了教育的目的，这是教育的最高境界。这良好的开端预示着学生在新的学期定会收获累累，阔步成长。

考试抓阄

今天，学校组织进行期中素养检测（就是以前所说的期中考试），我全天都是监考员。

当考试到第三场科学时，我看到坐在我前面的大睿没有低头思考，认真答题，反而行为有点怪异——两手合拢空心晃动……

我仔细看了一会儿，发现了蹊跷：原来大睿在抓阄答题。

我把这一幕拍了下来。大睿这时说话了："老师别拍我，这题实在太难了，我不会啊……"

也是难为孩子了。实属无策！

大睿是班级里的学习困难生，像他这样的学生还真不少。不仅基础知识掌握不好，学习态度更不端正，一味贪玩，课堂上注意力不能集中，总是容易走神、做小动作、和人说话等，没有办法安静下来好好地听教师讲课，也没有办法坐下来好好地读书以及写作业。这样下去，他们的成绩越来越差，自信心一点点消弭，在学校里混起了日子……

孩子心态很好，谈未来时，他说开一家小超市就很好。

哪个林子没有弯腰树？十个指头还不一样齐呢！社会分工不同，有科学家，还要有工人、农民，只有不同的阶层互相扶持，才能共同撑起和谐的社会。我们做一线教师的可不这样想：教书育人，义不容辞，总希望他们人人都考满分，个个上清华北大。千方百计地进行知识的传授，利用空闲时间为学困生开小灶——补课提升，一个都不能放弃，不允许一个掉队！真是违背了教育的规律，确实应该好好反思。

班级里有学困生，不能认为是教育的失败。教育者也绝不能丧失信心，更不能放弃不管，放任自流，一定要"导之以行，持之以恒"。对屡教不改者，仍要尊重、信赖，使他们有机会改过，在原有的基础上不断进步提升，而不再是全班学生"一刀切"了。

宽容——一种无声的教育

记得那次我之所以找贤起的家长交流，是因为孩子近几天总是不好好学习，古诗不背、作业不写，随堂小检测错误一片。气得贤起的妈妈说："孩子从来没有出现过这样的情况，这还是第一次孩子表现不好被老师请到学校里来呢。希望老师狠狠地教育，绝不能姑息！"

其实，我跟家长交流，只是为了弄清出现问题的原因，这样才能帮助孩子改正不足，助其成长呀。剥夺了孩子犯错误的权利，也就剥夺了孩子健康成长的权利。

我看过这样一个故事：一位老禅师在禅院里散步时，发现墙角有一把椅子，他一看就知道是某个出家人违犯寺规，翻墙出去溜达了。这位老禅师就搬开了椅子，自己蹲在了原来放椅子的地方。时间不长，果然有个小和尚翻墙进来。黑暗中，他踩着老禅师的肩背跳进了院子。落地后，他才发现刚才踩的不是椅子，而是自己的师傅。小和尚顿时惊慌失措，又羞又怕。但出乎意料的是，老禅师并没有厉声责备他，而是平静地对他说："夜深天凉，快去多加一件衣服。"

老禅师知道，他的宽容对弟子就是一种很好的教育。

孩子的年龄特点决定了他们犯错误是经常的，也是不可避免的。犯错误是孩子的权利，孩子就是伴着错误而成长的。假如孩子不犯错误，那他还是个孩子吗？

孩子犯了错误，家长应当分析孩子为什么会犯错误，给孩子改正错误的机会，为的是让孩子从错误中吸取教训，学会如何不再犯同样的错误——从错误中学习，这对孩子来说才是最重要的。

让孩子在错误中学习成长，这是一种很好的教育方法。

有时给孩子一次犯错误的机会，实际上就是给孩子留下了一次学习的机会。

有一名老木匠在教徒弟做活时，有这样一句口头禅："注意了，留一道缝隙。"老木匠这样教导徒弟干活，是因为木工讲究疏密有致，黏合贴切，该疏则疏，不然就容易散落。家庭中铺木地板时也是这样，要留下适当的缝隙，否则木板一受潮膨胀，就会挤压拱起。

教育孩子也是这样，我们要在适当的地方留一条"缝隙"。

两条校服裤子

今天早上一进教室，璐畅就拿着两条校服裤子来找我，眼圈红红的，很是委屈地说：“老师，虎驹在四年级的时候跟我换了校服裤子，这条膝盖上有个小洞的裤子是他的。”

听了他的哭诉，我真是被雷倒了——四年级时候的事情，上六年级了才翻腾出来！陈芝麻烂谷子的事儿，心里真不想深究其原委，可是璐畅小声嘟囔了一句：“我妈妈说，他要是不换，就等他睡觉了偷偷地从他包里拿出来调换过来。”我一听，这还了得？这让我不得不查个水落石出了。

叫出他俩，每个人先陈述一下吧。

虎驹说：“五年级我就没穿校服，这身校服是妈妈刚给我买的。”

这小话说的，一听就是撒谎，因为校服明显是旧的。面对我的质问，他立马改口了，说：“我也不知道，反正五年级我没穿，妈妈刚给我的。”不用辩解了，我就把膝盖上有小洞的那条裤子给了虎驹。他很不情愿，嘴里嘟囔着。

璐畅说：“我的校服裤裆挣开了，是我姥姥给我缝补的。”他举着裤子让我看缝补过的针脚，“老师，你看，这就是姥姥给我缝的。”语气里透着坚定。

这虎驹可不是省油的灯，听璐畅这么一说，看到自己手里的裤子裆部也有被缝过的针脚，大声地说：“这条裤子裆部也缝过！这就是你的！”

两人都不想要膝盖带小洞的那条裤子，可是陈述的理由又不够充分，只好等到周五家长来接时亲自辨认自己缝补的针脚了。

庆幸的是我班的家长通情达理，宽容大度。

周五下午，虎驹的爸爸说：“没事儿，不要了，我再带他去服装厂买一条吧。”多大气的话语呀，立刻化解了两个孩子之间的“疙瘩”。

璐畅的大姨父来接璐畅，我把事情的原委告诉了他，并把两条裤子让他带回家辨认。没有争辩，相安无事。

周一回来了，我先找到他俩问询。虎驹去服装厂没买到裤子，没有他穿的号。璐畅重新借了一套先前毕业的学生穿过的校服，而且把膝盖上没小洞的那条裤子洗干净了，又给了虎驹。

家长们的宽容理解化干戈为玉帛，孩子们握手言和，重归于好，为师的除了赞赏，更多的是温暖。

作为一名班主任，更需要做一个有心人，时时处处地去观察学生、关心学生、帮助学生，教师的关怀和善良是赢得学生依赖和尊敬的最好办法。尽力满足学生的正当要求，懂得理解、接受、同情和公平对待每一个学生，就会大大提高教师的可信度，达到心灵的沟通。这时，你会感到异常的愉悦，这份愉悦的感受来自学生带给你的感动，它如蒙蒙细雨，湿漉漉地滋润种子的梦境；如融融春意，暖洋洋地慰藉着心灵。

挠人的周五

周五了，下午两节课后，我带领孩子们背着大包小包来到操场，等待家长来接回家。

不多一会儿，孩子们陆陆续续被接走了，剩下的几个孩子被叫着聚到了一起。这时，人群里一个男生说：“老师，这周末虎驹约云飞出去玩。”这可是学校不允许的——禁止学生私自相约外出游玩。

我立马警戒道：“云飞，不准跟虎驹出去玩。”

正好，云飞的妈妈来接他了，我把外出游玩的危害告知了家长，家长通情达理，很关注孩子的安全，及时地制止了云飞和虎驹的想法。

就这样，云飞被接走了。

虎驹一屁股坐在地上，号啕大哭，边哭边嘟囔着：“在家里不能玩，周末还不能玩，活得什么活！”

“光知道挣钱了！有什么用！每次也不及时来接我！”

……

我摸清了他的脾性，对他的教育方式是冷处理——放一边，不管不问，自我发泄一会儿后，再去教育更有效。

过了一会儿，我把他叫到跟前，讲明白了随便结伴外出存在的安全隐患。想一起玩，必须双方家长同意，由一方家长带领……简单的话语，穿透了他的内心，他不再咆哮，也不再无理取闹，而是很乖地跟我交流起来……

“冷处理”的教育方式有利于让学生充分自我反省，促进问题的解决，师生关系不但没有受损、恶化，反而得到进一步的交流。爱心支撑下的“冷处理”，常常会制造一种空灵的境界，此时无声胜有声，让学生卸下面具，对话心灵，大彻大悟。

你找到孩子身上的优点了吗？

善于从孩子身上找优点的父母，也是善于教育孩子的父母。经常被父母发现优点的孩子，也是一个有上进心的孩子。

在一次家长会上，我请家长写出孩子的10个优点，可是有的家长竟然写不出一个来，还有一位母亲脱口就说：“他没有优点。”

我也在班级里做过这样的调查：给孩子每人发一张表，让他们填上自己的优点，结果有的孩子在表上填的是“优点——无”。

父母为什么会觉得孩子没有优点呢？

巧的是，孩子为什么也觉得自己没有优点呢？

如果说父母看不到孩子的优点，是因为观念方法有问题，容易改变，但孩子认为没有优点才是最可怕的，这是孩子的悲哀、孩子的不幸。

人们常说，哀莫大于心死。孩子感到自己没有优点，这“心”的问题太大了。

用发展优势的办法去克服劣势，是一种很好的完善自己的方法。假如一个孩子从小就被批评责备包围，从小就觉得自己缺点多、优点少，那么他的优点最终会变得越来越少。家长越是批评，越是找缺点，孩子就越是逆反，越是缺乏自信，缺点不但难以改正，还会得到不断“深化”。

其实，换一种理念，换一种眼光，摘下有色眼镜，便不难发现孩子身上的优点。

怎么看是最关键的。

一般来说，差生无论是在教师还是在家长的眼里，都是很难找到优点的。可是我国著名教育改革家魏书生就能发现差生的优点，他说：“面对屡考屡败的困难局面，却能够屡败屡考，日久天长，磨炼出来的是多么顽强的抗挫折能力！不断失败，没人同情、没人理解，得到最多的是老师的批评、家长的责备、他人的嘲笑和挖苦。可是每天早晨到了学校，见到往日批评他们的老师，还是那么天真无邪的笑脸，想想看，这是多么开阔的胸怀！”

对孩子来说，意识到自己的优点就会产生自信，有了自信就会产生上进的动力和要求，结果就会渐渐地去改正缺点。

对家长来说，发现孩子有这样那样的优点，心态就会平衡一些，就会少一些失望和焦灼，多一些信心和理性，教育方法就会更科学。

暖暖的关爱

一不小心被凛冽的寒风吹得感冒了，鼻涕一把泪一把，搞得自己很糟糕。恰巧这时父亲因腿部手术后引起血栓而住院了。我这得一边上班，一边照顾他老人家，忙得团团转。一上火，感冒就更厉害了，于是乎，嗓子都哑得说不出话了……

周五的一大早，我来到学校，简单地整理了一下办公室和教室的讲台，孩子们也都陆续吃完饭回到教室了。第一节课是语文，由于我课前跟大家说嗓子不好，讲课声音要小一点，孩子们很懂事，一节课相安无事，圆满地结束了。

就这样，连着上了两节语文课。

课间操后，我又赶到医院去照顾父亲了。

今天是孩子们回家的日子。下午两节课后，孩子们由生活教师和数学教师护送，被家长们一个个接走了。

周六的上午，手机收到了一条短信："老师，晓睿说你嗓子哑了，说不出话来，问我吃什么药好。我都是吃黄氏响声丸，要不你试试吧。"晓睿的妈妈发来的，我看了一遍又一遍，心里仿佛有一股暖流流过……

周日中午，手机响了。一看号码不熟，心想肯定是家长，接吧。"老师妈妈，你嗓子好了吗？能说出话了吗？我这两天满脑子都是你疲惫的样子。老师，记得好好吃药哦。"一听那甜甜的声音，就是我班的季冉。她的话语简直把我暖化了，病立马好了七分。多可爱的孩子呀，为师的幸福激荡胸怀……

有爱，便有无尽的动力！周一，我又踏上了上班的路……

平凡中的感动

平时在改作业时，我经常会遇到笔没墨水了的情况，于是总有学生雪中送炭，而且争着帮助我，我当时并没有觉得这件事有多么珍贵，总觉得是理所当然的事。直到有一次中午，我才感到了它的不寻常。

一天中午，我刚一进班，就有一个学生跑到我跟前，送给我一支红笔，说："老师，这是我专门给你买的，你用完了，我再给你买一支。"我听了心里很震动，没想到学生会专门给我买一支红笔。她的举动让我的心久久不能平静，我为有这样雪中送炭的学生而感动，也为有这样的学生而骄傲。再看看她，并不是班上学习最优秀的学生，但是她有一颗善良的心。平时谁的笔忘带了，谁的本用完了，谁没有带卫生纸……总是她借给别人。

还有一次，我和她妈妈聊天，她妈妈告诉了我一件事。有一次她和妈妈去超市买东西，在买卫生纸时，她非让妈妈多买一些，说可以拿到学校，这样哪个同学忘带纸了，就不用撕作业本了。听了她妈妈的讲述，让我更加感受到她金子般的心灵。

想起这些点点滴滴，我再也不能认为这是理所当然的事了。于是，我在班上表扬了她，谁知接连几天总有孩子送我红笔，也总有同学抢着借给别人东西。尽管我的目的不是让每个学生都给我买红笔，但是每个同学抢着借给别人东西的情景还是让我觉得榜样的力量实在是太大了。

我想，在教育学生时，如果我们更多的是应该发现他们的优点，树立榜样，而不是一味地批评，收到的效果就会事半功倍。

知错必改还是好孩子

今天，我在语文课上首先进行了听记词语和句子的训练，班里的育宁书写不但不认真，而且出错最多。看着她写的内容，我百思不得其解……课下，正好数学教师来发昨晚布置的练习题，她把批阅出来的练习题给我看，天哪，还是育宁错号连篇，是班级里错题最多的……

育宁不是班里的差生呀！上一学期，自从她转到本校以来成绩一直不错，上课回答问题也比较积极主动，没有进入学习后进生的范围。这一学期是怎么啦？开学两周多了，必须及时解决发现的问题，以免影响孩子的发展与进步。第三节是体育课，我征求了体育教师的意见，把育宁留了下来，跟她手拉手地谈心。

“孩子，最近一阶段自我感觉学得怎么样？”

“不好。”

“是啊，你看听记本上你出了那么多的错误，而且你的数学题做得也很不好。这样，你这个小组长当得不能让同学心服口服啊！有什么原因影响了你的学习吗？说出来，看老师能不能帮你解决。”

“上课我老说话，听讲不专心……”

“既然知道了导致自己学习下降的原因，一定要克服……”还没等我说完，育宁就向我保证：

“以后再也不这样了，我会认真听讲……”

“孩子，知错能改，善莫大焉，好好学吧！爸爸妈妈带着满腔的希望把你送来求学，如果他们看到了你这样的成绩，会多么伤心啊……”

泪水从育宁的眼里奔涌而下，从她那悔恨的双眸中，我读懂了她的内心，我知道，以后她会努力上进的！

用宽容去理解孩子们，我们在教育他们时一定要宽容成长中的过错，给他们反味和领悟的时间。理解是宽容的前提。作为一名教师，要让他们亲近你，接受你的观念和思想，必须让学生感受到你是一个宽容的人，只有这样，他们才有机会靠近你，在你的帮助下战胜成长道路中的各种挫折，朝着正确的方向健康成长。

不用直言训斥，真心的话语更能震撼心灵。爱的力量无穷无尽，只要用心去做，读懂孩子的内心，就会激起孩子心灵的层层涟漪，成为他们奋起直追的动力。离开爱，一切教育都无从谈起。爱当然不能取代教育，但教育必须充满爱，教师对学生真挚的爱是感染学生的情感魅力。要当好一名教师，真的应该在“爱”字上动真功夫。

运动会感言

孩子们期待已久的春季运动会终于拉开了帷幕，他们就要在运动场上一试高低了。

……

“啪啪啪”的发令枪声下，一组组径赛引发一阵阵加油声，一阵阵欢呼声！100 米、200 米、400 米，我班的队员们都手捧奖品回来了。看到他们喜悦的脸庞，两个字：高兴！

一组组田赛在不声不响中进行着，抛实心球、跳高、跳远……看到我班的队员一个接一个抱回来的奖品，同学们羡慕了。

最激烈的要数下午的 1500 米和接力赛了。男子 1500 米比赛中，我班的玉清在最后一圈追了上来，危急关头创造了奇迹，真是男中豪杰！接下来的男女迎面接力赛紧锣密鼓地进行着，轮到我们时，孩子们蛮有把握，说：“没问题！”可是在赛中却出现了问题！一名女生在递棒时疏忽，传递不及时，耽误了时机，结果我班没有取得第一名……

埋怨，懊悔的埋怨！愤怒，仇恨的愤怒！男生在失败中抱头大哭，看他们一把鼻涕一把泪的伤心劲，我挨个劝他们……直到比赛结束公布总成绩，我班成绩挺好，总算露出点笑容。

他们视班级荣誉为上，以为班级争光为骄傲的精神让我感动，看到这样一群可爱的孩子，我越来越爱他们了，给了他们每个人一个深深的拥抱！

孩子们，你们是优秀的、是出色的，我爱你们！

是啊，我们在这个大家庭里享受到了成长的欢乐，体味到了友爱的甘甜！

我们全员上下，众志成城、团结一致，在比赛中获得了一次次的辉煌。这就是团结所显现的强大力量。因此，在我们这个大家里，同样需要人人献出一份爱，出一分力，紧密地团结在一起，健康快乐地成长！

让孩子自己教育自己

假如说教不如现实的力量大，那就让现实教育孩子好了。

记得儿子上高中歇周末回家，我做了一桌子儿子喜欢吃的饭菜，儿子吃得很嗨。此时，老公又开始忆苦思甜了：“我小时候家里穷，过年时也没新衣服穿，总是把大爸穿小的再加以改造给我穿；过年也没好饭吃，每次奶奶炒菜时，我就想啥时候顿顿吃上肉就知足了……”儿子抹抹嘴，说：“时代不同了，社会进步啦！”

记得朋友谈起她青岛的朋友处心积虑地想让孩子了解过去的苦难，感受如今的幸福，于是花了400元买了两张芭蕾舞剧《白毛女》的票，带女儿走进了剧场，等她含着眼泪看完后问女儿的感受，女儿的回答却令她愕然：“都是白毛女的爸爸害了她，欠债还钱天经地义，她爸爸为什么不还呢？再说白毛女真傻，既然黄世仁那么有钱，嫁给他算了，何必到山洞里去呢？”朋友不由地摇头感慨：“如今的孩子真难教育啊。”

但如果让孩子亲身体验一件事，结果就会完全不同。

记得跟一位家长交流，他资助了一个希望工程的贫穷山村的孩子，家长为了让孩子互相认识，加强沟通交流，叫儿子把自己的彩色照片寄了过去，信里写道：“你也给我寄张彩色照片吧，让我看看你的模样。”

不久他的儿子收到了一张黑白照片，信上说：“真对不起，我从来没有照过相，这次为了给你寄照片，我妈妈攒了一个月，才攒了6元钱。我走了几十里路去照了这张相，但实在对不起，因为是第一次照相，我不小心闭上了眼睛……”儿子看了信大哭起来。这位家长由此感慨：“让孩子结交一个生活贫苦的孩子，就能使他知道他现在的生活是多么的幸福。”

家长让孩子参与希望工程活动，仅仅一件交换照片的小事，就让孩子内心受到强烈震撼，收到了意想不到的效果。可见，现实的教育更容易为孩子所接受，也就更具说服力。

这是一个开放的时代，也是一个信息技术快速发展的时代。如今的孩子是独立意识越来越强的一代，比起他们的父辈，他们更喜欢面对现实的东西。这也就决定了让孩子心甘情愿地接受教育，就必须从现实中寻找教育的力量。

亲身体验是最好的教育。这是一种自己说服自己、自己教育自己的教育，也是一种事半功倍的教育。

送你一个口罩

今天又是我值班的日子。我早早地来到学校，站到岗位上，为孩子们保驾护航。

大部队都进校了，零零散散还有一些晚到的孩子也陆续到了。这时，队伍中有一个胖乎乎的小女生急匆匆地走来，到我跟前停下了，着急忙慌地说："老师，我忘记戴口罩了，怎么办？"看到她无助的样子，我也很无策——口袋里没有备用的口罩。

我询问她："几年级的？"

小女生很干脆地说："一年级二班的。"

哦，教室就在一进大厅的左侧，我寻思还是让她进校，跟班主任要个口罩戴上吧，每个班级都有一大包备用的。

"没事儿，你进校吧，跟老师要个口罩就好。"我提示她。

"不行啊，我不能进……"

就在她双手卷着衣角，踌躇不前时，后面来了一个瘦弱的女生，她眼睛很尖，没人告诉她怎么回事，就说："我有备用口罩，我给她一个。"多爽快的女孩呀，那一刻，我就很想抱抱她。

瘦小的女孩放下书包，拉开书包外层的拉链，取出一个崭新的口罩，递给那个女孩，然后迅速地拎起书包背好，就踏着悠扬的音乐前行了……

"哎，小可爱，你是几年级的？"我大声追问。

"二年级四班的。"

"回来呗，拍个照。"

她没有回答，就返回来了。

我举起手机，留下了这友好的一幕——可亲，可喜！

童心的关爱

隆冬的一天，随着人流，我加入了义务献血者的行列，勇敢地伸出了自己的手臂。看着汩汩的鲜血从体内流出，胆小的我没有流泪。

休假两日后，我踏进教室，一切都在不经意中发生了……

一进教室，首先看到的是黑板上一句句纯真的话语，道出了学生对老师最美好的祝愿；一幅幅稚嫩的图画，勾勒出师生之间的深情厚谊。转过身，透过已经模糊的双眼，看到学生们静静地坐在那里，一双双眼睛注视着他们的老师，好像要从老师的脸上读到什么。此时，老师在他们的眼里是多么伟大、多么可亲可敬。我弯腰找教科书，桌洞里却放满了各种各样的食品，大到一包红糖、一盒饼干，小到一片山楂片、一块口香糖。看着孩子们用平时节俭下来的零花钱凑在一起买的礼物，仿佛看到了一颗颗如玉如雪、晶莹剔透的心。我想说点什么，可怎么也说不出来。我再也无法控制自己，任凭泪水肆意地流出来……

平静下来，我开始上课了，一节课在孩子们聚精会神的听讲中不知不觉结束了。我回到了宿舍，躺在床上，细细回味为师五年来的酸、甜、苦、辣……午后，轻轻的敲门声之后，闪进一个个透着真诚与祝福的笑脸，他们递上一张张自制或购买的写满美好祝愿的贺卡。我使劲地睁大眼睛，不让自己的泪水流出来。

“老师，您好了吗？”一向沉默文静的苏晓鼓足勇气才走近我说。接着，她从衣服的里层摸出一个橘子，放在我的手里，说：“老师，您吃吧！这个橘子不凉。”我把幼小的她搂在怀里，在那张可爱的小脸上亲了又亲，我的泪水再一次夺眶而出……

从教五年来，我得到的还有什么能比学生的心更珍贵呢？那颗颗纯真、稚嫩的童心是我心中永不凋谢的花朵。我乐为童师，愿做学生永远的良师益友。

拖堂的家长会

接新班已经有七周了，我和孩子们在磨合中已渐渐地达成了默契。看到满是“刺头林立”的班级被我整治规矩了，其中的汗水与辛酸只有我懂……

接新班时我就有开个简短的家长会的念头，让家长们了解我的教育思想与方法，以便做好配合，更好地对孩子们进行教育。可是没有合适的时机。校长在我最需要的时候，决定在9月17号周五下午召开全校家长会，解决我的困扰，真是太应景了。

家长们如约而至，还有两个孩子的爸爸妈妈都来了，带着对孩子的希冀与期望，带着对新老师的考验与检阅。我甚感自己肩头责任的重大——挑起的是48个家庭的希望啊，是96位爸爸妈妈的寄托啊！简单的开场后，我把自己准备的内容娓娓道来……

我从教育孩子如何做一个人格健全、学会学习的人，家长们如何在生活上、学习上正确引导教育孩子等三个方面做了详尽的阐述。讲话中，我结合班级的实际问题和现实的具体情况，认真细致地做了分析，苦口婆心地做了解释。我的话语朴朴实实、真真切切，既道出了一位教师的教育观点，又道出了一位母亲的教子经验。

真心真切的交流阻挡不了时间的流逝，拖堂二十多分钟了，还有一些琐碎的事情要叮嘱，只好把我的一些想法留到下次与家长们见面了。

家长会刚刚结束，家长们陆续地离开了，虎驹的妈妈在等待中慢慢地走向了我，拉起我的手，感激地说：“听您一堂课，感知到了您的性格。喜欢您的直率与坦然，叶虎驹的改变来自您的个人魅力，来自您的感化与教育。看到孩子的进步，我们做家长的真是万分的高兴。老师，不是吹捧您，您真不愧是优秀的好老师……”

李雯妈妈在短信中说：“徐老师，你今天在家长会上说的话，我很受感动，在这里真心谢谢你。”

小媛妈妈在短信中说：“徐老师，谢谢你。昨天开了家长会，觉得孩子在小学的最后两年里跟您这样的老师学习是他们的福气，也是我们做家长的福气。孩子从一年级到现在头一次这么认可一个老师。我知道您说的一定能做到，真的感谢您。”

徐源的妈妈在短信中说：“这次家长会让我更深入地了解了您，知道了您的严慈，知道了您很负责任，我们做家长的很是放心孩子让您带。我喜欢您这样的老师，徐源在家是我的孩子，在学校里就是您的啦！”

……

家长们质朴的话语使我更感到教师责任的重大——承载着一个个家庭的梦想与希望。教师的伟大不正在于此吗？身为教师，唯有努力，努力，再努力……

玩具风波

又到周五了！

午饭后，我带领孩子们来到了操场，紧张了一周的孩子们因要回家而快乐着，叽叽喳喳地交谈着，满脸的喜悦与放松。

活动快结束了，保军跑到我跟前告状："老师，虎驹带来了玩具。他还不让我说呢！"

"哦，是真的吗？"我满脸的疑惑。因为我在接班五年级后，三番五次地强调不准把玩具带到学校，并三三两两地没收了各种各样的玩具，光虎驹就有 8 个悠悠球。在学期结束的时候，我把没收的玩具全部返还给了本人，并且郑重其事地对虎驹说："如果再带玩具到学校，一律销毁！"孩子也认真地做出了承诺。怎么可能又带玩具呢？

"老师，是真的，我还玩过。"保军说完就跑了。

此事有必要审一审。

虎驹听到我的呼喊，满脸不悦地来到我的面前。他知道，保军已经向我告状了。

"把玩具拿出来。"我淡淡地说。

"老师，我没玩，一直在我的书包里。"他很不情愿地说，"我想回家再玩的。"他嘟囔着，可没有行动，根本就不想拿出来。

"快拿过来吧！"我仍然平静地说。

"老师……"还想继续狡辩的他，被我犀利的声音喝住了："抓紧时间拿过来！"

看到没有回旋的余地，他慢吞吞地把玩具拿了出来，小心翼翼地递给了我。

我看也没看那个玩具，扔在地上，踩碎了。

虎驹号啕大哭起来："我的玩具呀！我怎么这么倒霉呢……"他边哭边嘟囔着，一刻也不停。

"好好反思一下吧，你把老师的话记在心上了吗？"说完，我自顾自干起了其他事情，把他晾在了一边。

不一会儿，他也停止了哭声与嘟囔，来到我跟前，说："老师，我错了。我的书包里还有一个玩具，要不也一并销毁吧，让我长长记性。"

看来我的教育收到了成效，教育的目的达到了，再毁坏玩具也没有必要了。于是，我说："认识到自己的过错，记住老师讲过的规定，以后不再犯就行了。至于你书包里的那个玩具带回家吧。"

他很感激我，狠狠地点着头，说："谢谢老师。"

故事到这就结束了，我深深地反思：我们要把学生作为一个人、一个与自己平等的人来看待，做到完全尊重他们，千万不要责骂学生。我们要树立这样的信念——人人都有自己的价值和尊严，人人都是平等、自由的。教师要无条件地尊重学生，相信每一个学生都可以朝好的方向发展。

我们要相信每一个孩子都有向善的愿望。孩子是幼稚的，犯错误是可以理解的，要对学生少一点苛责、少一点失望、少一点冷漠，而多一分理解、多一分信心、多一分亲切，能与学生一同探讨为什么会犯错。这样做，学生才可以接受，教育也才会起到作用。

我的开放课堂

西海岸东西两区的开放课堂在教体局的统一安排下陆续展开了，我校在11月11日的下午如期开放了。各地的领导、教师、家长在阶梯教室里济济一堂。这是学校之间的较量，更是校长之间的较量。为了全面赢得入会人员的认可，我们的夏校长一次次地开会传达、提出要求、布置工作，教师都把自己分管的工作做到最好。

我执教的《昆虫记》阅读交流课在校长交流完经验后开始了。一上场，由于紧张，我把准备好的一大串导语用简单的几句话概括了。也好，开门见山。接下来的每一个环节都有条不紊地进行着，孩子们也配合得极为主动，关键时刻还挺看眼色的。卢枋峻的手举到天上去了，生怕老师看不见他。万晓睿读书时那么认真专注，声音甜甜的。就连叶虎驹也大出风头，不仅把蚂蚁的贪婪无耻读得淋漓尽致，而且在提问时故弄玄虚，把答案做得很严谨，让同学们一个答不对，多个才过瘾。孩子们的出色表现让课堂大放光彩，看到教师们的赞许，我悬着的心总算放下了。

课上完了，但自己细细回想，又觉得美中不足。如果当时有块可以写粉笔字的黑板，然后在黑板上写下孩子们在读书时获得的感悟与启示会更好，既能加深印象，又能把读懂的文字背后蕴含的东西展示出来，这样把“阅读经典、润心启智”的根本目的就凸现出来了。

不足成了遗憾，让遗憾在以后的教育中成为警示。

我上网课的一天

7点50分准备早读，7点57分发起视频在线课堂。进入课堂，孩子们自行签到，小组长汇报人数，并呼叫未到人员。8点01分，学生全部到齐，按照早读的要求，开麦早读。（苏同学未着校服，班主任及时提醒，并更换）

8点14分，总结早读情况，表扬优秀者，指出存在的问题并要求改正。接下来，检阅孩子们的早读情况——对早读内容进行听写，还有诗句的默写。

8点20分，早读结束，孩子们上传听写的作业到畅言晓学，播放轻音乐，孩子们休息，但不离开课堂。

第一节语文课，在响亮的乐曲中，孩子们归位，按照教师的课前要求对照修正。8点30分，师生问好，开始上课。先对周末的作业进行简单总结，表扬优秀作业，强调日记内容真实情感的流露，并及时指出存在的小问题——如不及时提交、拍照不清楚、上传横屏等，要求孩子们不断改正、不断进步。课上，进行阶段性检测的讲解，针对周末作业里的共性问题进行重点强调，把基础知识落到实处。孩子们积极发言，对优秀者进行表扬并加分，还有一部分稍难的题目，分别点名叫不同层次的孩子回答，以便摸清孩子们的掌握情况。

8点51分，播放音乐，组织学生做眼保健操，然后离开电脑远眺，休息眼睛，放松身体。其间，开着摄像头，方便教师查看，我还利用这段空闲时间与两名学生交流谈话。

9点，开始上第二节课，先巡视孩子们的整体情况，没有离开的学生。本节课继续进行阶段性检测的讲解，检查孩子们对课文、古诗内容的把握情况，口语交际是一段心理描写。被叫到的孩子都能及时地回答问题，在巡视中发现有注意力不集中的赶紧提问，不至于课堂上孩子们人在心不在，让线上课堂流于形式。剩下14分钟进行一个基础的字词句的小练习，孩子们看题目做题，写好题号，直接写答案，完成后上传到畅言晓学发起的作业里。

9点20分，布置今晚作业：①阅读《汤姆索亚历险记》，做读书笔记；②完成畅言晓学里的同步练习；③课外阅读一篇文章，划出好词好句，写3处批注，文末写感悟。布置完作业，结束两节语文课，跟孩子们道别。

课下空闲，我批阅畅言晓学里的听写练习。

11点07分，我发起快乐阅读课，孩子们签到，小组长巡视并呼叫未到的同学。进入的同学自行调试摄像头，做到“三露”，针对畅言里批阅反馈的听写错误进行修改。其间，刘昭显未进入，我打电话找到家长，由于网络问题进入迟缓。11点12分，学生全部进入课堂。我有针对性地讲了听写中出现的“拨弄”一词的“拨”和“拔”的区分：拔河需要一群朋友团结合作出一点汗，这就是“拔”；解释“惊慌”和“惊惶”的音调差别，孩子们有2分钟时间改错。没错误的同学先阅读提升训练小册子里的《在冬夜里唱歌的鱼》一文。给孩子们6分钟的阅读时间，针对后面的4个练习题，阅读思考，利用畅言小工具里的计时器计时。时间到，跟孩子们一起交流后面的4个练习，教给孩子结合语境或者联系上下文来理解词语，深入读懂课文内容，读出文字背后的含义，准确地回答后面的练习，从而明白母亲无私地帮助瞎眼的老爷爷，真诚地给予他人关心，在困境中的付出更能打动人心，让人与人之间的心更加贴近。

11点30分，结束快乐阅读，没有完成的课下认真完成，拍照上传畅言晓学。其间，一个学生提早掉线，课下再单独沟通，明确任务。

结束一上午的线上学习，跟孩子们道别。孩子们享受爸妈准备的快乐午餐，然后静心午休。

我中午没休息，一个人吃了简单的午饭后，开始批阅孩子们做的小练习，把问题一一记下来并在畅言晓学里反馈到个人。

中午1点25分，再次发起视频会议进入课堂，指导孩子们进行午间练字，并在等待的档口指出了上午小练习的共性错误，个人存在的问题也一一指导到位。学生全齐后开始播放一帆视频指导午练，与孩子们练习了3个字，共4行，孩子们练得很专注。

下午4点10分，组织孩子们答疑解惑，并指导孩子们如何提高语文能力。其间3个学生提出了自己的疑惑，我帮助他们有针对性地解决问题。4点30分结束答疑，并再一次强调今晚的作业。

晚饭后，继续在手机上批阅孩子们的作业，找出优点和不足，明天再进行强调、讲解。

一天的工作在夜深人静的时候画上了圆满的句号。

心底的一丝空荡

接手这个班级已3个月了，在说短不短、说长不长的3个月里，我也摸透了孩子们的脾性，孩子们也适应了我的教育管理方式，渐渐地，我已和孩子们建立起了浓浓的信任。

今天，茂栋的爸爸妈妈给他办转学了。事情的原委还得从头说起。

记得刚接班时，茂栋是一个很扎眼的男孩，长了一双很招人注意的大眼睛，但越发注意越让人发现了他的很多不足：课堂上坐不住，不会听讲，作业经常不完成，午睡不安静……在整顿班级纪律的同时，我对他也很关注，要求严格，因为在我的心中，这么帅气的男孩一定很有灵气，不能让他走弯路！

或许是我的严厉让他不适应，或许他太恋家，也或许他有什么解不开的心结，总之，他开始有压力了。当在班会上我讲到要好好学习对得起父母时，他哭了；当他看到爸爸给他写的鼓励的话语时，他哭了；当我找他谈心交流时，他更是不停地抹眼泪……男儿有泪不轻弹！一个男子汉老是流眼泪，这可咋办！

从孩子爸爸的短信中我读出了为父的焦灼，从孩子妈妈的话语里我听出了为母的无奈。面对这样的孩子，我也感到无策了。可是，我还是用心地管理教育着他：每天的作业写不完也不敢追着要了；课堂上尽量把简单的问题让他回答，给予他鼓励；吃饭时，把我盘里的好吃的给他吃，让他感受到温暖；让他担任语文小组长，激起他学习的劲头……我努力着。

茂栋爸妈决定要让孩子转学，因为他们要孩子快乐！看来，为师的没有吃透茂栋爸妈的想法，总以为在孩子们健康快乐的同时，学习是主要的，也是不可忽视的。因此，我们一心一意地教育着他，最后，他却转学了。

他这一走，我的心底空荡荡的，有着些许的不舍。

幸福时刻

今天是教师节。

大清早，我刚睁开双眼，儿子就送上一个甜甜的吻，悄悄地说：“祝妈妈节日快乐！”没想到，小不点也懂事了……

刚踏进教学楼大厅，班里的几个学生就跑过来对我说：“老师，节日快乐！”快嘴的银昶说：“老师，您闭上眼睛，我们领着您进教室。”在孩子们的引领下，我走进了教室。“祝老师节日快乐！”孩子们齐刷刷的祝福声在教室里回荡。“老师，睁开眼睛！”一个大大的花篮映入我的眼帘，芳香四溢，上方一个大蝴蝶结飘下的两条绸带上写着“祝老师节日快乐！”“老师，您辛苦了！”，看着花篮，我的心幸福得像花儿一样……

这时，孩子们争先恐后地送上自己亲手制作的小礼物，沉甸甸、沉甸甸的……我审视着、洞悉着一颗颗纯真的心：

学习吃力，成绩总是落在后头的小丫在贺卡上写着：“祝老师节日快乐，越活越年轻、漂亮。我学习不好，请老师多多教导。”

经常违反纪律，令人头疼的阿斐也精心制作了贺卡，并别出心裁地在上面卷了一个纸筒，展开纸筒，上面写着：“祝老师节日快乐！老师，我一定听您的话，遵守纪律，好好学习。”

提起一串千纸鹤，大小不一，色彩各异，每一只的翅膀上都写满了真诚的话语……

捧起一把幸运星，仿佛与孩子们遨游宇宙星空，银闪闪、光灿灿……

特殊的日子里，我被这群可爱的孩子感动了，荡漾在心头的幸福令泪花涌动……孩子们纯洁的心、浓浓的情、深深的爱，净化着我的心灵，再一次燃起了对教育那份炽热的爱。无论外面的世界有多精彩，我都会默默坚守这份幸福——孩子们的爱是世界上最真的爱，我就是世界上享受最真的爱的人！

血在流……

真的很头疼班级里那一群调皮捣蛋的男孩子，虎驹就是其中之一，他带来的麻烦也是层出不穷。

中午午休刚过一会儿，值日生就带着虎驹来找我了。来不及听虎驹的狡辩，先诊治六年级值日生胳膊上去皮的伤口。好大一块皮被挣裂了，露出的是鲜嫩的肌肉。必须及时消毒，感染发炎的话后果会很糟糕。由于是中午时分，卫生教师回家了。幸好学校为班主任配备了急救医箱，我拿出来，小心翼翼地为值日生消毒、去皮、包扎。看到这个男孩子如此坚强，更加剧了我对虎驹的气愤，一定要好好收拾他！

处理好男孩子的胳膊后，我把一直在一边嘟囔的虎驹叫到跟前，训斥中知道了事情的原委：值日生去整顿午休纪律，虎驹不听，玩手中的小铁丝，在值日生的再三警告下，他倔强地与值日生争夺起来，于是抓住人家的胳膊，把本来周末在家做饭时被烫出的燎泡弄破了，皮肉分离……

虎驹的执拗让我哭笑不得——

“老师，你打我吧，怎么打都行，就是别告诉我妈妈。”

“不行，这么严重的事情必须通知家长。周五还得让你的妈妈向人家道歉。”

“老师，你打我吧，怎么打都行。”

“闭上嘴巴，好好反思自己犯下的错误。”

“老师，你打我吧。”

“不要再讲了！”

“老师，你打我吧。”

……

真是让他烦透了，打不得，气得很。“自己待在教室里，好好反思。想好了该怎么办，以后打算怎么做，然后跟我讲明白。”

一个中午，被虎驹搞了个天翻地覆，真是个大大的惹事精。

一本书引发的教育

“谁的书包里有课外阅读书呢？写上你的名字，放到书橱上，充实一下书橱。”

为了避免学生有顾虑，我接着说：“今天有领导来督导检查，等检查完后，你再把书拿回去。”

这时，陆续有学生在书上写好名字后送过来了，我板板正正地摆到书架上。

一个格子摆满了，看上去还不够充实，我继续发动着学生放自己的课外书。不一会儿，又有学生送上来了几本。

再没有送上来的了，也就这样吧。

于是，我就开始上课了。

生气的事发生在第四节课。我到楼下做完核酸检测往回走，从后门看到佳琪手里拿着一本沈石溪的《狼王梦》，在座位上甩来甩去，还在逗韵涵呢！

嗯哼？手里有课外阅读书，也不放到书橱上，这不是没有集体荣誉感嘛！这不是没有利他精神嘛！我无法忍受孩子在成长道路上有不良行为，为师的得教育！

我悄然走近他，拿起他桌子上的书，一审，是佳琪的；再审，为什么不放到书橱上？无语。我把他叫出来，严肃批评了他，告诉他什么叫“集体荣誉”“利他精神”……

没承想，佳琪进教室后，做出了过激行为：他把那本沈石溪的书扔到了垃圾桶里，还扬言：“就是扔了，也不会上交！”同学们像看耍杂技的一样，看他的笑话。数学老师调侃道：“别疯啦！别吓出我的心脏病来！”然而，他却疯狂地嗷嗷直叫……

数学老师上完课，回来讲了教室里发生的事。我没想到会这样：佳琪不仅没意识到自己的行为有偏差，还如此狂暴。不行，必须教育！

中午的饭也不着急吃了，我又来到教室进行班课教育。我把事情的来龙去脉又讲了一遍，把大家亲眼看见的佳琪的表现又述说了一通。好吧，老师想保住你的尊严，你却让尊严碎了一地，那就让大家伙来评判吧。离他最近的子娴数落了他，班级里最有正义感的王洋和相入反驳了他，平日跟他整天嬉闹的韵涵批评了他……全班同学没有一个向着他、赞许他的。我趁机又从这件事衍生出许多发生在身边的积极向上的事，进行了一番教育，不仅让佳琪，更让全班学生都接受了教育。我想，这样的班课一定会意味深长的。

班主任娟老师在我离开后，又进行了一番教育。

中午，佳琪写了两张纸的自我反思，对自己进行了自我批评、深刻检讨。这就是成长吧。

教师的生活因为有孩子们相伴，所以多姿多彩、有滋有味。

一张试卷的事儿

学校为了推动孩子们海量阅读，利用中午饭后活动完的一段时间，让孩子们进教室阅读。这可是很好的举措，必须不折不扣地执行。

于是饭后，我发下去一张试卷，让孩子们先阅读卷上的短文，然后从短文后的几道练习题引发思考，找到阅读的方法和技巧。发到最后，缺了一张试卷，我以为是学习委员从试题书上往下撕试卷时弄混了，于是就把其他几摞试卷都翻看了一下，还是没有。我很是纳闷，于是问："谁那里多了试卷呢？"这时，涵顺口说："琪多了一张。"说完，往后回头看了他一眼。

这时的琪支吾着，从桌洞里掏出一张皱皱巴巴的试卷，说："这张试卷撕裂了一个角，我就从另一排多着的拿了过来……"

这是什么行为！自私自利！还是他！

心头的火气噌噌地往上窜，安顿下其他的学生阅读，我把琪带到办公室进行教育引导："你拿两张试卷，就会有一个同学没有试卷！你想过吗？就是那张撕裂了角的你不想要，那你拿了那张新的试卷后，就应该把裂了角的交上来呀！你为什么握皱了它呢？你这是什么行为！"

琪红着脸，哑口无言。

看来上一次捐书的教育还没有让琪从内心意识到自己的自私。苏霍姆林斯基说过："一个少年，只有当他学会了不仅仔细地研究周围世界，而且仔细地研究自己本身的时候；只有当他不仅努力认识周围的事物和现象，而且努力认识自己的内心世界的时候；只有当他的精神力量用来使自己变得更好、更完善的时候，他才能成为一个真正的人。"我上次对他的教育没有直击他的内心，他没有从内里去深刻剖析自己。因此，在今天的分发试卷中又发生了小故事。

还好，教育就是不断深化、不断完善，使学生一点点地进步。

真心诚意爱着你

一个班上总有些学生，你不能要求他们与别的同学步调一致，不能指望用同样的方法来教育这些学生。在这种时候，“避实就虚，迂回前进”这一条军事原则常常是大有用武之地的。我们班上的几个男同学学习基础差，上课注意力也不集中，好像就不知道是在上课一样，不停地走神，不停地做小动作，眼神在任何事情上也没有多停留几分钟的意思，有时还会跟别人说话，搞个小恶作剧。而且家长没有时间管他们，作业也不写，补个作业拖拖拉拉，让人甚是头痛。

那次，刚刚学完《宋庆龄故居的樟树》一文，我布置了背课文的作业。大部分学生利用课堂、早读时间都背会了，那几个男学生就是不会，关键的四、五自然段都背不下来。我很生气，他们却毫无愧色。我压着怒火对他们说：“背课文可以增强记忆力，集中注意力，对你们以后的学习很有益处。所以必须流利地背下来，背不会周五放学留下来单独背。”他们一听，眼睛、鼻子、嘴顿时聚拢在一起，满脸愁云。

看他们这样，我想起以前熟悉的情景。作业写不完，虽然留下来了，可他们的心早已随着同学们飞到了操场上，写也是机械地完成任务，毫无意义。即使强逼着他们背，他们一下子也背不完。他们背不完，我们也不能不让他们回去，而且会弄得他们不高兴，容易引起逆反心理，自己心情也好不到哪去。“教不严，师之惰”是对的，但不全面，还得加一句“严有方”。于是我就说：“这样吧，你们可以一段一段地给老师背，今天上午先背完第四自然段，这样可以背会吗？”他们有些兴奋，觉得自己好像是得到特别优惠的贵宾一样。“谢谢老师！”说完，一回到座位上，他们就高声背了起来。

下午检查，他们的第一段通过了。只有一个同学说：“老师，我老是背得不熟练，怎么办？”我告诉他，可以先看看这段共有几句话，一句一句背熟了再连起来背，这样就简单了。于是，他又高兴得像得到了特殊照顾的贵宾一样，欢呼雀跃地回去背了。第四段背诵流利的同学，我便让他们背第二段。第二天检查，他们又合格了。背得不熟练的那个同学，第一段也背流利了。于是，我高兴地说：“你们这次背书，找到好的窍门了！背书不难，内容太多，我们可以把它分开，发扬蚂蚁啃骨头的精神，而且弄懂每句每段的意思，找到方法，背书就不难了。”

每个人都有自己的长处，扬长避短，会使后进生在学校里过得更有价值。真心诚意地关注后进生，让每一朵花儿都开放得绚丽多彩。每一个孩子都有一座潜在的宝藏，我们的教育不仅要送给他们钥匙，更重要的是帮助他们找到打开宝藏的钥匙。多一把尺子衡量学生，多一点微笑对待学生，多一个舞台成就学生，多一些成功鼓励学生，相信与那些后进生一块成长的历程将是值得我们和学生永远珍藏的回忆。

自尊心要“小心轻放”

只要孩子有自尊心，他就永远有自我上进的动力。

记得有人说过这样一句话：“所有难教育的孩子，都是失去自尊心的孩子。”

孩子只有具有自尊意识，通俗地说只有看重自己的面子时，他才会把父母师长的建议和批评看在眼里，才会接受。否则，孩子没有自尊心，不把面子当成一回事时，那问题就麻烦了。“死猪不怕开水烫”，对教师来说，最怕的是孩子不把批评和奖赏当回事。想想看，要是这样，你有什么办法奈何得了他？

班里的兆宇就是一个破罐子破摔的男孩。有时他出奇地听话，乖乖地不惹事，我就大肆地表扬他，而他却淡然得没有一丝表情，任你怎么夸赞都毫无波澜。有时他犯事儿了，你的批评对他来说也是左耳朵进右耳朵出，一副无所畏惧、毫无干涉的样子，任你怎么恫吓也油盐不进。就是这个兆宇，让教师们很是棘手。

每个人都有自尊，孩子也不例外，并且孩子的自尊心更强，也更脆弱。细心关注、小心呵护孩子的自尊，你会发现，“撬”动教育的支点原来在这里。

记得刚接班的时候，以前教过兆宇的教师对我说，这个孩子无药可救，只要他不惹事就好。经过一段时间的接触了解，私下跟孩子们交流，我才得知兆宇在以前的班级受尽批评与打击，也正因为如此，他的自尊心才一点点地被消磨。不当众宣布学生的过失，不当众批评教育他们，这是教师应当特别注意的。同大人一样，孩子们也非常看重在他人面前的自尊，也就是面子，尤其是看重在同伴、同学面前的面子。一旦在同伴、同学面前受到打击，他的自尊心就会受到很大的伤害。

正因为如此，我很小心地跟兆宇交流，让他帮我把书本放到办公室，或者去教导处取个材料等。就这样，慢慢地去信任他，一点点地接近他……后来，从他《漫画老师》的那篇习作中，我发现了教育的真谛——信赖，往往创造出美好的境界。

给孩子留足面子，这是为师者需要谨记的。有自尊才会有自信，有了自信，孩子才会自立自强，其人生的道路才可能多一些平坦，少一些坎坷。

一个有自尊的孩子，就是一个有希望的孩子。孩子的自尊心是“易碎品”，应“轻搬轻放”。

把“厌学”远远驱逐

接手新班后，我发现班级里有几个孩子厌学，成绩很不理想。一周不知不觉地过去了，我的内心很是着急……

每每碰到以前教过这几个孩子的教师，我都会拽住他们问长问短，从中把好脉，以便做到“望闻问切”。课余时间，我主动加了家长的微信，并及时地与家长进行交流，了解孩子的家庭情况，摸准孩子的思想动向。不让一个孩子掉队——这是我为师以来秉承的目标，努力让每一个孩子都学有所获，不断提高，给他们打下坚实的根基，去追逐心中的美好梦想。可是，近几年，教师们都感到现在的孩子不愿学习的多了，心思根本不在学习上。为什么会出现这种状况呢？原因尽管很多，但我归结于以下三个方面。

一是孩子不愿学习是因为父母提供了过于优越的生活物质条件，孩子们在享受中失去了学习的动力，学习成了例行公事，不能带来愉快感。

二是手机等电子产品严重剥夺了孩子学习的时间，游戏的快感、抖音的大众化远远超过了学习的兴趣。

三是孩子们不知道为何要学习，那些成年人口中学习的理由在孩子们看来与他们无关。

清楚地记得那个晚上，都十点多了，然的爸爸打来电话，冲着我气呼呼地喊：“老师！别布置畅言打卡作业了，孩子拿着手机就要玩游戏，一玩不可收拾，我把手机摔碎了……”这个男孩，五年级时学习成绩一直都名列前茅，六年级开学不久在家里上网课，爷爷奶奶管束不了，于是就喜欢上了打游戏，经常不写作业，有时谎称身体不舒服不到校上课，出现了严重的厌学情绪。他也开始变得很叛逆，成绩直线下滑……

我理解然的爸爸打这个电话的无奈，于是，我召集了任课教师和然的爸爸共同商讨，挽救这个潜力生。经过三个多月的时间，厌学的然在小升初检测中考取了班级第三名的好成绩，高高兴兴地升入了初中。在多年来的教育教学中，我不断地摸索、总结，找到了几点对症厌学的办法，大家可以共勉。

一、经常吃吃苦头

家长们曾经吃过苦，不想让孩子再吃苦，所以把孩子放进蜜糖罐里泡大。没经过风雨的孩子总对外面的世界抱着美好的想象，家长的苦难经历对他们来说只能是隔靴搔痒。他们享受着美好的一切，在衣来伸手饭来张口的优越里不愿意去吃苦，就连学习也是例行公事——学习是给父母学的，作业是给教师做的。不用努力奋斗，就可以享受当下，孩子就一点点蜕变，厌学的也越来越多了。

做父母好难，总希望自己的孩子成为一个有出息的人，可是又不想让他们吃太多的苦，受太多的累，这似乎是一对无可调和的矛盾。从长远着眼，让孩子吃点苦头并不是什么坏事，特别是孩子已经到了不撞南墙不回头的时候。有句俗语说得好：未曾清贫难为人，不经打击老天真。

二、适当做做减法

当孩子产生厌学情绪时，家长不要逼迫孩子去搞题海战术，上各种各样的辅导班，周而复始，会让孩子更厌学。教师要与家长协商好减掉孩子所有的课外课程，只学课本内容，并且让孩子做自己会做的题。不会做的题，可以查资料，可以问别人。难题可以直接放弃，这样就可以保证孩子提高做题的速度。

这个方法背后的逻辑，就是要让孩子在学习上找回成就感，慢慢地树立自己的自信心。当他小有成就了，再加上你的适时表扬，那他心里不就乐开花了吗？乘着这股劲头再一点点拔高，孩子也就一点点进步了。

三、设置小小目标

对于厌学的孩子，其在学习过程中没有体验过快乐。而设置很容易达成的一个个小目标，就能让孩子体验成功的快乐。比如，这次考试我们就比上次进步一名，或者多考三五分。一旦实现了小目标，就给孩子发一个小礼物，或者搞上一个小小的、很有仪式感的庆祝，让孩子体会到小目标达成的成就感。

鼓励是孩子前行的动力，就好比我们成人上班的时候，在单位超额完成了任务，领导为了奖励而给你发一个红包，你的内心肯定是非常骄傲的。因为这就是人性被尊重与实现自我价值的需求，教育孩子也一样。

四、管控电子产品

对于手机等电子产品的管理，千万不能一刀切，一定要定时定量，跟孩子约法三章，并签字画押。这个过程对孩子来说可能是非常痛苦的。一开始孩子的反应可能会很激烈，但是通过和孩子的约定，再闹也不能违约，做到铁面无私，约定好的事情就必须做到，当家长的一定要坚持、坚定，不妥协。

当孩子出现过激行为时，家长一定要冷静，不可硬碰硬。另外，家长的陪伴也可以有效祛除孩子玩手机的瘾头，适当的运动能更好地调节孩子的心态。

总之，教育孩子是个技术活，也是一门艺术。孩子的问题不是天生就有的，都是外界影响而顺应产生的。所谓“冰冻三尺非一日之寒”，解决孩子的问题，有两个关键：有用的方法 + 高效的时间管理。要想让孩子有美好的未来，我们就需要学习好的教育思维和方法，做负责任的师长，孩子未来一定会感谢你。

邂逅，精彩的剧情就此开始

——我的教育教学路上的故事

新的学期，我又接手了一帮新的孩子，一起学习、一起聊天、一起活动，从陌生到熟悉，成了孩子们眼中的“妈妈”，既有威严又有爱。于是，我们的故事就一个接一个地发生了……

快乐是永恒的主题

俯下身来，跟孩子们亲密相处，美丽的故事就像清幽的月色在寂静的夜里悄悄流淌，清风抚慰着心底的坚石，幸福来得措手不及，深深的感动包围了我，我最终为我执着的喜爱教师这份职业找到了最好的脚注。

一、水杯碎了

课前两分钟的铃响了，我把盛满水的玻璃杯子放到讲桌上，扫视了一眼全班，准备开讲了。手中的书本一不小心把水杯碰倒在讲桌上，玻璃杯子发出清脆的呼喊声——碎了。水漫得桌面上到处都是，还流到了地下，碎玻璃渣子也张牙舞爪地横行着……在我张皇时，班里的�涵、嘉荟、昕雨、昕琰、旭阳动作麻利地跑上来，拿着卫生纸擦着桌面……那一刻，虽然我的手上被玻璃划破的口子鲜血直流，但温情的一幕上演时，我的心里像三月的暖阳一般，愉悦在我心底徜徉、蔓延、激荡……

我何尝没有因为他们几个的学习而训斥过他们呢？但那一刻，他们对我的爱也没有一丝迟疑。因为爱，所以爱！

二、微信暖语

没有前奏，只有絮语。春暖花开的夜晚，美丽来敲门了。叮咚一声，微信里发过来一条信息，科舜妈妈长长的文字除了感谢，还是感谢：

您好，徐老师，一直想找机会当面感谢您对科舜的引导和影响，科舜正是因为遇到您，尤其是对您的崇拜，提高了对语文学科的兴趣和自信，上次学科素养比赛中科舜的语文成绩很突出，他很骄傲地跟我说：“妈妈，别忘了我的语文老师可是徐老师——优秀教师，所以我必须优秀！”我们娘俩开心地抱在一起，异口同声地说："遇到徐老师真的是我们的幸运！"科舜每天回家跟我炫耀最多的也是您对他的夸奖和鼓励，从他的话语中我能感受到您平日对他浓浓的爱和真诚的教诲，我每次听孩子转述都会被感动到，千言万语汇成一句话：徐老师，感谢有您，感恩遇见！

我有这么好吗？我在深夜里悄悄地问自己。人要有自知之明——我没有那么好，但努力去做好。就把科舜妈妈的这份美丽当作我前进的动力吧，我会一如既往地深耕教学，让每一个孩子都学有所获，日益精进。

三、一个果冻

快乐的六一儿童节到来了，孩子们兴奋不已。早上我值完班回到教室，孩子们围坐在一起吃零食、侃大山，脸上都洋溢着无尽的快乐、稚嫩的纯真。我在心里想：不谈学习，个个都是可爱的娃，手心里的宝儿；一谈学习，就会出现极大的反差。这老师真的难当啊……

巡视中，一只胖乎乎的小手伸过来，"老师，给您！喜之郎果冻。"柏然一边说着，一边把手中的果冻递给我。我调侃地说："呵呵，这是给老师的辅导报酬吧。"他笑了，脸红红的。

这个娃，可是我天天喊"打"的呀，每天被他搞得焦头烂额，苦不堪言。这一刻，我的付出有了小小的回报，我被突如其来的爱撞了个满怀，宽阔的心像极了一只箱子，装得下善良美丽，也能储存得下整个世界。

悲伤是故事的调味剂

跌宕起伏的故事才耐人寻味，一波三折体验着起起落落的精彩，生活不可能一直都是一帆风顺的，悲伤是调味剂，故事的美妙就在于此。

一、睡觉大王

如果，我不用手机拍下来记录各种睡觉的姿态，你肯定不会相信睡觉的人会说："我没睡呀！谁说我上课睡觉了！"柏然上学是来睡觉的，第一节课就开始睡。无论我讲课的声音如何震天动地，他依旧会沉浸在梦乡里。下课了，他就满血复活，该喝喝，该玩玩。

我是各种规劝，但都不入耳。有时，狠着心在他熟睡时拍醒，但清醒又有何用？不是干坐着，就是用尺子和铅笔丈量着，画只有自己才懂的画，当他专注于画画时，异常投入……

当老师的焦急万分，可是孩子不急啊，父母不急啊。皇上不急太监急，又有何用呢！

二、逃课女皇

如果你看到这个小姑娘——百奇，文文静静的，你会觉得她怎么会逃课呢？但确是如此。网课期间，一节课不上，无论你隔着屏幕怎么喊，于她，无耳！新学期开始了，三天打鱼两天晒网：周五不来，怕布置作业；周一不来，怕交作业。就这样，后面两个月干脆就不来上学了。校长找家长谈话，班主任家访，我与家长电话沟通，各种手段施尽，就是不来。

六一儿童节来了，我抓住时机想找她聊聊天，深入沟通了解一下思想动向。不承想，我被她虐了个“狗啃泥”——不仅不理我，还烦气地摔打我。

好吧，我找虐——家长都说了考倒数就考倒数吧，能怎么办？为师的我们不想让一个孩子掉队，真难做啊！

三、抱怨之主

人，固然都喜欢听动听的语言，即使有时会迷失在甜言蜜语里。可是，你得有被夸奖的资本啊。班里的飞鸿就是一个喜欢被表扬的孩子，可是他经常违反课堂纪律，作业不完成，错题不修改，怎么表扬呢？每每喊他改错，他都会嘟囔着：“又怎么啦？”然后拿着要改的作业回到位上摔摔打打，满肚子的抱怨：“老师怎么会这样？怎么老盯着我呢？”（这是我的猜测）反正是一万个不情愿……

我苦口婆心的教育会及时地跟进：“老师的职责就是教书育人，学生有了问题给予指导纠正，帮助孩子成长进步是分内的事儿，这不是老师找碴儿。再说了，愿意听表扬的话要好好表现呀，加倍努力让自己优秀才是……”

总之，你絮叨千千万万，他也是满腹抱怨。唯有你偶尔拿着放大镜观察到他的小进步给予表扬，他才会笑咧嘴、乐开怀。

我这一群可爱的孩子们啊，假如我们在那个曾经的学期没有相遇，我想，我们会是两条平行线。可是，缘分竟让咱们相交了，聚合到一起。摸爬滚打的一年里，我们就这样挺了过来。关于我，在你的世界中，只留下淡淡的、曾经的岁月印痕；关于你，丰富了我的生命，我的记忆里会镌刻着你的名字，会留下沉淀的过往。以后，在我们彼此的故事里，不会再有更深的交集，大路朝天，努力向前，各自奔赴美好。

教育论文

开启离异家庭子女的心之门

随着社会的发展、时代的开放，离婚的家庭越来越多，这就造成了单亲家庭的孩子人数不断增长。在这一群体中，孩子的性格要么孤僻，要么暴力，形成两极分化的局面，教育起来比较棘手，需要教育工作者付出足够的耐心与爱心。我所从教的学校是寄宿制小学，班级中单亲家庭的孩子就显得更多些，我的生活中就有这么一位男孩——丁铭。

一、案例介绍

丁铭，一个较成熟的男孩，性格内向，平时寡言少语，上课经常开小差，经常瞪着一个地方出神或者拿着一个东西玩半天，作业爱写不写，对任何事情保持兴趣的时间很短，对教师和同学的评价毫不在乎，还出现了放学后在外逗留、撒谎、乱花零钱的毛病。

二、案例分析

小小的他，父母离异，母亲从东营带他来到这里，同时他离开了疼他爱他的爷爷奶奶。由于改变了生活环境，加上母亲忙于饭店生意，父亲常年不来看他，缺少沟通，孩子各方面都发生了变化：学习上被动、随波，对现实态度冷漠，丧失了自信心、自尊心，滋长了自卑感，甚至有点自暴自弃，缺乏自觉性、自制性。孩子的这些变化，主要是家庭变故引起的。父母的离异，表面上他爱莫能助，其实他的内心奔腾翻滚。加之离开了最疼他爱他的爷爷奶奶，赖以生存、无话不说、可以撒娇的家已不复存在，反而更多的时间是待在人声嘈杂的饭店里。渐渐地，孩子对生活失去了原有的兴趣，课堂上开小差、做小动作、不听讲、睡大觉，对教师的提醒满不在乎，课下行为随便、不与人交往，被家长打骂后也还是老样子。

三、转化过程

传统的教育如打骂、歧视、揭伤疤等，会使孩子自暴自弃，甚至产生逃学的想法。如何开启他的心之门呢？针对丁铭的特点，我采取了以下措施。

（一）加强家校交流

与家长互通情况，了解孩子的校内外表现，找出问题的根源，并商讨双方解决问题的办法。主要是让孩子觉得有人关注他，在家中、在学校他都很受欢迎，人人平等，但绝对不能过分照顾，这样反而会让孩子觉得自尊受挫。出现问题多从自身找原因，而不要先找孩子出错的原因，公正地对待孩子。

（二）打开心结

进行换位思考，说出孩子心中的感受，让孩子觉得老师理解他。同时，对父母的行为加以解释，动之以情、晓之以理，慢慢地打开心结。记得有一次上课时，丁铭努力地睁大眼睛，但很快地，他的眼睛不听使唤地闭上了，他睡得那样香，连同学的大声提醒也没有听到。我看着孩子沉睡的样子，示意同学不要惊动他。下课了，我牵着他的手来到校园的花园边，他忐忑不安地望着我，准备接受批评。“丁铭，老师看你很想认真听讲，可眼睛就是不听使唤，不知不觉睡着了，昨天晚上在哪里？怎么那么困？”“在妈妈的饭店里……”“几点睡的觉？”“不知道，反正后来就趴在桌子上睡着了……”说完，他捂着脸号啕大哭，我把他搂在怀里，也禁不住掉泪。

（三）给予孩子爱和尊重

在学生需要的各种精神食粮中，最重要、最宝贵的是教师的爱。教师的爱犹如春风，胜似阳光，是学生健康成长的源泉。爱是心灵沟通的桥梁，无论出现什么事，都不能歧视、打骂、体罚，而要让孩子感受到教师的关爱、集体的温暖，多表扬、鼓励，正面引导。孩子在各种活动中难免出现各种毛病，教师应实事求是地加以分析、开导，总结经验教训，克服困难。不能动辄指责、训斥，要让孩子觉得心中有他，并且和别的孩子一样平等，对孩子要求不能过高、过急，哪怕有点滴的进步，也应肯定和鼓励，增强其前进的信心和决心。

平时，我注意发现孩子的闪光点，发现了就在全班表扬他，为他树立崭新的形象。每次进教室，我总用信任、慈爱的目光注视他一下；课堂上，经常提醒他，使他不至于开小差，让他总能感受到教师的爱。

一连半个月，丁铭的各方面逐步好转。可这两天他又开始老打瞌睡，谈了两次仍无济于事，于是我只好等待家长来访。在一个课外活动时间，我和他的妈妈见了面，谈了没多长时间，还要急着回饭店的妈妈生气地说：“管不了了，说也不听，打也不听！整晚看电视……”啊，我明白了。大致了解了打瞌睡的原因，商谈了教育孩子的感悟后，丁铭的妈妈走了。我找到了丁铭，又进行了一次谈心。“你晚上看电视吗？”“看。”“是不是看《孙中山》？你喜欢他吗？为什么喜欢？”孩子很快地说：“他是一位很了不起的人物，知道的事情很多很多，又能让人听他的。”“那你知道他为什么那么厉害吗？”……第二天，我拿了一本《少年毛泽东》和《孙中山的故事》送给了他。看到孩子那因矛盾和开心而涨红的脸，我深深地体会到教育技巧的全部奥秘就在于如何爱护学生。

平时，我注意留心观察，无论是学习还是生活，都给予其及时的帮助、指导，让他感受到教师的“母爱”、师生的友情，消除惧怕心理，加深彼此的理解、相互的信任。

（四）提高孩子的自我意识，培养孩子的自信心

像丁铭这样的孩子，自我意识水平较低，在学习中、在学生中的威信估计得过高，而对自己的能力、前途又估计得过低。在日常学习和生活中，我注意结合他的实际，实事求是地分析他的各种情况，以便让他了解自己，正确地评价自己和他人。只有不断提高自我表现意识，正确估计自己和别人，恰当认识、处理自己与周围人的关系，才能消除外界不良因素的影响，逐渐成为一个心理健康的人。

（五）加强孩子的前景教育，不断实现“明天的欢乐”

对孩子进行道德规范和共产主义理想前途的教育，培养孩子严以律己、宽以待人、乐于助人的品德和虚心好学、不骄傲的思想，树立明确的生活目标，使之把精力都集中到学习上。同时，根据苏联早期教育家安东·谢苗诺维奇·马卡连柯（Anton Semiohovich Makarenko）的“前景教育理论”对他进行阶段性前景教育，经常在他面前呈现美好的“明天的欢乐”前景，这种“明天的欢乐”是“人的生活的真正刺激”，是经过努力一定可以实现的目标，从而使他对自己的前景充满憧憬、充满信心，在教师的帮助、鼓励下，为之不断努力、不断进取，实现一个又一个目标，超越自我，能正确评价自己、接纳自己，树立正确的世界观、人生观、价值观。

（六）让孩子感受到集体的温暖

遇到困难，教师伸出援助的双手，同学每人送上一句鼓励的话，虽不是很精彩的发言，同学们也会热烈鼓掌，开启他闭塞的心门，让孩子感受到作为集体中的一员多么幸福，从而增强为集体增光的信心、决心。有一次丁铭的数学测试不及格，发下试卷后，他一直不抬头，既不跟别人讨论，也不改错。我知道他的自尊心受挫，自卑心理又在作祟了。“同学们，你有过考不好的经历吗？”“有！”“我们班有一位同学这次考得不理想，心里特别难过，你想对他说什么？”“下次考好就行了！”“我妈妈告诉我，世上无难事，只要肯登攀！”“你有什么问题不明白，我可以帮助你！”“我也愿意帮你！”丁铭的脸红了，头抬起来了。

四、转化效果

现在，丁铭能和同学们一起学习、玩耍、做游戏了！课堂上有时能集中精力认真听讲一会儿，还会勇敢地声音响亮地回答问题；再也没有出现撒谎、乱花钱的毛病。他终于找回了自信，在过年考试时他得了“优”。看着他那因激动而涨红的脸，我也禁不住“得意忘形”……

通过转化，我觉得对待这样的孩子一定要有耐心、有爱心、有信心，持之以恒。及时家访、及时谈心，善于观察、善于搞好心理调节，开启他们的心之门。为了孩子一生的发展，做个有心人：时刻关注孩子的成长，时刻关注孩子的心灵，让每个孩子都能自信地抬起头，都能感到“我是一个好孩子，我是一个幸福的孩子”！

用爱撑起一片蓝天

一、案例介绍

新学期开始啦！我又教任一年级了。一群活泼可爱的孩子围着我叽叽喳喳问这问那。透过一张张可爱纯真的笑脸，我看见一个剃着小平头，脸上写满天真的小男孩独自坐在位子上泪流不止。我赶紧过去问话，他却哭得更厉害了。同学说，他的铅笔不见了。于是，我拿出小男孩的书包，翻了个底朝天，在书包夹层的最里面找到了“不翼而飞”的铅笔。小男孩看着失而复得的铅笔，破涕为笑。

这个小男孩名叫文浩，在以后的日子里，哭鼻子成了他的家常便饭：美术课上，因他画面不够逼真、不够整洁，美术教师让其重画时，他抹眼泪；“谈奥运，庆国庆”知识竞赛时，因自己不能代表班级参赛而大哭不止；听写生字，因自己一个生字忘记了写法而边哭边捶打自己的脑袋……

文浩的“哭”被同学们看在眼里，也因此成了他们取笑的对象。记得一个晚上，熄灯铃响过好长时间了，我去看望熟睡的孩子们，听到了均匀的鼾声。我转身欲走，却发现一双眼睛在夜里瞪得大大的，明亮的眼眸显得十分恐惧。“老师，高年级的同学说我心理不健康……”文浩哭泣着对我说。

二、案例分析

文浩的爱哭引起了我的注意。我用心分析了他的情况，发现这个孩子聪明、悟性高、好动、灵活、内心情感丰富，但受家庭的影响又有固执、偏激的一面，表现在性格上为爱哭、自控能力差。经过了解，才知道他是三代单传。家庭条件比较优越，家里对他百依百顺，包揽一切，尤其爷爷、奶奶的疼爱更为过分，视其为“掌上明珠”。父母有时稍微管教一下，奶奶就会翻脸。父母也只重视他的学业和文艺技能的培养，忽视对他进行情感、意志和性格等人格品质的培养。文浩在家里得到的呵护太多了，一旦遇到一点问题，就难以接受。上学了，来到班级这个大家庭中，由于不能正确评价自己，过分的自尊和好强使他遇事不能解决就觉得在同学面前丢了脸，便大哭。

三、转化措施

在日常生活中，文浩有强烈的自尊心，心灵深处渴望成功，渴望优越，渴望事事、处处、时时超过同学。长期在这种不健康情感的支配下，很容易产生心理障碍。我思索着寻找一条通向其内心世界的幽径。

（一）加强沟通，形成共识

通过家访与家长进行交谈，交流教育孩子的经验，向家长说明情绪对人身心健康的影响，让家长了解健康心理的重要性。在教育孩子时，让家长知道过分宠爱和简单粗暴的训斥对孩子的成长有百害而无一利。应多与孩子交谈，引导孩子正确对待自己的优缺点，做到正视自己的缺点，发扬自己的优点，逐步学会控制不良情绪。例如，在他遇到生病、与小朋友吵架等挫折而大哭不止时，家长要鼓励孩子勇敢、坚强、与人和善，并帮助他树立信心、战胜困难。这样不仅有利于孩子对待挫折，而且有利于培养他们的意志力和积极乐观的人生态度。通过多次沟通，我与家长达成共识——共同教育引导孩子，为孩子健康向上心理的形成提供良好的外部条件。

（二）找准问题，对症下药

我国古代哲学家老子说过："自知者明，自胜者强。"意思是说，能正确认识自己的人，才是聪明的人；能战胜自己的人，才是坚强的人。对小学生来说，他们不会定位自己，自己不能正确认识自己，这就需要教师来引导学生正确认识自己。文浩的爱哭，主要原因就是依赖性太强，遇到问题不能解决、不会解决，而又想解决好，这种矛盾的心理状态，表现在孩子身上便是哭。所以，在转化的过程中，我帮助文浩认识到自己性格中的不良因素，排除心理上的障碍，找准出现问题的症结，与他进行交流、谈心、心理疏导，增强他解决问题的信心和决心，鼓起面对困难的勇气，渐渐地学会正确分析自己的行为，并能进行适当的自我控制。

（三）倾注爱心，群体感化

在一个班集体中，有教师的关爱、同学的帮助，有丰富多彩的集体活动，这不仅对每个学生健全性格的形成、发展起着潜移默化的作用，而且会把学生从性格弱点的羁绊中挽回来。

同学的帮助鼓励着他。有一次，离吃晚餐还有 10 多分钟，文浩的数学作业还没有完成，他又急哭了……于是，我让班长过去帮助他，给他念题，他自己算。就这样，在铃响之前 10 分钟，他的作业顺利完成了。同学的关怀温暖了文浩的心，使他认识到自己是班集体中的一员，有其他同学的帮助，没有解决不了的困难，增强了战胜困难的信心，也学会了控制自己的情绪。当他忘带自动转笔刀时，同学们都争先恐后地借他用；当他身体不舒服时，细心的同学主动带他到卫生室就诊，帮他倒水、吃药……

教师的关爱感化着他。记得去年冬天的一个周一，他从家里带来了小毛巾被，洗过后没有晒干，他拿着不干的小毛巾被又哭了。看着他那一脸无助的样子，我微笑着对他说："当你遇到困难时，别忘了，在你身边，有你的老师、同学永远关心着你，时刻会帮助你。"我边说边放下手中的活儿，帮他想出了解决的办法，把小毛巾被放在暖气片上。过了一会儿，小毛巾被在暖烘烘的暖气片上被烘干了。晚上，干的小毛巾被铺在了他的床上……我用发自内心的真挚的爱，抚平了他心灵的创伤，让他感受到困难总有办法解决，老师也会帮助他解决，遇到困难不用流泪。

集体的活动影响着他。心理学的常识告诉我们，人的感受和体验主要产生于人的活动，同样，人的心理状态的变化和改善也只能在活动中实现。因此，我利用班队会、晨检时间，设计了一些与健全性格、形成健康心理有关的主题班队活动，如"遇到困难你该怎么办"，让他从同学们的发言中获得新知。有时，我还有意安排他与班干部共同协商完成一些小任务，在成功的体验中互相庆贺、互相鼓励。在此基础上，通过师生之间和学生之间的沟通、分享，文浩的心理得到了调节，从而实现了转变。

经过学校、家庭和文浩个人的努力，他的不良性格倾向有了很大的改变，精神面貌焕然一新。在"申奥，有我一个"知识竞赛上，他以熟练的陈词为班集体夺魁。日常生活、学习中，他再也不为作业完不成、站队赶不上趟等琐事而哭了。同学们说他变了，爸妈说他变了，他脸上的笑容多了，学习的劲头更足了。

四、案例反思

在转化爱哭学生的过程中，使我感悟最深的是，"爱心"是治好学生一切弊病的良方。对于一个爱哭的学生，不能靠简单地说教，不能靠教师的硬性规定，否则会适得其反，加重学生的心理负担。只有爱心才是转化学生的根本途径。教师应对在学习中有困难的学生倾注全部爱心，不歧视、不打击，同时要引导班级中的学生对有困难的学生给予热忱的帮助，使有困难的学生感受到爱无处不在，增强战胜困难、解决问题的信心。相信在成长的过程中，"长风破浪会有时，直挂云帆济沧海"。

自信的彩虹最美丽

——对一个自卑男孩的心理疏导

一、背景资料

我是小学老师，担任低年级的语文教学工作。今年，一年级新生入学的第一天，为了融洽教师与学生、学生与学生之间的关系，增进对学生的了解，使自己的教学工作转入正轨，达到尽快开展班级工作的目的，我让每个学生当众做一下自我介绍。“我叫成航，家住开发区。我在大地幼儿园上过小班、中班和大班。”“我叫高洁，家住农村，我喜欢这里的老师和同学。”“我叫春阳，我在春天幼儿园上过，我爸爸妈妈在灵山船厂工作。”……轮到赵小朔做介绍了，可他却红着脸，头埋到胸前，一动不动地坐在那里，一声也不出。我以为他是胆小、怕羞，也没太在意。下课后，我主动拉着他的小手亲切地问：“小朔，你喜欢上学吗？”他还是紧闭双唇，嘴角只是微微动了一下。我微笑着说：“小朔，这样吧，你不愿说话没关系，你用点头或摇头来回答老师的问题，好吗？”他点了点头。“你喜欢上学吗？”他又点了一下头。“太好了，课堂上你能听懂老师的话吗？”他再次点头。“那么，你一定也喜欢我了吧？”他瞪大眼睛，非常肯定地点了两下头。

我想，用不了一天，就可以让他开口了。可是出乎意料的是，三天过去了，我没听见小朔说过一句话。难道他不会说话？绝对不可能，因为报名时，学校把关很严，要通过面试后方可录取。直到此时，我才意识到问题的严重性。于是，我很快便同小朔的家长取得了联系。小朔的妈妈忧虑重重，给我写了满满两大张纸的求助信。从信中，我才得知小朔患有先天性舌系带过短，口齿不清，特别是容易将 g、k、h 发成一个音，医生说，等到 10 岁左右去医院割一下，就有完全恢复的可能。家长盼啊等啊，到了该上幼儿园的年龄，将其送进幼儿园，结果只去了两天，孩子就在家里闹情绪了。原因是他一开口说话，别的小朋友就取笑他，还扮着鬼脸学样儿，孩子们往往是哄堂大笑。小伙伴的讥讽、嘲笑，深深地刺痛了小朔幼小的心灵，刚开始懂事的他，第一次知道自己与别的孩子不同，自己是个“半聋哑人”！从此，他感到了自卑，不去与人争执什么，也很少与人交流。

对于孩子的变化，家长痛苦不已，想尽了办法，但无济于事。今年，小朔 6

岁了，到上学的年龄了，家长心急如焚，小心翼翼地维护着他脆弱且容易受伤的心灵。父母为了帮助小朔克服自卑心理，就送孩子来到了我们小学，想让孩子在集体生活中学会交往，学会自立，从而自信起来……读着小朔妈妈的信，我读懂了一位母亲焦灼而又企盼的心，我也深深地感受到了为师者义不容辞的责任——教书！育人！

二、问题分析

我认为，造成小朔这种现状的主要原因有两个：一是客观因素——生理上先天性舌系带过短，吐字不清，造成说话困难；二是主观因素——他不能接受自己的生理缺陷，产生了自卑心理，小伙伴的哄笑更加重了他的自卑感，也使他封闭了自己，不愿与他人交流。

三、转化措施

通过分析原因，我意识到要让小朔恢复自信，需要教师的关爱、同学的接纳、集体的温暖。于是，我对他实施了培养自信的辅导。

第一步，用集体的力量帮助小朔找回自信。“解铃还需系铃人”，既然小朔的自信是在同伴的哄堂大笑中失去的，那还要在同伴当中找回。为此，我精心策划，在中午的一次自主化十分钟时间里，充满感情地给大家讲了一个小男孩如何想勇敢地接受治疗，又如何在集体中无言地奉献着自己——扫地打水抢在前，拿餐提桶（我校是寄宿制学校）我愿干的故事，同学们都被这个小男孩感动了。我接着问：“你们想知道他是谁吗？”“想！”“那我告诉大家，他不是别人，就是我们班的赵小朔同学。”同学们被意外的消息惊呆了，教室里顿时响起了雷鸣般的掌声，大家都向他投去了钦佩的目光。我趁机鼓励他走上讲台说说自己的感受，一个响亮的声音在教室回荡：“谢谢大家，愿我们永远是朋友！”此时教室里掌声雷动，经久不息。

我号召全班同学共同关心赵小朔，帮助他战胜困难，并坚定地说：“相信总有一天，你也会说一口流利的普通话！”赵小朔站得更直了，那兴奋的神态，那激动的泪水，都在表明自信的种子已经在他的身上发芽了。

第二步，在自尊与自卑的较量中帮助小朔留住自信。刚找回自信的心理是脆弱的，因为在自尊与自卑的较量中还会有反复。正当他乐于尝试跟大家交流时，发生了一件让小朔难过的事情。班内开展读书比赛活动，小组与小组评比，赵小朔所在的小组因为他而未得到第一名，他觉得是自己连累了大家，在小组内待不下去了。我发现后及时找他谈心，并调整了评分标准，这样一来，既满足了组内同学的好胜心，又激励小朔重新抬起了头，而且增强了他的自信心。

第三步，在关爱与信任中帮助小朔巩固自信。在课下，我帮他补习功课，跟他谈心，了解他的思想动向，并时时给予他鼓励，“你真是个可爱的孩子”“你的字写得真端正”“你进步这么大，老师真为你高兴”……这些发自内心的赞美，如涓涓细流，时时滋润着小朔幼小的心田；在课上，只要他一举手，我就会让他回答一些问题，答对了，在红星榜上奖给他两颗小星星——一颗是自信星，一颗是聪明星。这些激励手段的运用，使他充分体验到了成功的喜悦，品尝到了做人的自豪。同时，让他积极参加班集体活动，或报以微笑，或拍拍他的肩头，使他时时感到老师在关注他，他是班集体中不可缺少的一员。教师的关爱、尊重和信任给他注入了无穷的力量。渐渐地，小朔变了，变得活泼开朗了，变得与同伴交流了，变得自信起来了。家长对小朔的变化更是看在眼里，喜在心上，对学校和老师充满了感激与信任。

四、感悟与思考

赵小朔变了，变得信心十足、斗志昂扬，变得越来越乐于和大家交流了，并勇敢地战胜了学习上、生活上一个又一个困难，在各个方面都表现得很出色。

通过辅导，抹去了小朔心灵上自卑的阴影，他变得自尊和自信。我也深刻地认识到孩子需要关爱和尊重，犹如幼苗需要空气和阳光，如果孩子产生了自卑、孤独、胆怯等不良心理和情绪，会像幼苗遭受雨雹袭击一样，严重影响他的成长。我们要让孩子在阳光雨露中成长，就必须尽一切努力抵挡风雪，还孩子自尊与自信。自信是通向成功的桥梁，一个人有了自信才能走向成功。像赵小朔这样的学生，在成长过程中被讽刺、被嘲笑，他们的内心就更需要温暖，更需要激励，每一点关爱与激励都会燃起他们内心的希望之火，并使他们自觉地把这些爱转化为永恒的、积极向上的生命动力，受益终身。

让自信扬起小朔理想的风帆，伴他走向天涯海角！

班级里的守望者

我喜欢倾听班主任、教师们滔滔不绝地和大家分享他们的故事和经验，感受他们的快乐与幸福。然而，静下心来，咀嚼自己二十多年来的班主任工作，却发现不知不觉中自己也变成了一个有故事的人。今夜，皓月当空，家人熟睡的鼾声已响起，我却提起笔，回想着一学年来接手新班级、担任班主任的酸甜苦辣……

接手了一波又一波学生，送走了一个又一个班级，为本学年接手的班级出尽了力、操碎了心，自己也是铆足了劲想干得更好，憧憬着与学生像朋友一样和谐相处，与他们一起探究古今，同他们畅聊美好人生……然而，本班的学生可爱又可恨，有时实在是让我措手不及，我的故事就从这里开始吧……

一、大张旗鼓地表扬

班级里，有你喜欢的学生——学习好、纪律好、听话懂事；有让你生气的学生——学习差、不守纪、打架捣乱；还有一部分学生——默默无闻，很不起眼。他，凯敏，就是一个从不多言语的学生。

可是，今天，我很高调地表扬了他。事情是这样的：

语文课前，我找了几个学生分发听记本，凯敏也在其中，来来回回穿梭于桌空间的孩子按照名字分发得很快速，不一会儿就分发完毕了。

凯敏分发完最后一本本子，从教室的最后头回到最前头第一排自己的位子上。他走得很匆忙，因为我的听记马上就要开始了。就在两排桌空靠讲台的地面上，躺着一团很扎眼的纸团。就在凯敏急速回位的那一刻，他弯下腰，捡起了那个纸团，悄无声息地扔到了垃圾筐里。这一举动，我看在眼里，暖在心中！

五六个人来回走动分发作业，只有凯敏这样做了！他，言语不多，总是沉浸在自己的小天地里。

平时，我总是会忽略他呀！现在，一定要大张旗鼓地表扬他！

当我静等他坐下后，沉默了一分钟。孩子们望向了我，我大声地说："凯敏多自觉呀，在分发作业的时候，看到地上的纸团主动地捡起来，扔到了垃圾筐里……"话说到这儿，我拍手鼓掌，教室里随后响起了热烈的掌声。

这掌声是对凯敏的肯定，也是对他的鼓励。愿以后的日子里，他主动地走出自己封闭的世界，迎着灿烂的阳光，释放儿童的活泼与纯真！

二、那一刻，他泪如泉涌

每学期开始时，总是有各种各样的表格要填写。为了在今后填写各种表格时方便及时，为了更加深入地了解每个孩子的家庭状况，我设计了一张“学生信息表”，要求孩子们周末回家填写完整，周一上交。

班里除了三五个没交之外，其他的都交上了。两周后，除了小坤没交，所有的学生都交了。那时正好急着填写学生信息表，我气呼呼地对小坤说：“坤，你的信息表怎么还没交上？”他抬起头，怯怯地站起来，看了看我，说：“我上周去我妈妈家了。”

“回家也不让妈妈把表填好，我现在要用了，怎么办？！”

“户口本在爸爸家里，爸妈离婚了。”他那圆圆的眼睛里顿时泪如泉涌，声音小得只有我和他两人能听见。

哦，我错怪他了，是我太心急。

我缓和了态度，语气也温柔下来，说：“嗯，那下周再把表填好带来吧。”

他没有说话，点了点头，把满脸的泪擦干……

此时，不需要语言的安慰。我拍了拍他的肩头，示意他坐下来。

孩子是多么无辜啊，可是父母想到孩子的快乐与幸福了吗？这样的离异家庭的孩子还真不少。就让我在以后的生活中，多多地关爱你们吧。

细下心来，了解学生，时时关爱。只有了解学生，才能在教育和引导学生的过程中，做到“一把钥匙开一把锁”。关爱是一种信任，是一种尊重，更是一种能触及灵魂、动人心魄的教育。

三、教室里的静悄悄

好静啊！推开教室的门，看到的是孩子们各自在全神贯注地写着作业，没有一个人在说话、捣乱……

数学教师有点小事回家了，下午我还得去排练诗朗诵，第三节课后，教室里没人看班了。怎么办？我真的是无法放手让这么一群调皮捣蛋的孩子在教室里呀！可我没有分身术，最终还得让他们独自在教室里学习。

我布置好作业，跟班长安排妥当，对着班级的孩子们千叮咛万嘱咐，然后就离开了。

在排练结束后，我看到的是开头的一幕。这怎能不让我欣喜呢？

进来检测管道的张主任笑眯眯地说："哎呀，你们班的纪律太好了！"

孩子们高兴溢在脸上，我也是笑容满面。

多可爱的孩子们呀！在短短的几个月里，不断地改正着老师提出的不足，在纪律方面大有改观。他们都要做最优秀的，所以在最关键的时刻努力把美好的一面展现出来。

与孩子们相处以来，我的付出没有白费，看到孩子们一天天的新气象，我感到很欣慰。这大概就是做班主任的幸福吧。

孩子们，喜欢你们，没理由！

是啊，孩子成长的道路是曲折的。有时，在他们弯曲时需要我们适时地扶一把、直一直；有时，在他们成功时需要我们适当地夸一番、赞一赞。只要我们走近孩子，我们的教育就是随时随地润物无声的。

四、圣诞苹果

西方国家的重大节日——圣诞节，在我国越来越被推崇，各大商场超市都打出鲜亮的招牌搞促销活动。孩子们也被时代与环境感化着，对圣诞节充满着向往。

周一，我早早地到校了，敞开教室的门通风换气后，来到了办公室打扫了卫生。正当我低头拖地时，班级里调皮的小虎来到我跟前，讨好地说："老师，送您个圣诞苹果。"面带微笑的他双手呈上来一个包装精美的礼盒。"谢谢啦！送什么礼物呀。"我同样微笑着对他说。"不，老师，这是平安果，拥有它您就会拥有平安与幸福！"他一本正经地说。我故作诧异地说："哦，老师收下了，太感谢你啦。"他满意地回到了教室。

那一刻，我真的好感动，这不仅是一个苹果，而是一份浓浓的爱师之情呀！看到上面顽皮搞怪的卡通画，正如他的调皮与捣蛋。平日里，我真是为他操了不少心——课堂上随便说话、作业丢三落四、无视学校的纪律、书包里的玩具总是不断……每当抓住他一点问题我都不会放过，在批评教育中，他懂得了该如何做，也明白了老师的一片苦心。每次教育之后，他都会很感恩。因为心底的那份纯真仍在，因此他在一点点地转变。

昔日苦口婆心、不厌其烦的教育，赢得今天孩子们的真情涌动，还有什么不值呢？

不求轰轰烈烈，但求真真切切。

一个又一个温润的故事，一次又一次心灵的碰撞，我与他们有了默契、有了共鸣。他们拥护我说的每句话、做的每件事，关心着我的一举一动，抢着为班级争荣誉：记得有一次卫生大扫除，孩子们干得很认真，可是没被通报表扬，孩子们很不服气，喊着不公平。我教育他们为班级争光是好事，但应该尽心尽力地干好每一件事情，问心无愧。更记得那次的市三好学生评选活动，我们班的修硕被选上了，孩子们高兴地问："老师，他们选上了，你的工资就涨高了吧？"虽然是没有的事，但学生还能为我着想，真是难能可贵！运动会上，他们卖力地参加各项运动为班级争得了很多荣誉，我被他们感动着。假期节日里，我会时不时地收到他们的一条条短信："老师，想你了，你也想我吗？""老师，祝您节日快乐！"……哦，原来一切的付出就像在山谷中大喊一样，是有回音的！用心扶植，才会使苗儿健康成长。我们班的学生就像一朵朵带刺的玫瑰，需要用心浇灌，静静守候，总有一天他们会开出娇艳的花朵。

而今，我们班的故事继续上演，我将一如既往地做好一个守望者，在他们需要我的时候，轻轻地推他们一把，静静地等待他们绽放美丽的花朵！

真诚赞美，拨动心弦

——我的评价观

“人的成长是一次没有回程票的旅程，许多机会错过了就永远不会再有……”嘉峪关学校党支部曹书记的这句话，一直深深地印在我的脑海里。既然如此，我们为什么不能想方设法拨动学生心灵的琴弦，让学生情满旅途，一路欢歌呢？

这就要求我们教师学会评价，评价目标多元化，评价方法多样化。评价既要关注学习的结果，更要关注学习的过程；既要关注学生学习的能力，更要关注他们在活动中表现出来的情感、态度、价值观，帮助学生认识自我、树立信心。也就是说，要有“人、情、味”：培养学生完善的人格、建立对学习的真挚情感、产生无穷的韵味。

一、学会赞美学生

教育专家告诉我们，学生需要教师的赞美，赞美是师爱的表现。教师没有对学生的热爱，就不会有发自内心的赞美之词。教师只有细心捕捉到学生身上瞬间闪现的火花，才会说出言简意赅、内涵深刻的赞美的话语。“你的小手真巧！美丽的海底世界、雄伟的高楼大厦都被你摆活了！”“你的见解真是与众不同，令人耳目一新！”“你的观察力很强，赛过孙悟空的火眼金睛了！”“你的话很珍贵，字字定音！”……

教师对学生的赞美是一种激情的流露，而不仅仅表现在嘴上。看上去几句普通的话语，却能点亮学生心灵的光点，使他们产生一种向上的动力，对他们的成长起着潜移默化的作用。但并不是所有的赞美都有价值，并非能让所有学生产生震撼和进步。教师既要欣赏学生，又要具备赞美的技巧。教师不可以滥用赞美语言，对学生的赞扬必须是由衷的、得体的，应当因人因事因场合而异。有时教师通过一个眼神、微笑或者拍拍肩膀、摸摸头等非语言行为，也能使学生感到温馨和激动，让他们心领神会、回味无穷。

二、赞美的技巧

（一）放大优点

有一位工厂的技术员说，第一次让女儿做应用题，10 道只做对了一道。作为家长，如果遇到这样的情况，肯定会责备孩子。但是，他却在做对的那道题上打上一个大大的红勾，然后在白纸上写了一行字："你太了不起了，第一次做应用题就对了一道，爸爸在你这个年纪的时候，碰也不敢碰应用题哎。" 8 岁的女儿看了十分兴奋，她对数学的学习兴趣很高，升初中时数学居然考了 99 分。10 岁时，她居然写出了 6 万字的科幻童话作品。

这件事给了我很大的启示，在教学过程中，我也试着去放大学生的优点。"你看，你只随便学了学就能做对 4 道题，如果认真学的话，这 6 道都能做对，是绝对的计算小能人，谁也比不上你！"

对孩子而言，适当的赞美和鼓励会激发他们的积极性，即使一个平庸的孩子，在鼓励的雨露下也会变得鲜活起来。作为教师，不应该一味地指责孩子的不足，而应找出孩子的优点，沙里淘金，放大他们的优点，并且发自内心地赞扬他们，你就会发现，你的真诚和赞美会改变一个孩子的一生。

（二）让每个孩子都得奖

教师对学生的每一次鼓励都会产生不可估量的教育能量，这种隐性的能量会使每一名学生达到可能达到的卓越境界。每一名学生都有自己独特的优势、长处，用这样的眼光来看学生，人人都是最好的、个个都是最棒的。因此，在教学中，我不断开发更多的项目来评价学生：一次作业评出小标兵，得一枚印章；一次小组合作评出最佳发言人、最佳合作者；一次研究性学习评出创新小博士；在班级中不断评选出卫生小标兵、纪律小能人、秩序小警察、文明小天使；等等。对于一些既无特点又无棱角的学生，实难找出优点时，就由本人提出自己在某方面的优势，得到确认后一样予以奖励，这样就使每一名学生都有了获奖的机会。

从一个角度看学生，可能只有 1% 的天才；从多个角度看学生，也许就有 99% 的天才。增加了评价的尺子，也就增强了学生成才的可能性。

（三）每个学生都与众不同

马卡连柯说过："忽视人的多样性和把教育的任务问题放进对所有人都适用的一句话里面，那会是不可思议的粗枝大叶。"要知道，每个人都寻求对自己价值的肯定承认，每个人都有权利使自己成为人类认识领域中的一个开拓者。尊重学生、赏识学生，以帮助者、支持者、欣赏者的身份走近学生，这才是现代教育的真正含义。

曾听学生说："老师，他是我们班最聪明的！"我不由感到悲哀，这种从众的班级氛围，形成了弱势群体和强势群体。那些边缘生的疑虑是多么令人心痛啊，要知道，他们漫漫的人生路才刚刚开始！而一些"中心人物"又是那样骄傲、不可一世。"同学们，老师不同意，我觉得每一个同学都有不同的聪明之处！"孩子们瞪大眼睛望着我，目光里流动着新鲜、好奇，还有微微的喜悦和羞涩。"有的同学发言精彩，这是聪明；有的同学会说快板，也是聪明；有的同学会组织排练，也是聪明……"孩子们惊喜地、悄悄地交流着自豪，有些却有点茫然。"但是，要使自己更聪明，都要积极动脑筋，像这位同学一样。老师希望每一个同学都有不同的聪明，还要有很多的聪明。"学生们都笑了，我也笑了。

（四）给学生一个反思的机会

"给学生一个反思的机会"是高密一中李希贵校长的教育金言。不犯错误的学生是没有的，应当给学生反思的机会——包括学习、生活，成长中的心灵正是在无数次犯错和改正的过程中成熟起来的。从这一观点出发，在做错题时，我打一个半对，给学生提供一个改正的机会，促使学生反思自己的错误，又巧妙地保护了学生的自尊心，让学生体会到教师的关心与期待。学生改正之后，将赢得一个大大的对号。我在生活中也是这样，实行"无错教育"，让学生自己去感悟。

人的一生，总有一些瞬间可能成为影响终身的时刻。许多年之后，当岁月的流逝渐渐模糊了孩子们人生的许多细节时，或许在他们童年的心灵里升起的这面"评价的旗帜"，依然会远远相随，陪伴一生。

播撒生命的绿色

法国作家让·德·拉·封丹（Jean de la Fontaine）写过一则寓言，讲的是南风和北风比赛，看谁能把行人身上的大衣脱掉。北风一开始就拼命地刮，企图一下子把行人的大衣掀掉，哪知道，风越刮，天越冷，行人把大衣裹得越紧。南风则不同，它徐徐吹动，顿时风和日丽，行人热得受不了，最后脱下了大衣。结果是逞强好胜的北风输给了温文尔雅的南风。

这则寓言给了我太多的启示：教育事业是爱的事业，我们的教育就应该像南风那样慢慢吹开学生的心扉，就应该像春雨那样“随风潜入夜，润物细无声”。

闲暇之余，我常常翻阅我的教育随笔，每当看到《借星星》，就会想起那一段往事。一次课前听写，我快速地批阅了每一张小纸条后，把书写全对的同学在红星榜上加了一颗小星星。这时，班里的小伟说：“老师，寰宇把‘朝廷’写成了‘朝延’，他不能得到小星星。”听了小伟的话，我马上意识到是自己看得太急而漏批的错误。但转念一想，何不将错就错，为他改掉学习粗心、做事马虎的坏毛病呢？于是，我走过去，抚摸着寰宇的头，微笑着说：“寰宇，先借你一颗小星星吧，相信你会改正缺点，取得更多的小星星。”此时，他那通红的脸上写满了欢喜，同时多了一分自信。在以后的学习中，借给他的那颗小星星激励着他不断进步，红星榜上他的星星红得那么耀眼。谁知在之后的一次作文中，他记述了这件事，并且写道：“老师，非常感谢你借给我的那颗小星星。您或许不知道我得到星星时的兴奋——对我来说，多不简单啊！我又是多么担心您会去掉它。更没想到的是您不仅借给了我星星，还让我迷途知返，给了我无尽的学习动力……”

看了他的作文，我思绪万千。孩子们的心田太干涸了，就这么一颗小星星，却激起了他心灵的层层涟漪。我们应该在孩子们心灵的荒漠上多开辟爱的绿洲，让我们铭记泰戈尔的那句名言吧：“不是锤的打击，而是水的载歌载舞，才使鹅卵石臻于完美的。”

师生之间的这种细腻的爱、绵绵的爱，当我们真的把它作为我们事业的基石时，那种情感是难以割舍的。

那是初夏的一个暴风雨的清晨，我骑着自行车，顶着暴风雨往学校里赶，可走到易通路的十字路口时，横在眼前的是一片汪洋。看到人们大多往回赶，我也真想回转身，可40多个孩子的面孔浮现在眼前……是啊，我的双肩上背负着一种未来的责任——国家和民族的希望！责任与义务驱使我义无反顾地往前走，河水没过了大腿，没到了腰际……过了，过了，我冲出了旋涡，迎来了光明，当我踏着铃声，走进学校的大门时，看到的是玻璃窗前挤满的大大小小的脑袋，我知道，是孩子们在等待着我。当我跨进教室的一刹那，孩子们欢呼起来，一拥而上，有的替我拿雨衣，有的为我擦掉雨水，孩子们充满关怀的目光齐刷刷投向我。此刻，我深深地感到孩子们是那么可爱、那么懂事。当我把无言的爱伴着雨水融进心中，当我把辛勤的耕耘随同期盼融进血液，我收获的不仅是累累硕果，还有那40多颗充盈着爱意的心。

学生是我生命和生活的一部分，是我喜怒哀乐的源泉。我乐为童师，那其中充满情趣。从“a、o、e”开始，我和孩子们相识、相知了。天黑下来了，刚刚入学的孩子们望了空无一人的大门外，回转身问我：“老师，今天晚上你陪我们睡觉？”刚刚离开父母怀抱的孩子们的眼里充满了渴望、充满了乞求、充满了无奈，他们多么希望我像自己的妈妈一样伴着他们入眠。我强忍住泪水，使劲地点着头。课下，孩子们都争先恐后地挤到我的身边。“老师，你长1 000只手就好了。”孙瑜拉着我的手笑着对我说，“这样，每个小朋友都可以拥有一只手，而不用你抢我夺的了。”从她幼稚的言语里，我看到了孩子们对我的真诚。让我永远忘不了的是那次卫生大扫除，我腆着大肚子（7个多月的身孕）站在一个小方凳上擦门上方的玻璃。当我踮着脚尖、探着身子擦最上边时，突然脚下的凳子一歪，我险些摔下来。“老师，小心！”孩子们喊着从座位上跑过来，围着凳子蹲了一圈，手都紧紧地扶着凳子……那一刻，我的眼泪止不住地往下流，任凭灰尘洒落我的衣衫，扑向我的泪脸，我的心中却有一股暖流在激荡。真诚之心，让我找到了爱的感觉；无私之心，让我体会到了爱的真谛。

印度诗人泰戈尔还说过：“花的事业是甜蜜的，果的事业是珍贵的，但是，让我干叶的事业吧，因为叶总是谦逊地垂着绿荫。”我爱绿，爱绿叶，但我更爱我的学生，因为教育的全部奥秘就在于爱。教师用自己的爱教学生懂得爱，教师用自己的爱去营造爱的氛围，让世界充满爱。

我是一名教师，满怀一腔热血站在圣洁的教坛上，用一根教鞭演绎着我多彩多姿的青春。在教育这片充满希望的田野上，我尽情地播撒着爱的种子，有喜、有忧、有笑、有泪、有花、有果、有香、有色。透过孩子们那一张张天真可爱的笑脸，我立志做一方坚实肥沃的泥土，播撒生命的绿色；我愿做一辈子用爱心点灯的人，在照亮学生光明未来的同时，辉煌自己平凡的一生。青春献教育，爱心铸年华，这就是我的人生追求。

从实际出发，提高阅读教学质量

《语文课程标准》指出："语文教学要注重语言的积累、感悟和运用，注重基本技能的训练，给学生打下扎实的语文基础。同时要注重开发学生的创造潜能，促进学生持续发展。"阅读教学是语文教学的中心环节，通过阅读，应让学生在主动积极的思维和情感活动中加深理解和体验，有所感悟和思考，受到情感熏陶，获得思想启迪，享受审美乐趣。

怎样才能提高阅读教学的质量呢？我根据自己的教学实际，谈几点看法。

一、从实际出发，根据课文的不同特点，选择适当的教学方法

语文教材内容丰富，既有不同教学任务的一、二类课文，又有各种文体的精彩范文及名家名著。教学中，要从学生的实际出发，抓住各类文章的特点，采用不同的方法指导学生阅读，掌握知识。不论是写人记事的文章还是写景状物的文章，作者要表现什么、说明什么、歌颂什么、揭露什么，都有自己的写作目的。不同的文章，作者的思路不同，表达方法不同，重点也就不同，因此不能用一套死模式来教学，必须因文而异。有的课文生词多，应当以理解词语为重点；有的课文句子含义深，应当引导学生去琢磨、体会；有的课文字里行间寓寄着作者的丰富情感，应当通过反复地读去品味欣赏。难懂之处，教师的点拨讲解是十分必要的，能力就是在发展语言中培养起来的。

例如，《草原》一课记叙了作者访问内蒙古草原的见闻及其深切感受，语言优美，感染力强。但本课生词多，句子含义深。教学中，既要把词语教学列为重点，又要引导学生体会作者的思想感情。第一段中有这样一句话："那些小丘的线条是那么柔美，就像只用绿色渲染，不用墨线勾勒的中国画那样，到处翠色欲流，轻轻流入云际。"首先要让学生弄明白"线条""渲染""勾勒"这几个美术用语的意思，还要理解"翠色欲流""云际"的意思，然后才能回到句子中，领会全句的含义。文中的2～5段没有难懂的词和句子，教学中要围绕"蒙汉情深"这条主线，抓住第二段中的重点词"襟飘带舞"以及第3～5段中的"相见""款待""联欢"等场面，让学生反复地读，体会作者的思想感情、表达方法，从而理解文中的每一句、每一段处处洋溢着蒙汉两族人民的深厚情谊。

这样，通过一篇篇文章的学习，学生不仅能懂得词句的意思，而且能深入理解内在含义；不仅能增长知识，而且能学会运用多种阅读方法，阅读能力自然会得到提高。

二、在教师的指引下，创设合作探究情境，激发自主学习热情

《语文课程标准》指出：“在语文教学中，要积极倡导自主、合作、探究的学习方式，这一理念不仅强调学习方式的变化，而且强调了学习和发展的主体是学生，学生在教学中的主体地位得到重新的确认。”在语文教学中，应努力做到以下几个方面。

（一）创设问题情境，激趣启疑，探寻学习方向

“兴趣是最好的老师”，要使学生主动参与学习，必须使学生对学习有兴趣。因此，在教学中通过各种手段，找准教学的切入口，诱发他们的求知欲。例如，在教学中采用语言激趣、图像激趣、动作及表演激趣的方式，充分调动学生的学习兴趣，同时找好激趣的导向，创设与课文相关的问题情境，使学生感觉既有趣又有疑，因有疑而生趣，让学生探索的潜能和阅读的欲望有所指向，产生阅读期待，急于通过阅读课文来解答疑问，达到激趣启疑的目的。例如，《美丽的小兴安岭》一课，我通过播放小兴安岭的电视录像片，激发学生急于读书了解小兴安岭美丽特征的兴趣；《赤壁之战》从“周瑜打黄盖，一个愿打，一个愿挨”这个歇后语激发学生的阅读兴趣。

学生有了读书兴趣之后，教师适当帮助学生根据自己的实际情况以及对课文的了解情况，探求自己的学习方向，指定学习目标。在此过程中，教师的引导作用必不可少，在对学生深入了解的前提下，引导帮助学生找准努力方向。在指定目标的过程中不能压抑，更不能强制，充分体现“自主”，给学生营造宽松、自主选择的氛围。

（二）创设自学情境，自读思悟，探求读中所得

阅读是学生的个性化行为，不应以教师的分析来替代学生的阅读实践。学生根据指定的学习目标读课文，运用已有的知识、方法和情感体验，思考感悟课文的内容和作者表达的思想感情，以求学有所得、思有所获。在这一环节中，通过各种方式给学生营造有利于个性化阅读的自由环境。

第一，教师给学生充分的阅读自由。课堂上进行人性化、个性化的阅读教学，变教师的指令性为学生的选择性，学生可以自主选择读书方式和读书内容。

第二，给学生充分的思悟自由。课堂中没有固定的学法规则，没有专制的学习评价，学生在思考中可以翻阅资料，可以查看字典，可以运用已有的知识、技能来分析推理，自由地思考、体会。

第三，教师适时为学生的读、思、悟提供帮助，进行点拨和指导。一是帮助学生激活已有的知识和方法；二是为学生提供必要的资料、文字和图片等。

（三）创设合作情境，讨论交流，探究读中疑问

这一过程以小组交流的形式，汇报自读成果，提出读中疑问。在小组中，学生各自汇报在自读中明白了哪些知识，感悟到什么思想感情，还存在哪些疑问。通过互动交流，小组成员之间互帮互助，你明白的教给我，我懂得的告诉你，最后整合出小组成员共同存在的不理解的问题。在这一过程中力求为学生创造融洽、和谐的合作环境。

例如，学习《美丽的小兴安岭》一文时，就可以采用自由搭配的形式，在春、夏、秋、冬四个季节中，让喜欢同一季节的同学为一组，不同形式的灵活分组使学生没有永远的固定伙伴，获得了和不同性格、不同爱好的同学交往的机会，在学习中逐渐学会用他人的眼光看问题，提高与他人交往合作的能力，建立起良好的人际关系，增强群体意识。

三、抓住重点，精心设计提问是提高阅读教学质量的重要一环

课堂提问是阅读教学中最常用的一种形式，是启发式教学的一个重要手段。精心设计提问，让学生带着问题去阅读思考是提高课堂教学效率的有效手段。恰当的提问能够激起积极主动、思维活跃的教学场面。“学起于思，思源于疑”，提问一定要有利于打开学生的思路，有利于发展学生的逻辑思维，有利于培养想象力，有利于学生探索发现问题。

学生常常根据自己的生活体会来理解课文内容，提问也要联系学生的生活、思想实际，使他们把自己置身于文章之中，引起感情的共鸣。

教学《卖火柴的小女孩》一文，当读到小女孩在大年夜又冷又饿，流落街头时，教师提问：“这个小女孩和你们年纪相仿，你们的大年夜是怎样度过的？如果你是这个小女孩，会想些什么呢？”当学生述说在大年夜全家人欢聚一堂，吃着

丰盛的年夜饭，看着电视，鸣放鞭炮等情景后，教师进而引导他们读课文中描写小女孩悲惨处境的语句，形成鲜明的对照，使学生受到强烈的感染和教育。

总之，教师要做有心人，营造良好的教学氛围，环环扣动学生的心弦。对学生回答问题尽量给予鼓励与肯定，使他们敢于表述自己的见解，从而对语文学习产生浓厚的兴趣。

低年级语文“情趣”教学模式

随着新的课程标准与新的教育理念推出，新的教材也应运而生，我们的实验教材活泼新颖、生动有趣，因此把快乐引进课堂，充分调动学生的求知欲，让学生带着愉快的兴趣、美好的情感生动活泼、主动地学习，把学生的情感激发出来，与文章作者的情感产生共鸣，达到教和学的协调统一，这是我们课改教师义不容辞的责任。在近几年的小学低年级语文教学中，我和孩子们同欢同乐、同学同长，把“情趣”引进了课堂，让学生在乐学、爱学中掌握了知识。

一、模式理论依据

从学生的年龄特点和认知水平来看，低年级的小学生正处于形象思维阶段，抽象思维还比较模糊，这就要求我们改变教学方法，运用各种教学手段以充分调动学生学习的积极性和主动性。

“兴趣是最好的老师。”只有学生对语文感兴趣才能学好语文，因此要在学生愉快时激活他们的思维，从而让他们在轻松愉快中学习知识、提高能力。

二、模式结构程序

小学低年级语文“情趣”教学模式的一般程序如下：激趣导入，乐学新知；初读感知，培养兴趣；引读悟情，升华情趣；拓展巩固，趣味练习。

（一）激趣导入，乐学新知

课前组织时要激活学生的思维，调动他们学习的积极性，从而让他们积极地投入课堂。

揭示课题时要设置悬念，或者用形象的语言来描述，或者用问题来引入，激发学生的求知欲。

（二）初读感知，培养兴趣

学生在悬念或问题等的诱惑下，带着兴趣初步读课文，要求读得正确、通顺就可以了。

解决初读课文时遇到的生字新词障碍，纠正错误的发音，从而使学生初步感知课文，了解文章的主要大意。

（三）引读悟情，升华情趣

在这一环节中，教师要运用各种不同的教学手段激发学生的情感，使学生积极地、主动地去读、去说、去做。

首先，给学生充分的时间读，让他们自己读、同位互读、分角色读、赛读等，在读中抓住关键词句，领会文意，积累语言。

其次，再现课文情境，产生情感共鸣。当学生初步领悟了作者要表达的情感之后，播放与课文相配套的光碟，使学生在声情并茂的朗读、趣味盎然的画面中激起情感，让他们人人参与，大胆地说出自己的见解、抒发自己的情感。教师要做好引导点拨，使学生加深对语言文字的理解，从而让学生与文章的作者产生共鸣。

（四）拓展巩固，趣味练习

以课文为本，发散学生的思维，拓展他们的知识面，从而学到更多的知识。

灵活识字，运用多种方法如想象识字、偏旁加熟字、猜谜语等，让学生识记生字。学生基本记住了生字的读音以后，设计识字游戏，激发兴趣，强化记忆。

三、模式示范课例

以小学语文苏教版第一册第 5 课《家》为例。

（一）教材简析

《家》是一首儿童诗，全诗 6 行两句，通过用学生熟悉的事物作比，让学生体会为什么说“祖国就是我们的家”。这首诗生动活泼、意境优美，富有儿童情趣，让人越读越爱读、越读越亲切。

（二）学者分析

1. 学生的年龄特点和认知特点

一年级的小学生活泼好动，自制力差，形象思维占绝对优势，对具体直观画面的认知远胜于对抽象语言文字的感悟和理解。

2. 学生对即将学习的内容已具备的知识水平

经过半个学期的学习，学生对汉语拼音掌握得很好，已经具备了一定的识字能力和阅读能力。

（三）教学目标

第一，能正确、流利、有感情地朗读课文和背诵课文。

第二，复习巩固汉语拼音，学会本课 5 个生字，两条绿线内的字只识不写。理解由生字组成的词语，认识 1 种笔画。

第三，了解课文内容，让学生懂得祖国哺育我们成长，我们是祖国的未来，激发学生热爱祖国的情感。

（四）教学理念和教学方式

第一，努力营造宽松、民主、和谐的氛围，让学生主动地去读、专注地去读，在主动积极的思维和情感活动中加深理解和体验，有所感悟和思考。因此，我要努力引导学生潜心诵读，激活他们的创造思维，促进个性的发展。

第二，充分激发学生的主动意识和进取精神，倡导自主、合作、探究的学习方式。课堂上创设情境，引导学生思索、质疑、讨论、交流，发展想象力，从而获得丰富的情感体验和艺术享受。

第三，认识到语言的美感，重视语文的感染熏陶作用。在学习诗歌时，通过看图、朗读、感悟等环节，激发学生热爱祖国的情感。注重听、说、读、写等基本技能的训练，注重语言的积累、运用，为培养学生良好的语文素养和道德情操打下坚实的基础。

（五）教学媒体和教学技术

为营造语言情境，激发阅读兴趣，充分利用课文插图、多媒体动画等形象画面，图文对照、借图学文、以图促悟，感情朗读，积累语言。

四、教学和活动过程

（一）游戏识字，激趣导入

师：同学们，前几天我们学了很多生字，今天咱们看一看谁能分清这些字的模样。

首先，把准备好的生字卡片图展示出来，让学生上黑板前去“捡贝壳”，然后读出卡片背面的字，并作为小礼物送给他。

其次，看卡片，开火车读。

师：同学们对老朋友的模样记得真清楚，今天，我们再来认识一些新朋友。

（板书课题：家）

师：看，老师写得这个字你认识吗？真了不起，大家齐读。

（二）借助图画，初读课文

师：我们每个人都有自己的家，都有爱自己的爸爸妈妈。

师：你看，老师手中卡片上的字你认识吗？（白云）白云的家在哪里？请你看看插图，说一说。

师：看，这是什么字？（小鸟）小鸟的家在哪里？

师：这是什么字？（鱼儿）鱼儿的家在哪里？

师：这是什么字？（种子）种子的家在哪里？

看课文插图，让学生从整体上观察画面，想一想、说一说白云和蓝天、小鸟和树林、鱼儿和小河、种子和土壤之间有什么联系；画面上的小朋友表情怎样，和花朵有什么联系。

师：我看到有的同学迫不及待地想读课文了，那么，我们自己来读一读，遇到不认识的字就拼拼音或者问问同桌。

（三）读中感悟，以读见悟

师：你想听听课文是怎样写这幅画面的吗？那就让我们认真地来听一听。

（播放多媒体录音）

师：谁想读给大家听听？（指名读）一会儿老师让你当小评委。

师：指名分句来读儿歌。

师：读了儿歌，你从中知道了什么？小组讨论交流。

（学生怎么理解的就怎么说，教师要做好引导）

最后两句要让学生明白，把我们比作祖国的花朵，祖国是我们的家，没有祖国的培养，我们就不可能健康幸福地成长，就不会有美好的未来。

师：我们每个人都有自己的家，我们都爱自己的家，你想把这种感情读出来吗？

师：让我们再来听听叔叔是怎么读的。

师：你能像叔叔这样读吗？自己练一练，可以加上动作。

师：谁想读给大家听听？想怎么读就怎么读，老师给你配上音乐。

师：同学们读书的热情可真高啊！现在男女生来一个小小的比赛，好吗？

师：先请女生来读，男生要看着字来听。

师：听听男生读得怎么样。

师：同学们这么喜欢读书，老师也想加入你们的行列，欢迎吗？那么，你来看着儿歌听老师读，听听老师和你读得一不一样，看谁看得认真、听得仔细。

师：同学们，你们能背诵吗？一起来试试，注意背出感情。

师：你们背得真好，我听出了你们爱自己的家，爱我们伟大的祖国。

（四）巩固生字，加深理解

师：同学们读儿歌的热情可真高，现在你来看这是什么？

（出示生字卡）

师：儿歌中调皮的生字宝宝已经跑到老师手里来了，看一看，你认识它们吗？

（让会读的学生领读）

师：生字宝宝想回到自己的家中，你能帮它们回到儿歌中吗？

（让学生拿着生字卡贴到儿歌上）

师：同学们可真棒，认识这么多生字，现在让我们一起来读读这些生字。

师：生字宝宝回到了自己的家中，非常快乐，让我们高兴地拍着手把诗歌读一遍。

（五）围绕主题，拓展练习

师：请你来做个小诗人，看看谁最棒！

蓝天是________的家。

树林是________的家。

____是________的家。

五、教学反思

这堂课的教学特点是让学生大胆去想象那自由、舒适的“家”，让学生在读中感受到自己在祖国的怀抱里快乐幸福地成长。我要求学生在读中悟、悟中练，这样比较符合学生的认知特点，能激起学生学习的兴趣。

儿子送我“大蛋糕”

一、案例介绍

紧张的期末复习搞得我天昏地暗，忘却时日，偶然翻阅了一下桌子上的台历，发现今天是我的生日！老公最近工作也挺忙，一大早就急匆匆地到单位了，什么也没有说，看来他也把我的生日忘记了。我没有声张，下班后回家做了几道小菜准备小庆一下。

老公在千等万盼中一脸疲惫地回到了家。当他看到饭桌上的饭菜时感到疑惑：“今天怎么多了几道菜呢？”“你连我的生日都忘了，快吃饭吧！”当然，我没有怪罪老公的意思。老公觉得不好意思了：“你看我这记性，怎敢忘记‘一把手’的生日呢！”我们的对话让在一边摆弄玩具的儿子听到了，他突然站起来，大声嚷着：“我有一个好主意！”

儿子突如其来的举动让我和老公把目光同时转向他，期待地问：“什么好主意？”

“爸爸没有买生日蛋糕，你们俩就拉起手围成一个圈儿当大蛋糕，我站在圈儿里当蜡烛。当我在头上‘嗤——’一声点燃‘蜡烛’时，我们就一起唱生日快乐歌，祝妈妈生日快乐！”我们那胖嘟嘟的儿子歪着小脑袋，眯着小眼睛，用手兴奋地比画着，唯恐我们听不懂他的意思。

我和老公相视一笑，按照儿子的提议做成了“蛋糕”和“蜡烛”，小屋里响起了童声和男女声的小合唱。歌声没有那么优美，但我们依然唱得那么投入、那么认真，每个人脸上都洋溢着幸福。我因儿子的懂事而感动，我的眼泪也随着“祝你生日快乐”的歌声悄悄地流下来……

当我朝着这支生日“蜡烛”吹气时，儿子双手合十，闭着小眼睛，满脸的虔诚。或许他在祝愿妈妈生日快乐，或许他在祝愿全家幸福安康……

儿子给我们创造了感动、创造了快乐！

二、案例反思

当孩子呱呱坠地时，为人父为人母者也就自然“上任”，担负起养育的责任。让孩子在父母的耳濡目染中受到良好的教育却是一件不容易的事情，需要费尽心思。

中央电视台“妈妈，洗脚”的广告教育了千千万万个孩子，也感动了千千万万个家长。父母是孩子的第一任老师，也是最重要的老师，父母的行为是孩子效仿的模板，潜移默化地影响着孩子。儿子之所以能够提出给妈妈做生日蛋糕的“好主意”，其原因就是我们每逢父母过生日，总会买上蛋糕、带上礼物，领着儿子回家庆贺。我想，如果我们俩没有一颗尊重老人、善待老人的心，儿子也不会在这个特殊的日子里以幼稚的思维献给妈妈一份特殊的生日礼物。父母是孩子最好的老师一点都不错，孩子会从父母的身上一点点学会认识世界、读懂世界。

一个生命的诞生就如同一粒萌动的种子。也许它会在良好的生存环境中茁壮成长，直到变成参天大树。也许它会在岩石的阻挡、污水的腐蚀下扭曲成虬枝。比之于人，家庭环境和父母的影响就如同种子生长过程中必需的水分、空气和土壤，条件具备了，种子就会发芽，并逐渐长大、开花、结果。做父母的一定要为孩子营造健康和谐的家庭氛围，让孩子的身心得以健康发展，塑造孩子强健的精神骨骼。

故事引发的启示

新一轮课程改革洋溢着时代的气息，体现着创新的精神，令人耳目一新。活泼的教学内容，全新的教学理念，就像新生儿一样让人爱不释手。可如何开展新课程的教学就像妈妈对襁褓中孩子的未来一样茫然。我就是在这样诚惶诚恐的心态下，开始了新课程改革的实验。可当我迈出了新课改实验的第一步之后，令人惊喜的、令人值得珍藏和回味的一个个精彩瞬间在课堂上一次次闪现，我用心记录了下来，与大家交流、共勉。

一、爱的力量

“世上只有妈妈好，有妈的孩子像块宝……”但凡刚会说话的孩童就开始哼唱这首歌了。可是妈妈对孩子的爱有多深、爱有多重，孩子们往往是难以体会到的。然而，今天我从孩子们的泪花里感受到了母爱的神圣！

课堂上，孩子们饱含真情地读着书上妈妈写给女儿的信（亲爱的女儿：今天是你 8 岁的生日。回想起 8 年前的今天，我心里充满了喜悦，许多往事涌上心头。当我知道身体里有了你时，真是又幸福又紧张。你出生时，妈妈受着疼痛的折磨，几乎晕了过去。你出生后，常常生病，妈妈拖着虚弱的身体抱着你去医院寻医问药……为了你的成长，妈妈真是付出了一切！女儿啊，8 年过去了，在你生日的日子里，妈妈从心底里深深地祝愿你——快乐、健康！爱你的妈妈）。开始，话语中透出几分凄楚，丁浩、张敏等几个孩子不知不觉中已泪流满面了。这时，课堂上再也无须过多的言语。当孩子们知道母亲含辛茹苦，艰难地把自己抚养大时，被深深地震撼了！当孩子们读到母亲字字含情的真情告白时，心中不禁涌动万千……调皮的丁浩说：“妈妈太不容易了，我以后再也不任性了。”感情细腻的张敏说：“我长大了一定好好报答妈妈。”爱是相通的，伟大的母爱使学生的心灵受到一次洗礼，为学生健康人格的形成发挥了积极的作用。

最后，我告诉泣不成声的孩子们：“爱自己的父母就是爱的最美最好的起点。为父母送上一片爱心，送上真诚的感激，用爱心行动回报父母的养育之恩吧。”

故事的启示：学生的品德教育必须与生活经验相吻合。

《品德与生活课程标准》明确指出，品德与生活课“以儿童的现实生活为课程的主要源泉，以密切联系儿童的主题活动或游戏为载体，以正确的价值观引导儿童在生活中发展，在发展中生活”。可见，生活性是品德与生活课的一大特点。从儿童的生活出发，以儿童的经验为起点，在进行生活教育的同时自然地进行品德教育。“爱的力量”是我在执教苏教版《品德与生活》二年级上册第一课《祝你生日快乐》一文时发生的小故事，紧紧抓住父母对孩子的关爱来激起孩子对父母的理解与感激，从而养成尊重长辈、热爱父母的好品格。课堂教学必须与生活紧密相连，让教学源于生活、联系生活、感悟于生活、发展于生活。

二、五彩的秋天

那是别开生面的一课，孩子们精心构思制作的一幅幅叶画、生动的解说把我带进了五彩缤纷的秋天。

“我们小组用树叶制作了一棵大树，发黄的树叶已飘落下来。”梦迪开心地说着，“我们还给作品配上了一首儿歌呢。大家听——小树叶，飘呀飘，飘来飘去像小鸟。小树叶，飘呀飘，飘到地上睡大觉。”

我使劲地鼓掌，接着掌声不断……

“我们小组用小米共同制作了一幅母爱图，这里面还有一个动人的故事呢，讲给大家听听。”故事大王泰玮慢条斯理地开始了，“一只老母鸡带着鸡宝宝到草地上捉虫子吃。小鸡们在草地上欢呼着、追逐着。正当它们玩得不亦乐乎时，一只大花猫朝着其中的一只小花鸡扑过来……”

谁能不为母爱而感动呢？在一片沉寂后，掌声四起……

“我们小组用树叶制作了一幅翠竹图。你看，新生的竹笋正从地面上、岩石缝中冒出来呢。”昌鹏坚定地说着，“下面，我们小组共同为大家朗诵《竹石》这首古诗。”孩子们不由地跟着齐背起来，那是一种多么坚定、多么顽强的人格写照啊！背完后掌声雷鸣……

五彩的秋天让人遐想，缤纷的季节让人回味。这活泼的课堂更令人深思：孩子们的发现竟是如此多姿多彩，孩子们的创造竟是如此无穷无尽！

故事的启示：学生的品德教育必须与实践活动相结合。

活动是品德与生活课中重要的学习方式。《品德与生活课程标准》指出：“本课程的呈现形态主要是儿童直接参与的主题活动、游戏和其他实践活动。课程目标主要通过教师指导下的各种教学活动来实现。活动是教和学的中介。教师的主要作用是指导儿童的活动，而非单纯地只讲教科书；儿童更多的是通过实际参与活动，动手动脑，而非仅仅依靠听讲来学习。”可见，活动性是品德与生活课的又一大特点。“五彩的秋天”是苏教版《品德与生活》二年级上册第七课《巧手剪秋天》里的一个活动，活动中，教师的组织、参与和指导充分体现了学生的主体地位，大家积极地畅谈自己参与活动的体验和感受，使每个学生都有自我体验后的不同收获。在动手做、做中学中发展了学生对大自然的热爱、对科学的爱好，使品德教育变得真实具体、可感可触，能够真正起到引导儿童生活的作用。

三、文明小天使

“文明古国，礼仪之邦”的美誉辈辈传诵。

“彬彬有礼，举止文雅”的言行人人称赞。

我们是礼仪之邦的公民——我们骄傲；我们做举止文雅的天使——我们坚信！

于是，一场争做“文明小天使”的活动轰轰烈烈地开始了。

课上，孩子们的坐姿更端正了，听讲更专心了，讨论更热烈了，回答更响亮了……

课下，学生的喧闹声消失了，游戏的欢乐充溢着整个校园……

课外，学生的表现更令人欣喜——每周周一，家长来送孩子上学，大多满面欢喜地说，孩子变了，变得懂事了、文明了：

王涵主动地给家里来的客人泡茶、倒水，是那么热情；

周日我们全家去公园玩，大卫把我扔到地上的饮料瓶捡起放到垃圾桶里；

我们坐公交车去开发区，飞月很自觉地给一位中年妇女让座，是那么亲切；

昊东打电话时是那么有礼貌，再也不哄哄哈哈了。

……

我更加欣喜：教室里那棵“文明礼仪树”上的星宝宝越来越多了！

故事的启示：学生的品德教育必须与社会环境相融合。

品德与生活课程面向儿童的整个生活世界，开放性是该课程的另一大特点。主题内容的选择从教科书拓展到所有对儿童有意义、有兴趣的题材上；课程的时间也要在与学校其他活动的配合和联系中得到进一步拓展，课堂从教室扩展到家庭、社区及儿童的其他生活空间。争做“文明小天使”就是在学习了苏教版《品德与生活》二年级下册第一单元“学做文明人”系列活动之后开展的一个“赶、比、超”活动，活动从课内延伸到课外，让道德准则启迪孩子的智慧和才华，塑造孩子的心灵和情感，帮助他们形成良好的习惯。孩子的道德生命犹如一颗颗种子，需要广阔的田野和肥沃的土壤才能茁壮成长。为儿童敞开生活的大门，让他们去做真正的主人，去塑造自己的美好形象，去感受生活的韵味。

在新课改的道路上，必须迅速地更新知识、转变观念，让课堂成为学生收获快乐的天地，与孩子们共同分享成长的快乐、分享童心童趣的生命活力。

家校协作——夯实学生发展的基础

“在相同的时间内，同是一个老师教而学生智力又没有多大的差别，为什么学生素质却相差甚远、学习情况却大相径庭呢？”教师们常常这样问。究其原因：学习习惯不同，而学习习惯又取决于家庭教育。

学校复杂教育过程中所产生的困难和一切问题的根源，都会追溯到家庭中。有些孩子的不良品质在家庭中形成日久，在学校中很难校正，有些坏习惯甚至会伴孩子终身。因此，学校教育必须结合家庭教育，特别是实施素质教育的今天，若只靠学校教育，不顾家庭教育，欲期达到教育之效果，犹如缘木求鱼，是最愚蠢不过的了。

父母：孩子的第一位老师。

家庭：孩子思想品质形成的主要环境。

孩子的绝大多数品质在家庭中就已具备了雏形，而起决定作用的是父母的影响。孩子的心灵如同纯洁的素丝，父母的行为品质和家庭教育会给它染上各种色彩，因此家长素质的高低影响着孩子行为品质的优劣。家庭对孩子的影响，主要有以下两点。

其一，父母有意识的“教”(言传)。父母自始至终扮演着孩子“老师”的角色，尤其是在知识经济突飞猛进的今天，随着家长文化素质的提高，独生子女的增加，教育信息成果的日新月异，家长“望子成龙”的心愿愈来愈迫切，教育孩子成了生活中的重要内容，成了人们茶余饭后不可少的“话题”。应该说，孩子的许多优良品质是在家长的教诲下产生的，但也有一些不良品质是在家长的良好愿望下产生的。

其二，父母无意识的“染”(身教)。这是由家长的思想道德、政治素质和道德水平所决定的。“家庭是习惯的学校，父母是习惯的老师。”孩子在与父母朝夕相处的过程中耳濡目染，父母的行为品质会潜移默化地转移到孩子身上。家长的一言一行都可以成为孩子模仿的对象，即使是错误的东西也会被模仿。例如，父母不敬老、养老，就会“壮不养老，少不敬壮”；父母闹离婚、打架，孩子就会性格怪僻，为人不睦。应该说，家长的品质便是教育孩子的根与本，家长现有的品质便是孩子的未来，故墨子说：“染于苍者则苍，染于黄者则黄。”故“染不可不慎也”。家长只有独善其身，特别是在孩子面前时刻留意，才能有效地减少对孩子无意影响中的消极成分。

为什么事与愿违呢？这就要归咎于教育方法的不当。父母在教育孩子时，囿于自身的思想、文化素质和教育知识，往往会不自觉地走进教育的误区，使教育的愿望、效果不能同步，甚至会走向反面。这就要求我们了解孩子、了解家长。了解孩子是热爱孩子的基础，而了解家长又是了解孩子的一条重要途径。

一、通过多种方式了解家长

只有了解家长，才能确知学生的思想品质，才能对症下药，有针对性地制定措施，培养学生良好的品质。了解的途径很多，归纳起来有如下三点。

（一）家访

这是了解家长的重要途径。家访中，在双方交流情况的同时，教师要切记留心学生家庭、家长的有关情况，如婚姻状况、工作性质、性格脾气、文化水平、思想修养、家教方式、家风家训等，这些与学生思想品质的形成有密切关系，对学生的思想教育工作大有好处。我曾教过一个学生，一年级上学期的成绩很好，下学期成绩直线下降，整天魂不守舍，有时竟三两天不来上课，或者莫名其妙地大哭。经过家访才了解到，原来他的父母正在闹离婚，家庭战争使孩子整天战战兢兢，无所适从而又无可奈何，幼小的心灵只能独自承受来自父母的不幸。了解孩子是热爱孩子、教育孩子的基础。

（二）从学生身上了解家长

这是了解家长的间接途径。教师可利用与学生日常接触、个别谈心等机会，从学生那里了解家长的有关情况。由于这些情况出自学生的切身感受，可信度较高。还可从学生日常行为品质中推测其家长的品质。例如，我们班一个小男孩跟别人打架时，老踢别人的肚子，问他，他说：“我爸爸就是这样教我的。”

（三）利用其他机会了解家长

教师可利用家长会、家长来访、日常接触等了解家长，这样能及时交流情况，增加了解，相互督促。了解家长，还要做一个有心人。那就是及时把得到的家长情况资料形诸文字，记入“家长档案”。这样教师在研究学生的思想状况时，可与家长方面的资料进行对比，找出内在联系，为下一步工作提供依据。

二、通过多种渠道提高家长的教育素质

教师、学校应通过各种渠道给家长施加积极影响，帮助家长提高自身综合素质，自觉克服自身存在的会对孩子产生不良影响的各种因素，为培养家长适应时代变革的新素质创造条件，提高家教水平，优化家庭教育环境。

（一）办好家长学校

家长学校是普及家庭教育知识的有效渠道，是开展家长工作的主要形式，是学校、家庭、社会共同育人的良好途径，也是大面积提高家长家教水平的有效方法。古罗马大教育家马库斯 · 法比尤斯 · 昆体良（Marcus Fabius Quntinlianus）曾说：“只有当父母是受过教育的人，才能关注孩子的教育问题，才能对孩子进行有效的教育。”父母受到的教育，不仅指所受的文化教育，还包括教子艺术的教育。通过家长学校，教师可以根据教育现状、教育规律和学生身心成长的规律，针对学生品质和家教方式中普遍存在的问题，向家长系统地传授良好的家教方式。

我校在办好家长学校时主要做了以下工作。

一是聘请教育专家讲座。讲座时，家长当场提出自己的问题，当场讨论、当场解决，使家长掌握初步的教育学、心理学知识，科学地、有计划地教育孩子，减轻孩子的心理负担，配合学校培养孩子良好的学习习惯、自理能力、创新意识、开拓精神和解决实际问题的能力，逐步改变“管而不教、教而不当、枉费心血、事倍功半”的现象。

二是指导阅读家教刊物。我校家长踊跃订阅了《少年儿童研究》《家教周报》等读物，学校以此为家教内容，切实指导家长读好、用好。例如，上学期的素质教育开放日，针对一些教育的热点问题，班级内展开大讨论，使家长充分意识到培养、提高学生的能力，让学生养成良好的习惯是多么重要。

三是设立家长开放日、开放周。我校还有目的地设立了定期的家长开放日，让家长亲自到学校里、到课堂上和自己的孩子一同上课，直接参与课堂教学和改革试验，使家长对自己孩子的学习情况以及学校对学生的具体要求都有了明确的了解和认识，使自己的家庭教育有的放矢，同时把自己的意见反馈给学校，参与管理，形成更为广泛的社会共识，促进学校工作，有效地促进了家庭教育和学校教育，大大增强了家长的教育意识，增强了学校教育、家庭教育的凝聚力，共同开创素质教育工作的新局面。

四是采取多种多样的教育形式。我校专门刻印了《家长教育行为规范》并将

其发放到每一位家长手中，要求每一位家长学习规范、遵守规范，不断提高自身素质；还把家长教育子女的成功经验和收集、整理、撰写的一些浅显通俗、有实用价值的资料或文章汇集成册，题为《家教园地》，每月一期，印发给家长，供其学习参考。同时，每学期评出优秀家教论文，在《家教园地》或《家教信息》上刊登、发表。

另外，我校还开展了“教子有方”的家庭知识大赛，开辟了“家长咨询电话”“校长信箱”“学校干部家教接访日”等渠道，促进家校沟通。

（二）利用与家长单独接触的机会做好家长工作

由于教师与家长针对的是自己非常关心、朝夕相处的具体的学生，便于对一些具体细致的问题进行研究磋商。一方面，教师可以帮助家长制订详细合理的教育方案，纠正一些不正确的教育方式，提高家教的针对性、实效性；另一方面，教师可根据所掌握的家长情况，适时适当地指出家长的缺点，如随便骂人、不讲卫生、动辄发火、随便打人等，说明这些缺点会给孩子造成的不良影响，让家长明白“己身不正，难于正人”的道理，帮助家长提高自身素质，树立威信。

（三）利用家长教育家长

对家长来说，最有说服力的莫过于身边鲜明生动的事实。一些家长成功的家教成果，可以成为其他家长学习和仿效的典范。教师可挖掘一些在家教中取得成功的优秀范例，利用家长座谈会等家长相聚的机会，让一些家长做经验介绍。家长之间是很容易沟通的，一个家长的成功经验可以在其他家长中间产生无法估量的积极影响。我班的张泰玮同学是一位品学兼优又有多种特长的学生，其父亲在家长会上发表的一篇《为父不难》使众多家长走出教育的盲区，也能用一颗平常心对待孩子，做孩子人格上的兄长、情感上的朋友、文化上的老师、思想上的同事，从而使更多的孩子更好地、和谐地发展。

（四）通过各种方式促进家长与孩子的双向理解

利用感情因素缩小家长与孩子之间的心理距离，消除隔膜和误解，营造融洽和谐的气氛，给孩子一个自由的空间。道理很简单：如果家长与孩子都认为对方不理解自己，家长带着情绪讲，孩子带着情绪听，其结果可想而知。因此，理解和沟通是教育孩子的前提。理解和沟通的渠道很多，具体如下。

一是组织家长与学生辩论会。教师可以从家长和学生中各挑出代表站在各自立场上进行辩论，也可进行换位思考，如“假如我是爸爸”“假如我做错了事情”等，平等辩论不但可以使双方增进理解，还可以使家长发现自身不足，改进家教方式。

二是利用学生行为的反馈作用影响家长。教师可以利用联欢会、晨检、自动化十分钟等时间，在学生中开展“理解父母”活动，如做饭、洗衣、打扫卫生、安排工作、孝敬老人、辅导孩子等，引导学生尊重父母、体谅父母的难处、领悟父母的苦心、消除对立情绪，并在行动中体现出来，在适当的机会指出父母家教方法的不当。父母最大的欣慰，莫过于孩子的进步。在理解的基础上，家长很乐意接受孩子的批评。

三是让学生向父母说说心里话。中国的“家长制”在家庭中占据着重要地位，现在这种现象略微好一些，但仍存在。这种“说”，一般难以口头表达，可以通过书信等书面形式反馈给父母。教师可以选取学生中的一些典型事例，在家长座谈会上读给家长听，也可以把某一学生的心里话传送给家长，形式要因人而异。我校的“轻轻语小屋”为学生和父母搭起了沟通的桥梁。情感的沟通，适度的宽容，为情所动，家长会在理解孩子的基础上改进家教方式的。

良好的家庭教育是促进少年、儿童健康成长的重要一环。一个人最终教育的结果，在很大程度上取决于家庭教育的质量，提高家长的素质和教育水平是提高家庭教育质量的关键，是提高学生素质的重要途径。因此，家庭、学校、社会必须三位一体，通力合作，特别重视家校合作，为下一代的终身发展铸造一把金钥匙，为全面推进素质教育奠定良好的基础。

静待花儿绽放

新学期，我继续接任原班级，不过，今年又多了好几个兵，力量又强大了，自己也是铆足了劲想干得更好。憧憬着与学生像朋友一样和谐相处，与他们一起探究古今。然而，本班的学生可爱又可恨，有时实在是让我措手不及，我的故事就从孩子们讲起吧。

一、班级介绍

提起我们班，“名人”可真不少，花样百出的大个子王涵，霸气十足的小个子夏昭，总想占上风的羽洁……他们不但是班级的名人，而且经常被请到办公室，本级部的教师都熟悉他们，名字熟记在心。这个班从一开始就难管，分班时“问题生”团聚了，加上一批批新转入的，虽然经过了一年的调教有所改变，但“刺头”还是那么显山露水。

二、私下交易

班队会上，孩子们的相互揭发开始了：“天祥花了20元买了玉清的对讲机。”“镇宇买玉清的小手枪花了10元！”“教运买的自动铅笔花了2元。”“学超给承前作业抄，得到了5元。”孩子们七嘴八舌，把班级里孩子们私下进行的交易统统揭发了出来。真没想到啊，我一直强调的不准带玩具到学校，孩子们还是偷偷地带来了，我每次强调的不准带钱，孩子们也悄悄地带了。不深入不知“敌情”啊，今天，我都清楚了。找到记录本，我把账目一一记好了，周五面对家长时该返还的返还，该教育的教育。

深思本次班队会，我收获了许多，同时感到班队会的重要性！不仅可以传达学校教育管理的工作重点，强调一些注意事项，还能在你静听时发现意想不到的事情。教育需要关注细节！

三、雨伞风波

冬天到了，温度始终降不下来，本该下雪的时候却持续下着雨。由于我们是寄宿制学校，所以孩子们事先也没有做好充分的准备，大多鞋子只穿了一双，雨伞也没带。雨下了两天了，面对天空中持续飘洒的雨水和操场上积存的雨水也很无奈，孩子们毕竟得上厕所呀。没办法，只好让孩子们轮流使用班里的几把雨伞，总不能把衣服都淋湿吧。就这样，一批上厕所的回来了，下一批再接过伞去厕所。就在传递的过程中，班里的小洁等了一批又一批，就是没有人愿意把伞传给她……

小洁是班里的强者，从来不吃亏，遇事总是占上风。玩起游戏来也是她说了算，不管你是大还是小，是老还是幼。就这样久而久之，孩子们熟悉了她，摸清了她。在她最需要帮助的时候，她却被孤立了。

我把这一切看在眼里，于是把她叫到了跟前。“孩子，你知道同学们为什么不借你伞吗？”小洁摇了摇头，或许她没有意识到自己的不足。前几天刚刚读的文章《父亲的忠告》里有这样一段话：大家都喜欢爱吃亏的人，不喜欢爱占便宜的人。我适时地拿来对她进行教育，让她意识到自己的不足，从而慢慢地改变自己。她想了想，对我说：“老师，我知道该怎么做了。”看到她醒悟了，我就让天祥把伞借给了她……

孩子成长的道路是曲折的，在他们弯曲时需要我们适时地扶一把、直一直。只要我们走近孩子，我们的教育就是随时随地、润物无声的。

四、“糖”的效用

班里的高鑫忠厚老实，默默地为班级的同学服务：水果盘每次都是她去洗，教室里的废纸都是她在空闲时整理，教室的地面脏了，她会主动去扫，这样的好孩子真让人欢喜。可就这样一个好孩子却偷拿了别人的一瓶钙片放到了自己书包的最底下。我没有严厉批评，只告诉她这样做不对，这种行为不可取，以后不要这样了。可没过多长时间，她又不声不响地拿了班里学生共用的印有“新世纪小学稿纸”字样的稿纸，还告诉同学们，这是从他们琅琊村里的小卖部里买到的。我意识到了问题的重要性，直觉告诉我，必须“洗脑”教育。

对孩子的教育不能挖苦训斥，一种责任感让我对她的教育方式进行了又一次的思考。陶行知可以用四块糖转化一个用砖头砸人的学生，我为什么就不能给她一块“糖”呢？可是究竟给她什么“糖”才能正合其口味呢？我对她说：“高鑫，前一段时间你的表现真的很好，我正想着怎样表扬你呢，可你一而再再而三地做出这样的事情。现在的你就像一棵小树，如果你长歪了，老师就要把你扶正，如果你长出了不好的枝丫，我就要帮你修剪。你能彻底改掉你的毛病吗？”她一直沉默不语，狠劲地掰着自己的手指头。接着我又说："这样吧，我还是想给你一个机会，如果你能改掉，我就让你担任语文小组长，好不好？这是老师对你最后的信任了！"从来没有担当如此重任的她已是热泪盈眶，连连点头。第二周，她的妈妈给我打来电话说："高鑫回家变了，写作业认真了，高兴地告诉我她当小组长了……"

她在之后的活动中悄悄地走近我，拉起我的手说："老师，谢谢你，我做错了还对我那么好，我一定改！"虽然很简短，但我知道她的心思。接下来的日子里，她不但再也没有偷拿过东西，而且每天认真地记录着当天作业的上交情况。

班主任必须细下心来，了解学生，时时关爱学生。只有了解学生，才能在教育和引导学生的过程中做到因材施教，"一把钥匙开一把锁"。关爱是一种信任，是一种尊重，更是一种能触及灵魂、动人心魄的教育。

五、打架事件

力大如牛的阿盛和新转来的坤儿二人格格不入，两个人都不是省油的灯，时不时地打上一架。一天，坤儿满眼泪水委屈地跟我说："阿盛掐我的脖子，打我的头，还骂我没有妈，让全班同学别跟我玩。"确实有些过分，我把阿盛叫到了办公室，他站在我的面前，昂着头，没有半点做错事的样子。我问他："为什么打坤儿？"他拉大嗓门说："他骂我，我揍他活该！""他骂你什么啦？""他不让我玩游戏，让我滚。"一句话气得我半天没接上话，我红着脸说："那好，现在的你也很欠揍，我揍你是不是也活该？"看到我生气了，他扯着嗓门跟我喊起来："是他先说我坏话的！"我没辙了，说："阿盛，这就是你解决问题的本事，出了这个办公室，你再敢打他，以后你别再叫我老师！"我把话撂在那里，一场调解不欢而散，因为我觉得即使我现在给他们调解好了，他们在心底没有接受对方，还是会再打起来的。过后无论阿盛怎样讨好我，我也不理他。一天、两天过去了，他实在憋不住了，主动帮我们办公室搬水、打扫卫生、扔垃圾，下课了帮我拿教科书，给我开门……后来，我觉得处理这件事情的时机到了，于是说："阿盛，你知道我为什么生气吗？你是班里最壮的学生，心眼却比针眼还小，坤儿是新转来的学生，特别想家，难道你们不能亲近宽容地对待他吗？不能给他更多的帮助吗？"听了我的一番话，他拍着胸脯说："放心吧老师，我听你的，我们保准成为好哥们。"之后，他们真的变了，成了好朋友。

从这件事中我也悟出了教师处理事情，把握住"火候"很重要，一味地训斥不但解决不了问题，还会增强学生的敌对情绪。

六、静待花开

一个又一个的故事，讲了这么多，我们班就是一个这样的班级，哪一天不出点什么事，你就会感觉不对劲。他们会不断地闹事惹事，还敢大声地跟你顶撞，搅得班级不得安宁。但在一次又一次的碰撞中，我与他们有了默契，有了共鸣。他们开始拥护我说的每句话、做的每件事，关心着我的一举一动，也开始抢着为班级争荣誉。记得有一次卫生大扫除，孩子们干得很认真，可是没被通报表扬，孩子们很不服气，喊着不公平。我教育他们为班级争光是好事，但应尽心尽力地干好每一件事情，问心无愧。更记得那次的市三好学生评选活动，我们班的班长被选上了，孩子们高兴地说："老师，他们选上了，你的工资就涨高了吧？"虽然是没有的事，但学生还能为我着想，真是难能可贵！运动会上，他们卖力地参加各项运动为班级争得了很多荣誉，我被他们感动着。假期节日里，我会时不时地收到他们的一条条短信："老师，想你了，你也想我吗？""老师，猜猜我是谁？祝您节日快乐！"……哦，原来一切的付出就像在山谷中大喊一样，是有回音的！我用心扶植，在他们需要我的时候轻轻地推他们一把，使苗儿健康成长。我们班的学生就像一朵朵带刺的玫瑰，需要教师的用心浇灌、静静守候，总有一天他们会开出娇艳的花朵。

快乐地看孩子们成长

——班主任工作论坛

不知不觉接收这批一年级的新生已有三个多月了，在这三个月里，和孩子们共同生活总的感觉就是累并快乐着。下面我把三个月里的体会写下来，以便在以后的工作生活中扬长避短，更进一步。

一、养成教育培养的过程要从小处着手、细处着眼

孩子小，还没有形成良好的行为习惯，为规范学生的日常行为，促进学生的养成教育，在这三个月里，我着重抓以下两个方面。

（一）讲卫生

打扫卫生学生是不会的，但如果不让他们干就永远不会，于是我就手把手地教他们。同时，让学生养成良好的卫生习惯，不乱扔纸屑，遇到纸屑要及时捡起来，是为了自己和大家捡，而不是为了加分才捡；如果遇到了纸屑反而不捡，就是比乱扔纸屑更大的不文明，使学生明白乱扔纸屑可耻，主动捡纸屑光荣。

（二）会“走”

一年级学生活泼好动，抬腿就跑。他们了解一日常规和小学生日常行为规范，但在无人监督时他们经常会随心所欲，忘了提醒自己，忘了危险。针对这些，我采取了以下措施。

1. 亲自领学生到各处走一走

练习各种各样的走法，如教室内、走廊内、上下楼梯、两队相遇、餐厅、操场……

2. 安排好值日生

教师要每天过问谁是当天值日生，学生相互提醒，当天值日生要告诉下一个同学明天值日，教师要做到嘴勤、眼勤、腿勤。

3. 监督与奖惩结合

学生的行为表现应与班级红星榜结合起来，激励学生人人参与，从中体会一个达标生应该怎么做。

4．天天日结、每周周结

自查、互查相结合，及时反馈存在的问题，大力表扬优秀的楷模，让小结成为学生期盼的时光。

5．奖惩措施要跟上

对于表现好的同学，可以奖励其再当值日生，当三次值日生的就发给一张喜报；不会走的就让他再走一走、说一说。如果整个班级课间秩序比较好，教师就给学生讲一个聪明、益智故事或诚信的故事等。

经过一个阶段，我觉得学生们会打扫卫生了，他们的积极性很高，各负其责，效果不错；绝大多数学生已形成良好的日常行为习惯，能按照小学生日常行为规范要求自己、约束自己；个别学生需要进一步督促，慢慢养成良好习惯。

二、关爱每个孩子，让他们享有同样的阳光

我们班学生一部分活泼好动，非常乐于接受新事物；一部分比较内向，缺少主动性。同时，由于是独生子女，绝大多数学生的依赖性强、不善于合作。在孩子们的生活学习过程中，我特别注意做好以下几点。

（一）尊重学生人格，真心爱孩子

无论学生多么小，他都是一个完整的人。因此，在课堂上、在学习中，我让孩子们充分发表自己的意见，想说就说，想说什么就说什么；甚至可以在教师讲课的过程中随时举手询问。遇到问题，我们就讨论讨论再讨论，商量商量再商量，发挥孩子们的主动性；等待学生回答，我们就等待等待再等待，耐心耐心再耐心，给孩子充分的思考问题的空间和时间。

（二）面向全体学生，让学生主动参与、人人参与

在教学中，“心会跟爱一起走”，及时捕捉孩子的闪光点，善于发现孩子的细微变化，让每位学生都不掉队；让学生经历知识的发生发展过程，使学生通过自己的活动获得知识。人人主动参与，使每位学生都获得成功的体验，得到不同的发展。

（三）记住自己的任务，忘记自己的身份

教师就是学生的大朋友，是学生学习的组织者、引导者、参与者。在学习中、活动中，我经常会忘记自己的身份，我觉得自己也是一名学生，跟他们一起呐喊、

一起跳跃、一起高兴、一起伤心，不分师生、不分彼此，形成了一种和谐的亲密的师生关系。

在共同生活的三个多月里，我和孩子们一起走过，一起分享快乐，一起抗过忧伤。孩子们渐渐地长大了、懂事了，我也在孩子们不断成长的过程中收获着，虽累犹乐……

批评教育学生也要讲究艺术

我们学校的学生来自四面八方，不同的家庭环境、社会背景、生活阅历，自然造就了学生心理素质的差异。大部分学生在教师的指导教育下，树立了正确的世界观、人生观，学习目的和学习动机是很明确的。但上课说话、抄袭作业、互相攀比等不良现象在班里屡见不鲜。学生在思想上有了误区、在行动上脱了轨，教师就要对其进行教育。如果批评教育的方法得当，就会达到预期的效果，否则会适得其反，使学生形成逆反心理。因此，在这里我针对如何批评教育学生，仅谈自己的一些做法。

一、表扬式

俗语道："数子十过，不如奖子一功。"通过对部分学生的优良行为进行公开、正面的肯定，来暗示和批评违纪学生的不良行为。这种旁敲侧击、声东击西的方式犹如项庄舞剑，意在沛公。

比如，我们班的孙妮和昭雪利用课余时间，自觉做了《ABC测试卷》和《语文数学一点通》里面学过的内容，还找了我批改、请教。于是，我在一个适当的机会面对全班同学对其进行了表扬，奖励了她们每人两朵小花。教师的这番话无疑是说给那些学习不积极、不主动的同学听的。过了不久，就有好多同学过来向我求教，他们听出了我的弦外之音，迅速地投入学习。

二、温和式

平心静气、和颜悦色地指出违纪同学的错误，并恰如其分地给予评价。用和蔼友好的话语使他感觉到你的严肃、对他的责怪与期待，使他感到难为情，有悔之意。

比如，班里的薛胜自尊心特强，存在课外不完成作业、与同学争吵等问题。面对他，我没有急于训斥，而是找他谈心，了解情况，给予真诚的希望与善意的批评，而后语重心长地开导和激励他："爸爸妈妈从东北来到胶南，做点小本生意，挣钱也不容易，为了让你接受最好的教育，把你送到我们学校来。你真应该勤奋努力地学习，将来好好报答父母的一片养育之恩。"这样，既批评了他的不良行为，又维护了他的自尊心，达到了以柔克刚、事半功倍的效果。

三、自责式

通过对自己的“自责”来启发违纪学生，以达到批评和控制不良现象的教育效果。比如，班里的李超上课不专心听讲，注意力不集中，而且不能按时完成作业。我在课下找到他，笑着对他说：“老师讲得不好，也许不合你的胃口，希望能够批评指正，待老师日后慢慢改进。”他领悟到我批评他的意图，咧开嘴笑着说：“老师，不是你讲得不好……”他在惭愧中产生了自责，之后上课时，他的注意力特别集中，回答问题也特别积极。

四、发怒式

马卡连柯曾经说过：“（教师）如果在需要生气的时候生气，就甚至比和颜悦色还更有效力。”漂亮话谁都会说，但只说好话也不行呀。对于那些缺乏起码的自尊心与荣辱感的胆大妄为和屡教不改者，对于那些明知“雷池”偏要“跨越”，明知“禁区”非要“闯入”者，我们就不应该一味地迁就，或者一味地采取温和的批评方式，而应该毫无保留地对其错误予以严肃和尖锐的批评。为了增强批评效果，语调要高昂、语气要铿锵有力，还要辅以严肃的面部表情。这当然是下策，之后教师需要及时做好善后工作，以防出现意想不到的后果。

总之，在不同的场合，对不同素质的学生要采取不同的方法，切忌生搬硬套、一概而论。如果我们对他们的行为没有进行认真的调查，不考虑他们的年龄特点和心理特点，不分青红皂白一顿训斥，甚至冷嘲热讽，不仅会冤枉了他们，伤害了他们的自尊心，打击了他们的上进心，而且会使他们产生逆反心理，对教师产生抵触情绪，甚至会导致更严重的后果。所以作为教育工作者，我们应充分了解学生，把握学生的心理特点，对他们有足够的耐心和宽容，多表达对他们的关心和理解，学生才会敞开他们的心扉，尊重你、信赖你、佩服你、听从你，我们的批评才会掷地有声，我们的教育才会达到预期的效果。

潜心阅读每一本“书”

班主任是学生生命中的重要人物，学生也灿烂了班主任的生命，师生之间是相互磨砺、相互作用而共同成长的。学生是一本“无字之书”，以入微的观察、移情的理解读懂学生，读出学生的生活世界、个性特征，是班主任改变点滴教育，实现自我价值的过程。我在新学期开始，接手了新班，也就翻开了一本本新“书”……

一、用心观察每一位学生的日常表现

接手一个新班，还摸不透孩子们的脾性，孩子们也不熟悉我的教学教育风格，相互之间需要进行很好的契合。因此，我利用课堂、课间、活动等各个时段认真观察每一位学生的具体表现，着重抓学生的养成教育，告诉他们哪些是对的，哪些是错的，使学生懂得什么能做、什么不能做，并告诉他们应当怎样去做，让学生时时刻刻记在脑海中，从班风抓起，逐渐规范自己的行为习惯。我还坚持每天找五位学生谈谈心。谈心时我是特别有目的的，准备好谈话的内容、时间、地点、方式，设定预期的效果。通过观察和谈心，我了解了学生的学习常规表现，了解了学生学习的兴趣、态度，学习的自觉性、积极性，分析问题、解决问题的能力，还了解了孩子的学习习惯、行为举动，更加了解了孩子的家庭情况等。

用心观察每位学生的表现可以把非正常现象消灭在萌芽状态，起到防微杜渐的作用。

二、宽容孩子、焕发他们的勃勃生机

其实，当我们带着满腔的爱心，以一种宽容乃至欣赏的眼光来看待童心的过错，就会发现每一个学生的与众不同之处。允许学生犯错误，允许学生在成长中逐渐改正自己的错误，更是一种爱！面对学生，必须永远充满信任和期待。

接手新班，家长们对我的评价是“老师真温柔”。是啊，不明就里，我怎么敢动怒呢！为了亲近和了解每一个孩子，我努力做一个宽容的老师，学生犯错误时我不会凶巴巴抓住学生的小错误不放，而是谆谆教导，用真情、爱心感化他、宽容他。我想起了学校广播操比赛时发生的事情：赛前我领着学生认真地训练，孩子们都很积极，无论是队列还是做操都非常整齐，体育教师说："你们班挺好的。"带着信心，我们参加了比赛，可是在刚上场喊队列时，带操的体育委员口令出现了错误，当时在旁边观看的我知道这次班里是没戏了，等比赛完走进教室时，全班几乎都在埋怨这个孩子。而且大家的眼睛还不时瞟着我，看我怎么表态，可是我告诉学生："作为体育委员，她已经尽了很多力了，嗓子都喊哑了，为了熟记比赛的程序，回家还训练爸爸妈妈。虽然这次出现了口误，但我们全班仍然应感激她的付出。"听到我的话，孩子们真诚地为她鼓起了掌，而一直在座位上低着头的她也非常开心地笑了。

天冷不是冷，心寒才是寒，愿我的宽容让每一个学生的心都是暖暖的。

三、用心鼓励学生扬起前进的风帆

人非草木，人人有情。一句鼓励的话可以让学生改掉一个小毛病，可以让学生更加尊敬老师，可以让学生更加热爱班集体，可以让学生更加喜欢你任教的学科，尤其是在一个学生犯了错误受到批评之后，更应及时抓住时机进行鼓励，这能让学生找回自信。

华是一个非常不遵守规范的孩子，小毛病特多，内心世界相当复杂，挨老师批评的次数比较多，但他也善于表现，愿意在你面前谈说自己对班级管理的好点子，更愿意在课堂上发言阐述自己的观点，每每这时，我都会不失时机地鼓励他，让他尝到甜头后再关注他的某一个不足，给他提出合理的建议，让他一点点改进。记得期中考试过后的一个周五，家长们来接孩子，华的妈妈对我说："老师真有办法！现在华学习的劲头可足了，作业也不用操心了。"看到了孩子们可喜的变化，我辛苦的付出——值！

四、把"特别的爱"给"特别的学生"

每个学生都是一个鲜活的个体，他们各有特色。而那些学习基础特别差、学习习惯没有形成的学生的内心中往往隐藏着更加强烈的自尊，越是这样的孩子，越需要更多的爱。我平时多与这些孩子交流谈心，把"特别的爱"给予他们，用真诚的爱心消除他们的自卑心理，让他们主动地向我吐露心迹、敞开心扉地亲近我，从而接受教育。

在班级管理中，我对优生、中等生、后进生都一视同仁。我班有几个学生，如宇、昊、君、思等，他们因为接受能力慢，基础太差，又懒惰，完不成作业，成绩非常不好，我怕他们丧失了学习的信心，多次与他们谈心，努力寻找和发现他们身上的闪光点。记得天气冷了，学校给每个班级把奶热好放到大桶里。可是，把整个大桶和奶搬回来的却是思自己！我郑重其事地在全班表扬了他，教育全班同学都学习他、尊重他，使他在情感上得到了安慰，心灵上得到了补偿，扬起了他自信的帆。

学习成绩是暂时的、可变的，而自信心是一个人走出沼泽、登上人生辉煌顶峰的不竭原动力，是塑造成功人生的基石。从那以后，他为班级做更多的事情，也促使他在学习上有了进步。我真是很高兴！由此我感受到老师的幸福就在学生的点滴进步中，即使这进步在别人看来微不足道，我也会依然快乐着！

每一个学生都是一本“书”，仅仅看封面是不够的。要真正认识一个学生，就要打开这本书，从第一页开始看下去，一直仔细看到最后一页，如果书中有错误，你要帮助他修改过来；如果书中有精彩段落，你应该为他喝彩；如果书中出现的是断层，你要和他一起创造新的内容。我正在努力阅读着班级里的四十多本“书”……

倾心育人，塑造灵魂

实施素质教育，就是全面贯彻党的教育方针，以提高国民素质为根本宗旨，以培养学生的创新精神和实践能力为重点，造就“有理想、有道德、有文化、有纪律”的德智体美劳全面发展的社会主义建设者和接班人。可以说，抓好学校德育工作是实施素质教育的关键，是实施素质教育的主要任务。没有德育的教育不是素质教育，学校要把素质教育抓好、抓出成效，就必须把德育工作放在突出位置，这应该成为学校推行素质教育的一个重要指导思想。学校应该如何在素质教育中落实好德育工作，不断增强学生的爱国主义、集体主义、社会主义情感，已经成为学校迫切需要研究的课题。

一、靠“活动”育人

对学生进行思想品德教育，仅靠单纯的说教是无法取得良好效果的。当前，学生的社会接触面较广，获取知识的渠道很多，接受社会各种因素的影响也较多。单靠教师的说教已远远不能适应形势发展的需要，要结合学生的思想实际，顺应社会形式的发展，靠开展各种寓教于乐、丰富多彩的活动来实现对学生的教育和引导。一方面要坚持常规教育。学校坚持利用每周一早晨的升旗仪式，对全体学生进行教育，班级里利用每周的班会以及每天下午的日结及时地对学生进行思想品德教育。另一方面要结合形势进行教育。要充分利用国际、国内发生的重大事件以及即将到来的教师节、国庆节、中秋节等重大节日对学生进行爱国主义、集体主义、社会主义思想教育，使学生逐步形成良好的思想品德和健全的人格。

二、靠“合力”育人

把德育工作局限在学校一方面是不够的，应拓宽德育教育的领域，逐步形成全方面育人的格局。一是应注重强化学校全员德育意识。学校应逐步形成在校长的领导下，以思想品德教师、班主任、团队干部和德育管理人员为骨干，以全体教师为主体的全员德育队伍。全体教育工作者都应自觉做到管理育人、教书育人和服务育人，绝不能把德育工作看作某个学校领导、班主任教师或思想品德教师的事。二是应促进学校浓厚德育氛围的形成。学校不仅要开展好教学研究，更要开展好德育研讨，形成教学研究和德育研讨“双轨驱动”的教育教学新格局，扎实推进素质教育全面实施，造就全面发展的人。学校应制定和实施德育研讨制度，定期召开工作经验交流和德育理论研讨会，结合社会实际和学生心理特点，有针对性地开展德育工作，并形成制度，常抓不懈。三是应构建大德育格局，加强德育阵地建设。学生在学校期间的德育工作由学校来做，而学生放学后、假期中很多时间与社会方方面面都会进行广泛接触。如果学生受到社会上的一些不良影响，学校对学生的德育工作就会失去效果。因此，社会、家庭也应当承担起学生的德育工作。应通过家访、社区教育、校外辅导员教育等多种方式加强对学生的校外教育，为青少年学生健康成长创造良好的育人环境。

三、靠“师德”育人

对学生的教育主要靠教师的“言传身教”。在对学生进行思想品德教育时，最为关键的就是身教。教师要通过自己的实际行动来影响学生，使学生在不知不觉中接受教师对自己的影响。这就要求教师具有高尚的职业道德，靠良好的师德来影响和教育学生应该做一个什么样的人，让学生从教师身上找到答案。一方面，教师本身要严于律己。教师要时刻提升自身的修养，树立自己的形象，让学生对教师产生敬佩之情，从而去学习和模仿教师。另一方面，学校要加强对教师的德育教育。不仅要从制度上加强德育教育，更要通过教师宣誓、评选德育标兵、邀请优秀教师作事迹报告等多种形式加强对教师的教育，提高学校教师的职业道德水平。学校的教师都是职业道德高尚的人，教育出的学生也会是人格健全、道德高尚的人。

四、靠“环境”育人

一是抓好校园绿化、美化。学校应加大对校园绿化、美化的投资力度，在绿地中、操场边、墙壁上挂上名人名言、名诗名句、名画，让学校的每一块绿地、每一面墙壁都会“说话”，都成为学生接受教育的阵地，使学生在无形中接受熏陶和教育，从而形成良好的品德和性格。二是抓好校园文化建设。学校可以成立由学生组成的校刊文学社，编写本校的校刊，进一步促进学生文学素养的提高，形成浓厚的校园文化气息。学校应大力开展读书活动，依托学校图书室、学生图书角等阵地，组织学生广泛阅读精品名著，并定期举办推荐发布会、读书笔记展评、征文等活动，引导学生从书籍中获取知识的营养、接受文化的熏陶。三是抓好校园周边环境的治理。学校应对周边环境进行彻底治理，为学生健康成长创设良好的外部环境。

一个人的高尚情操不是一朝一夕就能形成的，担负着“百年大计”的教育工作者要倾心倾力去塑造孩子们的美好心灵，这使命胜于生命！这责任重于泰山！

让评价拥有魔力

——学生发展的助推器

有一则寓言故事让人深思。其内容大体是这样的：一位农夫住在山坡上，一年四季用两个罐子挑水，其中有一个水罐买来时就有一条裂缝，而另一个完好无损。好水罐总能把水满满地运回家，而有裂缝的水罐回到家时，水就只剩半罐了，因此那个可怜的有裂缝的水罐总为自己的天生缺陷而感到惭愧。主人就对它说："不要难过，在我回家的路边开满了美丽的鲜花，难道你没有注意到这些花只长在你这一边，并没有长在另一只水罐那边吗？这是因为我早就知道你有裂缝，在你这边撒下了花种。每天我们从小溪边回来的时候，从你的裂缝中漏出的水就浇灌了这些花。"有裂缝的水罐听了，舒心地笑了。故事讲到这里，这位农夫的话对我的触动很大，他让有裂缝的水罐丢掉自卑，树立起信心、自尊，从而使其生活充满阳光。

在我们的品德教学中，时常会遇到这样的情况：课堂上不管我们怎样启发引导，总有一部分学生从来不举手回答问题，或者起来回答了，却不尽如人意。面对这样的情形，你会怎样做呢？能否像那位农夫一样，耐下心来寻找他的可爱之处，给他一分信心、一分尊重呢？课堂教学评价是一门艺术，要让孩子学得有信心、有兴趣，评价就要像一股暖流，以鼓励为主，评出自信；以赏识为主，评出兴趣；以尊重为主，评出创新，催人奋进，让学生在教师的信任话语中成长。

一、以鼓励为主，评出自信

英国一个叫克里斯托·莱伊恩（Christo Leyen）的设计师，读来大家也许觉得陌生，300 年前，参加温泽市政府大厅设计时，他经过周密计算，巧妙地设计了一根柱子支撑天花板的方案，可他的设计很快就被当权者否定。迫于种种压力，他只好在大厅里增加四根柱子，可这四根柱子根本就没有与天花板接触。300 年过去了，支撑天花板的仍是那一根柱子。是什么使这位设计师有如此大胆的举动？是自信，有了自信才会有大胆的创新。许多孩子在课堂上不敢举手回答问题，活动不敢参加、作文不会写，缺乏的就是这种自信。以鼓励为主，挖掘其闪光点，充分肯定他们的才气，让他们对自己有百分之百的信心，也许他们就是未来的克里斯托·莱伊恩。

二、以赏识为主，评出兴趣

“兴趣是最好的老师”，少年达尔文的兴趣在于“虫”，兴趣可使他几个小时在地上观察小虫的变化；贝利的兴趣在于“球”，兴趣可使他赤足踢用布做的球。要让学生主动地学，就要让他们对学习产生兴趣。兴趣的培养源于一种成功的感觉，孩子的成功往往源于成人的评价，哪怕是不真实的表扬，对孩子来说也是必不可少的鼓励。

为了培养学生的学习兴趣，我首先对学生的表现做出评价。例如，在作业本上写道：“看了你的作业像欣赏一件作品，美观工整，如果能占对了格，就更完美了。”“你真是个细心的孩子，作业本折了角你能主动展开，比老师想得还周到。”“你的写字书怎么那么干净？你是怎样保护的？真佩服你。”低年级孩子喜欢卡通形象，我就在他们的作业本上画个“笑脸”“苹果”“小西瓜”“五角星”……看到作业本上的评价标志时，他们都会有一种成功的喜悦感，作业就更加美观、整洁，作业本就更加整齐，折角的少了、用不完撕破的少了……

肯定孩子的成功之处，有了成就感，就有了兴趣，学生学习就会劲头十足、热情增加。

三、以尊重为主，评出创新

在品德教学中，注重情感的培养是教学成功的关键，学生对品德学习有了兴趣，才会主动学，才能饶有兴趣地去做，学习才有发展、有进步，良好的品德才能在活动中形成。

在教学《小黄鸡的故事》时，为了帮助学生理解梅梅心疼小黄鸡的心情，唤起对小黄鸡的疼惜，我设计了这样一个问题：“小黄鸡原地打转转，叽叽地叫着，这时小黄鸡可能会说什么？”学生纷纷举手发言：“小黄鸡在说，我饿了，可我的眼睛看不见。”“我也要吃食，我饿极了……”学生的回答让我满意：“多么可怜多么让人心疼的一只小黄鸡……”“让我说，我还有！”孙鹏举着手高声说，“小黄鸡会说，梅梅，不用喂我了，让我死了吧，反正我也看不见。”话音刚落，同学们哈哈大笑，好好的课堂气氛，精心创设的情景，就这样给搅乱了，我哭笑不得。本想一下子否定这个孩子悲观的想法，可这样一来，这个孩子会从此不敢回答问题，或者不愿意学语文，这样做扼杀的仅仅是一个孩子的思维吗？我们不能总是牵着孩子的思路，走进教师设计的一个个圈套中，应该让学生掌握学习的主动权。苏霍姆林斯基说过：“每个孩子都有一个世界，一个完全独一无二的世界。”教师应该让每个孩子的世界充满阳光、充满自信。“孙鹏的回答很有深度，体会到了小黄鸡孤独的内心世界，小黄鸡眼睛看不见，又那么弱小，怎么会不对生活失去信心和勇气？”此时我看到那个孩子满意的笑容，在以后的语文学习中，这样的课堂还会有的，学生的思维是独特的，关键看我们怎么去评价，如果有情的感染、爱的尊重、思的启迪，就会像春风化雨滋润心田，就会扬起学生希望的风帆。

让赞美和着拥抱

“老师，谢谢您！因为您的一句表扬，我的孩子进步很大，真的很谢谢您！谢谢！”

当我看到昭妈妈发来的这一条简短的信息时，深深地被感动了，刹那间，有一股暖流漫过心底溢出眼眶。在繁忙而琐碎的班主任工作中似乎已变得烦躁而冷漠的心被这一行平淡的语言温热。我不曾想过，一句不经意的表扬会让孩子有这么大的震动，一句不经意的表扬会让家长如此感激。原来感动不需要太多的言语，感激也无须轰轰烈烈的事情。只要真心付出，定有真爱流露。

这一条短信让我感慨良多，收获也很多：它让我明白，教育是一门灵巧的艺术，不仅要求教师有爱心和责任心，还要做到把心底的美言送给我们的孩子。不要吝啬你赞美的语言，把对孩子的爱化为一句句善意的赞美，哪怕是一句平淡的肯定，或是一个赞许的微笑和眼神，或是一个夸张的拥抱，也许会让你收获快乐的种子。

作为教师都有这样一种感觉，各班总有几个学生既不勤奋上进，又不惹是生非，对班级一切活动既不反对，又不踊跃参加；虽然学业平平，却不名落孙山。一般情况下，既得不到教师的表扬，也得不到教师的批评，是一些容易被教师忽视“遗忘”的学生。我班的杰同学就是这样一个似乎没有什么特色的学生。在我教他的这段时间里，几乎没太留意他的存在。直到有一天，一件微不足道的小事改变了我对他的看法，好像也改变了他自己。那是一次课间操，由于下课稍微晚了点，学生都急急忙忙地往外挤，我站在讲台上维持着秩序，正好门后面的拖把倒了，学生光顾着挤，好像没有注意到横在地上的扫把。这时，杰同学挤了过来，告诉大家看着点，别绊倒，然后拿起了拖把。我被这一幕感动了，做完操回教室后，立刻在班里表扬了他，并赞美了他关心集体、为他人着想的好行为。此后，我又从几件小事里发现他性格中闪光的地方，并及时给予表扬，使真善美的精神得以激发和升华。渐渐地我发现他变了，上课特别认真，作业完成得很好，学习成绩也有了很大的提高。

不要吝啬对孩子的赏识和赞美，赏识和赞美是开启学生心灵的钥匙，是一种无形的催化剂，能增强学生的自尊、自信、自强。教师的赞美越多，学生就越显得活泼可爱，学习的劲头就越足。怀着赤忱的爱子之心，深入孩子中，了解孩子丰富的情感世界，你就会发现，孩子们脆弱的心灵多么需要教师的热情呵护，教师赏识的眼光、赞美的语言、热情的拥抱……在孩子们的成长中有多么重的分量。

记得热烈而隆重的春季趣味运动会结束了，孩子们在赛场上激烈地角逐，最终以昂扬的志气、完美的合作赢得了级部第一名的好成绩。孩子们欣喜若狂，兴奋地表达着自己的快乐心情……

其实，我早已被孩子们那种积极向上、勇于争先的精神所感动，我快乐着孩子们的快乐，幸福着孩子们的幸福。我让每个参加运动项目的孩子上来，给他们一个紧紧的拥抱，并说上几句附耳悄悄话。一个温情的拥抱、几句暖心的话语给学生带来了别样的感觉。后来，我在他们的日记里感受着“拥抱”带来的心动：

“群山拥抱大地，给这片厚土带来无限生机；蓝天拥抱白云，给片片云儿悠闲自在的空间；老师拥抱着我，给我太阳般的温暖和前进的动力。”（琪）

“难以忘记，老师那温暖而又熟悉的气息。第一次被老师紧紧拥抱，自己竟激动地眼睛都湿润了。此时此刻我只想紧紧拥抱住老师，永不分离……”（峰）

“我不再躲闪老师，忘掉老师所有的威严，老师紧紧地拥抱着我，我也紧紧地拥抱着老师。老师不仅传递给了我爱的温暖，而且那鼓励的话语为我扬起了前进的风帆，老师，我在学习上也会努力的！”（海）

……

一个简单又平常的拥抱，几句贴心的话语，激起了孩子们感情的波涛，给予了他们向上的无尽动力。看来，越是简单干净越是能够打动孩子纯洁的心灵。感动与激情、大气与从容、温暖与深情，都被糅合在爱的拥抱当中。孩子们，就把你的小手给我，再也不要羞涩与胆怯，拥抱在一起，让冬雪融化成哗啦啦的小溪，让花儿感动得姹紫嫣红，让草儿兴奋地展现一片青绿，让世界充满春天的气息！

师爱——竟是如此美丽

一个星期三的早上，我正在办公室里准备上课。突然，一个穿着红色上衣的小女孩推门进来，冲着我说："老师，你班有个学生捡到了我的钱，他不给我。"说着回头指了指跟在她后面的一个男孩，"就是他。"

我抬头一看，是我班的陈智，只见他低着头，翻着两只大眼睛盯着我。陈智给老师的印象是一个上课精力不集中、好动、接话茬、作业经常出错、好惹个小事、让老师操心的学生。"陈智，你捡到了小同学的钱了吗？"我有些着急地问道。"老师，我没捡，那钱是我的。"陈智说着抬起头，两眼注视着我。"你说，他捡到了你的钱，有什么根据吗？"我转过头来对小女孩说，"事情是怎样发生的？"只见小女孩不慌不忙地说："今天早上，妈妈给了我两元买饭的钱，在上学的路上，我一摸口袋，发现钱没了，我看见他在我后面，捡到了我的钱，放在他裤子前面的口袋里，我给他要钱，他不给我，还用我的钱去小卖部买了块橡皮。"我听完小女孩的话，立刻转向陈智，想起他平时的表现，心平气和地说："陈智，你跟老师说实话，你到底捡没捡到她的钱，如果捡到了，你就还给她，老师替你保密，好吗？""老师，我没有捡到她的钱，那钱是我妈妈给我的，让我买学习用品的。"陈智显得有些着急，眼里含着泪，声音很高。

难道是小女孩撒谎？还是陈智做错了不敢承认？我有些疑惑了。但是不管怎样，我一定把事情调查清楚，不能这样简单地解决了这件事。

上课铃响了。我对他俩说："老师相信你们说的是真话，但是，你俩都找证人，证明你说的是真话，好吗？如果知道自己错了，要敢于承认错误，做一个诚实的好孩子。"望着两个孩子的背景，我陷入了沉思。

中午放学后，我顾不得吃饭，立刻给陈智的妈妈取得联系，请她配合一下。

下午一上班，我就接到了陈智妈妈打来的电话，得知家长确实给了孩子买橡皮的钱，特别强调陈智裤子前面根本没有口袋，孩子气得中午没吃饭，请老师还孩子一个清白。"难道是二年级的小女孩在撒谎？"我又找到她的班主任了解情况，请她与小女孩为这件事单独谈一次心，过后，我又一次和小女孩进行了谈话。

下午放学后，小女孩在班主任的陪同下，来到了我的办公室。只见小女孩低着头，声音很低很小地说："老师，钱不是小哥哥捡的，我怕妈妈打我，我就撒谎了……”看着小女孩心诚的样子，我深情地说：“孩子，你知道自己错了，老师真为你高兴，但是你不该说谎，使小哥哥受了委屈，他心里特别难受，到现在都没有吃饭呢……这样吧，明天中午午练时间，你到我班门口走廊，给小哥哥道歉好吗？”小女孩使劲地点点头，但我心里却不是滋味。

第二天中午午练，我把陈智、小女孩，还有几个看到的同学叫到一起，小女孩流着泪当着大家的面向陈智道歉，陈智竟很大度地说：“没关系。”我对大家说：“这件事陈智是清白的，小同学不该撒谎，老师希望大家今后都做一个诚实的好学生。”

第三天，我收到了陈智写的一篇日记，其中写道：“老师，谢谢您，您是一位好老师，是您还了我一个清白，让我体会到了您对我的关爱，我今后一定改掉我身上的缺点……”

几天后，在楼梯口处，小女孩看到了我，远远地跑来，羞怯怯地对我说：“老师，您好，谢谢您！我会做一个诚实的好学生。”说完就跑开了，我望着她的背影，心里快乐极了。我抬头望着湛蓝的天空，飘着几朵白云，是那么纯洁。我不禁想到，师爱，竟是如此美丽。

作为一名教师，要时刻从“以人为本，为了学生终身发展”的理念出发，怀着对学生深深的爱，体现在学习生活中、点点滴滴小事中。这个成功的案例给了我们这样的启示。

第一，师爱是教育成功的前提。人的素质一般包括自然素质、心理素质和社会素质三大部分。其主要内容包括学会做人、学会学习、学会健体、学会审美、学会劳动、学会健心和学会创造。而教育学生学会做人则是素质教育的首要任务。教育的对象是人，教师要教会学生做人。这就要求教师热爱学生、关心学生的发展，做学生的良师益友。在教育学生的过程中，教师要对学生充满爱。法国教育家让－雅克·卢梭（Jean-Jacques Rousseau）说：“只要真心实意地爱学生，才能精雕细刻地去塑造他们的心灵。”没有爱就没有教育。这个成功的案例就是通过教师的爱，教育学生做一个诚实的人。

第二，师爱讲究艺术。教师对学生的爱是理解、信任、尊重、鼓励，是一种能触及灵魂的教育过程。这就要求教师在教育学生的过程中讲究艺术。

首先，要保护学生的自尊心。教师在点点滴滴的小事中，要注意调控自己的教育行为，不要感情用事，挫伤学生的自尊心，要给予学生理解和爱。案例中的小女孩知道自己撒谎是不对的，教师没有公开批评她，给陈智道歉也是秘密进行的，这样就保护了小女孩的自尊心，使她幼小的心灵没有受到伤害，在教师和风细雨的教育下，改掉了自身的缺点。

其次，要用发展的眼光看待学生。案例中的陈智在教师眼里并不是一个好学生，教师在听完小女孩的解释后，并没有凭经验、凭对学生的印象直接下结论，而是做到“没有调查就没有发言权”，避免了对学生造成心灵上的创伤。同时，教师用一种发展变化的观点对待学生，对学生做出了全面、正确的评价。

教师给学生的爱，应该像母亲那样细腻而温柔，应该像父亲那样广博而深沉，让每一个学生在成长的道路上沐浴着的都是温暖的阳光。

拓展教材外延空间，培育学生健全人格

《品德与生活》《品德与社会》不同于其他学科，其教学的主要目的不在于教会学生书本知识，而是通过学习课本知识，着力引导学生养成良好的行为习惯，培养学生健全的人格品质。基于此，教师就不能“跑”课本，而要把主要精力用于拓展教材外延空间上。

《品德与生活》《品德与社会》教材本身的开放性极强，在教材设计上给教师和学生留有很大的思考空间和交流空间。教师必须想尽千方百计利用好这些空间。在知识空间上，可以将《品德与生活》《品德与社会》教材与地方课程、校本课程及其他学科有机结合，使教材的功能得到拓展；在活动空间上，可以从学校扩展到家庭、社区及学生的其他生活空间；在时间空间上，可以从课堂延伸到学生日常生活的一切时间。如何对教材在知识、活动、时间、空间上进行拓展，不仅是教师良好素质的体现，更是新课程标准的目标要求所在。

《品德与生活》《品德与社会》教材本身的生活性极强，采用了大量的、学生感兴趣的画面，设计了许多由儿童直接参与的主题活动、游戏和其他实践活动，这些内容都是教材编写者通过大量的实践，从儿童成长历程中提炼而来的。而在运用教材上，就必须使这些源于儿童生活的画面重新回归到儿童现实生活中，让儿童在实践过程中进一步加深对课堂知识的认知。这也是一个由理论到实践、由实践到理论的辩证过程。离开这一过程，教材的编写与应用会出现脱节问题，必然背离教材编写的初衷。因此，如何拓展《品德与生活》《品德与社会》教材的外延空间，主要研究以下几个方面的内容。

一是研究如何拓展知识空间。发挥教材本身的优势，让学生在体验中感受道德冲突、感悟道德选择，实现自我的、主动的教育，这是最起码、最基本的要求。但这些对学生行为习惯的养成和健全人格的培养还远远不够，必须结合学校、学科、地方和学生的特点，认真分析研究，积极探讨拓展教材知识空间的途径，让学生以更广阔的视野观察世界，逐步构建起自己的人生观、价值观和道德判断能力，为将来成为具备参与现代化生活能力的社会主义合格公民奠定基础。

二是研究如何拓展活动空间。教材的编写是以儿童生活为基础的，但并不是儿童生活的简单翻版，教材的教育意义在于引导儿童在实际生活中遵守道德准则和行为准则。从这个意义上讲，将《品德与生活》《品德与社会》教育由学校拓展到家庭、社区等学生的一切活动空间是十分必要的，使源于儿童的教材内容重新回归到学生的生活实践中。如何实现活动空间的拓展也必将是课题研究的重中之重。

三是研究如何拓展时间空间。学生在校外的时间要长于在学校接受课堂教育的时间，仅靠学校的课堂教育，就会产生“5+2=0”的教育现象。因此，应探讨拓展时间空间的途径，将《品德与生活》《品德与社会》的教育效果延伸到学生生活的每时每刻，使他们持续受到道德和行为习惯的约束，逐步形成健全的人格。

四是研究如何拓展教学模式。教材的编写以丰富多彩的活动为主要内容，强调寓教育于活动之中。但教学活动在内容上既要依据教材又不能拘泥于教材，教师要善于从儿童实际生活中捕捉有教育意义的内容，或与儿童合作选择内容，或利用儿童自己的选择来组织活动。教学活动在形式上应根据具体目标、内容、条件、资源的不同，因地制宜、因校制宜选择不同的教学活动类型，让课堂活起来，让儿童能够生动、活泼、主动地学习，身心健康地成长。

《品德与生活》《品德与社会》课前的扩展、课后的延伸活动不仅必要，而且能在真正意义上实现新课程理念，真正丰富教学、丰富学生生活体验。我们在教学实践中，主要做了以下几个方面的工作。

一、课前做好活动准备

在教学中，必须重视课前准备活动，有的放矢地引导学生积极主动地参与学习，从而丰富学生的感知，为课上学习打下基础。我们主要通过以下几种形式引导学生进行课前预习。

（一）查阅、收集资料

课前让学生收集与主题活动有关的图片、文字、音像、数据等资料，建立学生的多维认知表象，既有助于加强感性体验，又培养了学生收集、处理信息及探究学习的能力。例如，在开展“《好大的一个家》——我知道的民族”这一主题活动前，考虑到绝大多数学生为汉族人，缺乏对少数民族地区的感性认识，因此引导学生通过请教父母、查阅书报、上网等多种途径收集有关少数民族的资料，鼓励学生与他人合作获取信息。学生都能积极参与，收集了各种图片及文字资料。在查阅收集的过程中，学生从不同角度认识了民族文化的丰富多彩，为课堂上同学之间的交流展示、资源共享做了充分的准备。再如，在“我们生活的地方”这一单元施教前，要求学生收集家乡的风景名胜、现代化建筑的图片及文字资料。在收集的过程中，欣赏了家乡的美景，自我感受到家乡的变化，同时激发了热爱家乡的情感。可见，课前查阅收集资料是新德育过程中的一个重要环节。

（二）调查、参观、访问

课前让学生深入生活、接触社会，对所关注的问题进行调查，通过参观、访问等体验活动，增强学生的感性认知，帮助他们领会有关的思想观点和道德认知。例如，开展“节约用水、保护环境”这一主题活动，引导学生调查家乡的水资源，调查小辛河受污染的情况，并写好简单的调查报告。在调查过程中，让学生自我体验，感悟水资源的珍贵，树立节约用水的意识。又如，开展“节约用纸、保护森林”这一活动，我们带领孩子们参观了黄岛区海王造纸厂，了解纸的生产原料及生产过程，并让孩子们调查全班同学一天的用纸量、每个同学家庭每天的用纸量，围绕学生的生活来组织活动。在参观、调查活动中，“节约用纸、保护森林”的观念一点一滴地渗入学生心中。再如，学校组织的“消防交通安全知识讲座”“卫生健康科普讲座”“科普教育报告会”等大型专题讲座中，学生受到的社会教育远比书本知识深刻得多。

课前的活动准备为课堂教学活动的开展做了必要的铺垫，达到了事半功倍的效果。

二、课中利用媒体拓展延伸

我们还利用多媒体打破时空的界限，拓展孩子们的生活空间，从而使他们开阔视野，增长见识。例如，开展“春天在哪里”这一主题活动时，第一课时我先带孩子们在校园里找春天。第二课时我找了一盒专门介绍大自然中“春天的美景”的录像带让孩子们欣赏，这样就打破了空间地域的界限，孩子们在“游览”“欣赏”过程中，仿佛身临其境，情不自禁地发出“呀！”“哇！”“桃花好美呀！”等赞叹声，在短短几十分钟内，他们欣赏了春天的美景，找到了大自然中的春天，热爱春天的情感自然而然产生了。

三、课后开展自主实践

（一）在日常生活中延伸

一节品德与生活（社会）课的结束，并不是探求知识、情感体验、道德实践的停止，应该是学生实践的开端。我们应该巧妙地引导学生把课堂上的学习热情向日常生活扩展延伸。例如，开展“我是家里小主人”这一活动，主要是教育学生孝敬父母长辈，要做一些力所能及的家务活来减轻家长的负担，孩子们在课堂中都抢着说自己会做这会做那，可是在家里是否坚持做呢？让学生自己提出目标、拟订行动计划，可以产生一种强有力的动机，使他们克服完成既定任务的道路上所遇到的困难和障碍。于是，我们引导学生根据家庭生活的实际情况做一些打扫房间、倒垃圾、洗碗、浇花等具体事务，让学生自己制订家务劳动计划，并让他们转给每位家长一封信，请家长指导学生学做家务，并督促孩子长期坚持下去，每天对孩子的表现进行评价。活动初期，学生的兴致较高，后来慢慢有所松懈。为此，我们又利用每周最后一节品生课，评出“爱劳动之星”，这样大大激励了学生，使其良好的行为在激励中慢慢养成。学期末，从对学生的调查反馈情况看，全班46位同学基本上能按照自己的计划完成家务劳动。学生在日常学做家务劳动中，获得了对家庭生活的真实感受，渐渐地养成从小爱劳动的良好习惯。再如，在开展“种下一粒籽”活动之后，让学生亲自动手种种子、培育小苗等，全面了解种子发芽、植物生长的基本条件，并写好日常观察日记。孩子们通过每天养育小苗苗的生活实践，培养热爱劳动、珍惜粮食的情感，养成动手、动脑、认真观察的好习惯。又如，我校是寄宿制学校，一周五天的学习生活都要由学生自己来做，自己洗漱、自己整理床铺、自己吃好一日三餐等。学生从踏入校门的一刻起，都在努力提高自身的自理能力，在学校组织的内务整理活动比赛中，学生们精干利索的动作常常引来观众和评委的阵阵喝彩。

也就是说，我们要让教学走进儿童的生活，有意识地把儿童带回到真实的日常生活中，让学生们通过亲身经历得到不同的收获和真实感受，从而自觉规范自己的行为，养成良好的道德品质。

（二）在班队活动中延伸

《品德与生活》《品德与社会》教材只是给我们提供了一个可借鉴的学生德育文本资料，是活页的、可让教师和学生随机取用的教育素材和话题。因此，我们必须走出教材，结合班级学生的生活实际和学习需要，重组教学内容，进行品德教育课外实践。例如，一年一度的“三八”妇女节来临之际，也正是我们开展德育教育的大好时机。我们利用班队会的时间开展了“母亲——我爱您”的纪念母亲节主题活动，让孩子们学会感恩，并在这个特殊的节日里为妈妈做一件事，通过真实的体验和感受，让孩子真正体会母亲的艰辛，从心灵深处去感受沉甸甸的母爱。此外，学校的晨会课、自主化十分钟、队活动等也是对学生进行道德品质教育的最佳时机，我们紧密结合品德教材内容的某个话题，开展了“走进长征，感怀英烈”“感恩教师节”等丰富多彩的活动，捕捉教育的最佳时机进行品德教育，收到了良好的教育效果。

（三）在主题活动中延伸

利用灵活多样、生动活泼的活动形式来演绎《品德与生活》《品德与社会》的教育主题，能激发学生的兴趣，调动学生求知探索的积极性和主动性。学生在一系列的主题活动中反复体验感悟，不仅有利于学生内化道德认识，而且能激发学生的生命活力，促进学生自我发展。例如，教学品德与生活第三册《这类事，该怎么办》后，我们组织学生开展了诚实故事会、办“诚实守信”手抄报、“诚实的小鹿”课本剧表演等一系列活动，对促进学生的品格发展具有重要意义。

四、注重向家长宣传，实现家校良好配合

《品德与生活》课程源于生活又体现于生活，它对学生的引导是通过学生的日常生活体现出来的。同时，本课程需要收集与整理大量的资料，对低年级的学生来说，仅靠自己与学校是不够的，需要家长的大力支持与配合。我们在家长学校中积极向家长宣传《品德与生活》《品德与社会》课程改革理念，宣传《品德与生活》《品德与社会》课的目的与要求，积极取得家长的理解与支持，在家庭中帮助学生查找和整理资料，帮助学生完成生活中的体验。例如，开展“美丽的秋天”活动时，为了让学生认识秋天、感受秋天的乐趣，我们让学生的父母利用双休日带孩子外出活动，认识各种各样的花草树木，找找秋天的足迹。在家长的帮助下，很多学生带来了颜色不同、形状各异的落叶，有的还做出了很多漂亮的树叶贴画和树叶标本。作为课程资源之一，家长的发动与配合对我们学校的《品德与生活》《品德与社会》课程实验起到了积极的推动作用。

总之，《品德与生活》《品德与社会》课的课外扩展延伸活动不是上一节课、布置一次作业或开展一次活动，而是有意识地指导学生在生活实践中学习、养成

道德品质的具体系列行为。因此，学生的教育总是与学生的课内外活动并行着，思想品德教育也必须在活动中展开，逐步内化成学生的自觉行为，并在日常生活中显现出来。《品德与生活》《品德与社会》课的活动教学把课内外活动作为学生学习和发展的基本途径，使每个学生都参与到教学活动之中，重视的是学生良好品德和社会性的发展，帮助学生打好“两个基础”，即为儿童形成积极的生活态度和实际的生存能力打下良好的基础，也为他们在价值多元的社会中形成健全的人格和正确的价值观、人生观打下基础。

童心飞翔的天空

语文教学改革的不断推进极大地冲击了传统的教学观念，教师的课堂教学行为从未像今天这样被“革新”，学生这一主体也从未像今天这样被“激活”。在实践中，我体验到了师生共同成长的快乐，学会了走近学生，倾听他们心灵的自白、感受他们情感的变化、欣赏他们点滴的进步、期盼他们健康的成长；我感受到了建立民主、和谐、平等的师生关系对教学活动产生的积极而深刻的影响，它会使教师在愉悦的心境下教，会使学生在轻松的环境中学。因此，我在语文教学过程中认真领会、贯彻新课改理念，转变传统的课堂教学方法，把课堂变为多边互动交流的平台，使课堂成为孩子们童心飞翔的天空。在那一堂堂放飞童心的课堂上，出现了一个个意想不到的、值得珍藏和回味的精彩片段，我用心记录了下来，与大家交流、共勉。

意外而经典的语文课堂

有一天下午，没有语文课，而有一节品德与生活课。伴着上课铃声，我来到了教室。数学老师还在班里，她刚刚告诉了孩子们下周五去春游。孩子们听到这个消息欢呼雀跃，七嘴八舌地说着。有的拍着桌子大声喊：“太好了！太好了！”有的与同桌商量带什么好吃的……教室里吵声一片，任你怎么喊也无济于事，只有眼巴巴地望着这些只有七八岁的孩子。突然，我的脑海里闪现出《读读背背》中的成语——欣喜若狂。于是，我把它写在了黑板上。孩子们安静了下来。我说：“此时你们的心情就可以用欣喜若狂来形容。那么，你们知道生活中还有什么情况可以用欣喜若狂来形容呢？”

想了片刻之后，泰玮高高地举起了手，他说：“我从电视上看到申奥成功的那天，人们激动得欣喜若狂。”泰玮知道的可真多，灵活运用得不错。

飞月说：“老师，当你告诉我这次语文小测试我考了100分时，我真是太高兴了，能不能用欣喜若狂来表示？”对一个渴望成功的孩子来说，100分就足以让她欣喜若狂了。

文琳说：“老师，我顺利地拿到了古诗大王的奖状，我感到欣喜若狂。”这对一年级的小学生来说，背过40首古诗也是不简单的事情，谁又能说不是呢？

“老师，我爸爸也有欣喜若狂的时候！”班里的“小精灵”昌鹏迫不及待地说，“每次看球赛时，只要中国队进一个球，爸爸就会兴奋地大叫，然后抱着我转来转去。”

这堂课可以说是一堂意外而经典的语文课。说它“意外”，是因为这堂课不是语文课；说它“经典”，是因为这堂课是为了尊重学生、不压抑学生的情感而灵活设计的短小的语文教学片段。这随机设计的语文教学片段使抽象的成语在孩子们的脑海里鲜活起来，同时使一度混乱的课堂秩序得到及时调控。试想，如果我采取生硬的手段把学生制止住，按部就班地将这堂品德与生活课上完，效果又会怎样呢？

和谐而独特的心灵体验

课堂上，只要环境、气氛和谐了、活跃了、轻松了，就能激活学生的思维和想象力，就有可能出现富有活力、富有创意的对话。我在教学《蘑菇该奖给谁》一课时，课前顺着学生的思路营造了轻松愉悦的氛围，课堂上学生的回答五彩缤纷，教学获得了意想不到的效果。

《蘑菇该奖给谁》文本的观点是，蘑菇应该奖给小白兔，因为小白兔敢于和高手比。有的学生并不同意这个观点，认为课文里的小黑兔和乌龟比赛，跑在了所有乌龟的前面，他比龟兔赛跑中的那只兔子的表现要好多了，它没有去玩耍，也没有在大树下睡大觉，而是一心一意地向前跑，并取得了第一名，所以大蘑菇应该奖给小黑兔。还有的学生认为，事前又没有规定要跟谁比赛，这不公平。到底谁的意见对呢？此时，我也无法断定，于是大家就展开了讨论。在讨论的过程中，学生各抒己见，畅所欲言，彼此交锋。学生的心扉敞开了、个性张扬了、创新的潜能发挥了。

新的教学理念告诉我们，教师的职责是用教材来发展学生的思维，张扬学生的个性，激发学生的创造活力。这一堂课，我尊重了儿童的独特体验，即使意见与本文不同又何妨？

巧妙而睿智的交流展示

在教学《蚂蚁和蝈蝈》一文时，我随课文的情节设计了一个拓展练习：蝈蝈笑话蚂蚁是傻瓜，你也这么想吗？那么蝈蝈听了你的话，明年夏天会怎么做？请你想象一下，说一说。

孩子们思考片刻之后，便纷纷举起了小手：“蝈蝈是傻瓜，它料想不到冬天会是怎样的下场。”“蝈蝈只想到眼前的舒服，却想不到冬天的又冷又饿，所以它才是傻瓜。”“第二年夏天到了，一只老蝈蝈把大家召集在一起，给每只蝈蝈分好工，它们也像蚂蚁那样勤劳地工作着。”“蝈蝈们没有在大树下休息，而是有的背粮食，有的拉粮食，个个忙得满头大汗。”……听着孩子们的话，我不禁心头一颤，语文学科本来就有很强的主观性，我怎能忍心束缚孩子们的思维呢？在他们振起想象的翅膀时，应该给他们表达的机会，让他们尽情地叙说，放飞他们的思维。

给孩子一个展示的机会，即使他们做得不够好，也要让教师的信任与宽容伴着他，让创新的种子萌发幼芽。

在语文课改如火如荼的今天，我们应该迅速地转变观念，使语文课不再咬文嚼字。教师的亲和、师生的平等，会使学生心情愉悦；教师的耐心、教学的艺术，能让学生忘我学习。新课改让我们明白了上课不仅是传道授业解惑，更是教师与孩子分享成长的快乐、分享童心童趣的生命活动。我们的语文课应该成为美与和谐的向导、爱与感悟的舞台。

幸福像花儿一样绽放

“老师，我可以亲你一下吗？”

运动会的间隙，我正坐着休息，她低垂着头，悄悄走到我身边，扬起红扑扑的小脸蛋，眼睛里充满了羞涩和期待。边上的同学们都轻轻地聚拢过来，偷偷望着我。

“好啊。”我微笑着把脸伸过去，眼睛里满含温柔和鼓励，心里的花瓣如同微微四散的丝绒，静静地张开，空气中都似乎散发出阵阵幽香，沁人心脾。

“亲一个吧！”她闭上眼睛，用稚嫩的嘴唇在我的脸上很轻柔地亲了一下，我甚至能感觉到她脸上的绒毛。

几秒钟，恍如隔世，幸福的感觉在心里像花儿一样绽放了。

诗人臧克家说：“一个和孩子常年在一起的人，她的心灵永远活泼如清泉；一个用心灵温暖别人的人，她自己的心必然感到温暖。”花儿感谢阳光的照耀，草木感谢雨水的滋润，我感谢孩子们使我成为这个世界上最幸福的老师。

当年的我义无反顾地选择了师范专业，憧憬着有朝一日站在讲台上，对着一双双求知的眼睛，用一支粉笔点拨求知的迷津，用一块黑板指点通向理想的道路。现在的我知道做教师很辛苦，披星戴月含辛茹苦，付出了很多很多，其中的风雨坎坷每位教师都有深刻的体会。

但我也认为做教师又是幸运的、幸福的，也深深感受到了这种幸福。每天带着晨露的气息，沐着朝阳的新辉，感受着同事们亲切招呼的情意，学生们热烈问好的尊重和爱戴，感受着校园翠绿葱茏、姹紫嫣红，倾听着熟悉的上课铃声，夹着课本，走上讲台，面对一张张渴望知识的小脸……这是多么美好的一天啊！

让我感受最深的是师生之间的这种情意。教育是一门艺术，一门包含着爱心、智慧、宽容、感恩的艺术，我付出了所有的真情，收获的是学生对我的爱，享受的是教育孩子的幸福。

用爱心去感染孩子。当一个好老师最基本的条件是有一颗对学生的“爱心”。苏霍姆林斯基说过，“我把整个心灵献给孩子”。离开爱，一切教育都无从谈起。爱当然不能取代教育，但教育必须充满爱心，教师对学生真挚的爱是我们感染学生的情感魅力。我对学生的爱是发自内心、无微不至的：见面亲切的问候；天冷了该加衣服的叮嘱；考试没考好别气馁的安慰；心情不好时的交流；生病时赶送医院的忧急……爱在平时，就在细微之处。而学生同样报我以真诚感激和深深爱戴之情：认真学习的态度、渴望知识的目光、节日收到的他们制作的贺卡、一朵玫瑰、亲人逝世后对我的私诉……除了感动，还有欣慰，也更坚定了我对他们的爱。

用智慧去引导学生。面对一个个孕育着新思想的小脑袋，高谈阔论是无法解答他们对世界的困惑的，漫无边际的说教也是无法满足他们内心对知识探索的需求的。因此，在学习上，我坚持用英语组织课堂教学，营造良好的课堂气氛，语言简洁明了，线索清晰，层次分明，言简意赅，激发学生的情感，使他们产生愉悦的心境，引发学习兴趣，以智慧的方式驾驭知识和展现知识，提高他们的学习效率。在社会认识上，与他们一起交流对一些名人伟士的看法以及自己曾经的感受，让学生在伟人的智慧闪光中去感悟，以获取和完善辨别是非的能力，抵御外界诱惑，树立健康的世界观、人生观、价值观。

用宽容去理解他们。孩子们正在成长，正在尝试人生、品味人生。我们教育他们时一定要宽容成长中的过错，给他们反味和领悟的时间。理解是宽容的前提。曾经的我也是一个学生，也有许多这样那样的过错，“理解万岁”一直是我记忆中最大的内心渴望。而我现在作为一名老师，要让他们亲近我、接受我的观念和思想，必须让学生感受到我是一个宽容的人，我能理解他们，只有这样，他们才有机会靠近我，在我的帮助下战胜成长道路上的各种挫折，朝着正确的方向健康成长。

用感恩去点醒他们。都说现在的学生缺少情感，不知感恩，不珍惜现在的生活，更不明白他们为什么要读书、要做什么样的人。有一次我给几个同学讲了个《妈妈爱吃鱼头》的故事：一个小女孩幸福地和妈妈生活在一起。小女孩爱吃鱼，妈妈给她做鱼吃，可每当吃鱼时，妈妈总是将鱼最好的那部分给她吃，把鱼头留给自己。妈妈说她爱吃鱼头。女孩长大后也成家做了妈妈，当她给自己的孩子做鱼吃时，她不自觉地也像当年妈妈一样将鱼最好的部分给孩子，将鱼头留给自己。这时她才终于明白为什么妈妈爱吃鱼头……讲完这个故事，他们的眼睛都红红的，我不知道他们是否理解了我讲这个故事的真正用意。后来一个孩子的奶奶对我说，他的孙子现在不怎么贪玩了，知道体贴父母、问候长辈了，渐渐开始懂事了。我想他们肯定会用一颗感恩的心去面对世界，体贴父母长辈，爱戴老师同学，用一颗善良的心去对待身边的一切，怀谦虚之德去读书，用敬畏之心去做人，做一个对得起父母、对得起社会、对得起国家的人。

用一颗爱人的心、一双智慧的眼睛、一种宽容的心态去创设一个富有诗意的课堂，让学生学会感恩、好好学习、天天向上，这是一件多么幸福的事啊！

轻轻拢过来的同学们，看着她亲吻了我的脸，望着我的眼神中都充满了幸福和渴望。我知道，只要我愿意，敞开怀抱，他们都会打开心扉向我跑来。他们纯洁的心、圣洁的情、深厚的意，净化了我的心灵，激起了我对教育事业深深的爱，我真正地体会到了一个教师所有的幸福和快乐。无论外面的世界多么精彩，我还是喜欢默默在校园里耕耘，教育着孩子们的心灵，坚守着这世界上最幸福的事业。

让梦想在知识的芳香里开花

——赴南京师范大学学习有感

那些天，炎炎烈日的炙烤，地上的湿气弥散在空中；那些天，知识风暴的来袭，头脑经受着一场场洗礼。有幸成为学校赴南京师范大学培训的骨干教师，短短为期一周的培训，聆听了多位专家的精彩报告。尽管他们的年龄不同、风格不同、所讲的内容也不同，但每堂课都是那样的精彩，每堂课都是那样的深入浅出；他们以鲜活的案例、丰富的知识内涵及精湛的理论阐述，给了我强烈的感染和深深的理论引领。在倾听中，感叹于他们思维的敏捷、语言的风趣饱满、独特的教育视角、丰富的教育经验……

他们对教育的解读、对工作的执着、对生活的热爱、对学生独特的感悟，激起了我内心一次次的波澜，触及了我的灵魂深处。我禁不住问自己：做什么样的教师才能适应现代教育的发展？怎样做一名优秀的教师？从他们身上，我学到的远不只是专业知识和做学问的方法，更多的是他们那种执着于教育事业，严谨勤奋、潜心钻研、尽心尽责的热爱工作、热爱生活的高品位的生命形式。作为一名学者，他们那闪光的人格魅力令我震撼！促使我站在更高的层次上反思以前的工作，更认真地思考以后的教学道路。那就是仰望星空，为梦想插上飞翔的翅膀；脚踏实地，让梦想在知识的芳香里开花。在这里，我把印象最深的记录下来，给自己留个纪念，愿我也能拾级而上。

一、教师要理解学生、尊重学生，引导学生实现自我教育

南京芳草园小学郭文红老师的报告诙谐幽默、惹人发笑，教育的智慧尽显其中。听郭老师的报告更像是听她的单口相声，大厅里笑声不断。郭老师之所以讲得如此收放自如，得益于她那一个个发人深省的小故事，而那不仅是一个个小故事，它们都被郭老师赋予了教育意义，而且是那么的润物细无声……

学生是具有独立人格的人，他们有自己的兴趣、爱好、要求和愿望。智慧的教师要把自己当成学生，把学生当成小一号的自己。对学生说话大声喊叫是不尊重，是缺乏文明的表现。在大声喊叫中，会丧失真正的人所常有的情感，会使儿童的良知变得迟钝麻木。要音量适中，尽可能蹲着和学生说话，用商量的口吻提

出建议，并让学生明白这样做的理由和益处，这时学生会自觉地按你的要求去做。尊重学生，要接纳学生的错误，不要用相同的尺度去衡量所有学生，应给予他们更多的独立和自由。“真正的教育者，对犯错的学生也有督促、有强制、有逼迫，但他做这一切的时候，永远不会扑灭儿童心中那一点宝贵的火花——要成为一个好人的愿望。”这份春风化雨的工作，需要我们理性、公平、智慧地对待学生，关爱和接纳每一个孩子，让他们感受到教师对自己的关注、喜爱、鼓励和支持，从而唤起他们努力成为一个好人的志向。

小泰迪的故事在网络上很火，引人深思。在我们的视野里，就有泰迪这样的“丑小鸭”，他们或是调皮淘气，或是反应迟钝，他们不时地给我们制造麻烦，让我们难堪，令我们厌恶，但要知道，只要我们关爱他们，他们都可能变成美丽的“白天鹅”！教师的幸福在哪里？那就是学生比你更成功，能把你深深地埋在心坎里。教师的幸福需要静静地守候、耐心地等待，每一个学生不就是一朵千瓣莲吗？不要强制让孩子开花，他的孕育是长久的，等到花开之时，一定会有别样的美丽！

二、教师必须多读书，丰富自己的知识、提高自己的修养

新时代、新课程要求教师树立终身学习的目标，秉承终身学习的教育理念，以适应教育改革的浪潮，实现自身的可持续发展。

教师需要的不仅是专业知识，更需要渊博的、广泛的多方面的知识和教育的智慧。我们要改变的是过去教师的形象，要做一个有智慧、有爱心、让自己快乐也要让学生快乐的人，要想让自己的课讲得更好，更加吸引学生，就必须提高自己的个人素质。

教授的一个个独特观点引起了我深深的思考，我们在面对学生时，过多关注的是学生的成绩，学生在繁重的学业负担下似乎也变得麻木，没有动力，如果我们能让学生感受到他今天的努力就是明天获得美好生活的能力、拥有幸福的能力，那么学生就会更多地发挥他们自动自觉的一面。只有课堂上的生动语言和有深度的提问才能吸引学生，激发学生的学习兴趣。只有提高了自己的文学修养，才能讲出生动的一课。那就必须耐得住寂寞，沉下心来，去读一些书，一些有用的书。“一本好书，就是一个好老师！”博览群书、取之所长、为我所用，用到教育教学工作中，使教育工作如虎添翼，更上一层楼。

三、克服职业倦怠，成就自己的职业幸福感

她既未获得特级教师的头衔，也不是一位赫赫有名的教师，但她成就了一批批孩子的未来，她用自己的实际行动诠释了教师的幸福。她就是芳草园小学的郭文红老师。人已到中年，却散发着阳光般的味道。当郭老师为我们展现出孩子们的一张张照片、一段段录像、一本本班级日志时，我被这一切感动了……在很多人的眼中，中年教师过多地重视家庭，缺少工作热情。但是从郭老师的身上我看到的却是比年轻人更充沛的活力、更激昂的情怀。听着郭老师的报告，我就想：如果我是学生，能有这样一位老师一定很幸福。如果我能像郭老师这样，今生无憾。

可当下，教师队伍中有两种呼声：一是今天的学生不好教；二是教师工作太累，回报太低。我们在无奈中消耗着自己的青春，在埋怨中抹杀着自己的个性。那么怎样才能做一个幸福的教师，让自己幸福地工作着？这是很多教师的共同心声。每个教师都希望自己得到别人的认可，都希望自己的辛苦努力能够得到高回报，都希望自己的境遇非常好，所以我们都在努力地改变着……

其实，幸福很单纯，很朴实。幸福在于创造，而非寻找。当教师有了先进的教学理念，有了充满热情的工作形态，有了超越功利的清高，有了拒绝浮躁的淡泊，有了矢志不渝的坚守，学生就会对我们有道德的肯定、知识的折服和情感的依恋。还有什么比和一群年轻的生命一起构筑一座富丽堂皇的精神大厦更令人惬意的事呢！

那么，就让自己保持乐观向上的良好心态对待工作、对待生活。现实就是这样，难过也是一天，快乐也是一天。只要你是一个幸福快乐的人，就会让学生感受到幸福快乐。我要努力做一个幸福的人，让自己幸福地工作着，纯纯净净，朴朴实实。

短暂的培训结束了，专家们留下的宝贵精神财富在我心中留下了深深的烙印。走出去看看外面的世界，回过头看看自己的课堂，内心的迷茫与烦乱也有所理清，发现了自己教育教学工作上的一些盲点，感受到了教育的美妙，领悟到了教育的真谛。体会是可以记录的，但心灵的感受可能是无法言语的。那么，就让我追随着大师的脚步，以阳光般的心态做一个快乐而幸福的真教师，让梦想在知识的芳香里开花！

走出去，让心接受教育盛宴

——记暑假赴华东师范大学培训有感

暑假期间，我奔赴上海华东师范大学参加了为期五天的培训。感谢学校领导为我提供这样一个学习的平台，让我有一个学习与提高教育教学专业素质的机会。精彩的讲座使我不再感觉劳累——那时早上七点从宾馆出发去华东师范，八点半正式开讲，一讲就讲到了十一点半；那时午饭后来不及休息，从一点开始一讲讲到下午四点多。教师们听得津津有味，时间过得悄无声息。陈默老师引人深思的真实教育案例、田荣俊老师的独特教育思想、刘濯源老师用眼睛看思维的可视化导图、李莉老师教育学生的各种点子都给我留下了深刻的印象，让我感觉到：走出去，总会有收获。

这次培训学习就像是一顿丰盛的大餐，精美地呈现在我的面前，如果用两个词来形容，那真是目不暇接、异彩纷呈。专家们滔滔不绝、挥洒自如的讲解，毫无保留地把自己在教育教学中的经验拿出来与大家分享，深入浅出、幽默风趣，让我的心徜徉在知识的芳香里，久久回味……

一、陈默老师说：敏锐的觉察力是教师的基本素养之一

对教师而言，敏锐的觉察力意义非凡。教师的课堂教学就是围绕着教学内容，在特定环境中和学生交流的过程。在这个过程中，教师对自我的觉察程度——讲授的内容是否跑题、讲述的重点是否到位、预设的难点是否攻克；对学生的觉察程度——有没有学生开小差、小组合作学习中谁在滥竽充数、学生对所讲授的新知识是否一脸茫然等，这些决定着教学能否达成既定目标，教师的教学状态、教学智慧，即在这个过程中迸发出来。

教师对学生的细微关怀、教育引导，同样需要有完全的觉察力。我们每天和孩子在一起，映入我们眼帘的信息极其丰富，我们要学会用眼看、用耳听、用心读，去发现、捕捉、筛选、判断，这样才能看到孩子们真实的天空。孩子发烧了，你要从他的神态低沉、面色泛红、懒于活动中去发现；孩子犯错了，你要从他闪烁的眼神、躲避的行踪中去捕捉；孩子早恋了，你要从他的衣着打扮、课堂上的专注度、言行的异常中去判断……是啊，教师拥有敏锐的觉察力，就会发现孩子

的一切秘密，就会产生教学机智，这样的教育就会更得心、更应手。

二、刘濯源老师说：让我们像艺术家一样去思考

思维可视化是把我们认为看不见的思维运用一系列图示技术呈现出来，使其清晰可见的过程。刘老师把初中所学的所有英语时态用一张图展示出来，化抽象为形象，化复杂为简单，直观的语言易读、易懂、易记而且记得牢。一幅图解决了初中三年学生学习英语的困扰，真是一图值千金啊！

可见，思维比知识更重要！这是不争的事实，离开思维的知识就变成“死知识”，而学“死知识”的过程当然就变成“死学习”，“死学习”靠的是机械重复，所以必然是枯燥的、低效的、令人厌倦的，更重要的是“死学习”会使学生长期处于“浅思考”甚至“不思考”状态，从而导致思维能力发展受阻。而思维能力又是学习能力的核心，思维能力发展不起来，学习必然会越来越吃力，这样便进入一种不断加深的恶性循环。我们也感觉到现在的学生越来越不愿意思考，这种现象值得我们深思。因此，提高教学效果并不在于知识重复的次数，而在于教师对知识的认知深度，在于挖掘与呈现知识背后的思维规律并训练学生掌握它。只有这样，学生的思维能力才会在学习的过程中得到有效发展，同时会使学生对知识的理解更深入、更透彻、更系统。

刘老师在自己的教育语录里是这样说的：连成绩都教不出来的教学绝不能称之为“好的教学”，“好的教学”就是要出“好成绩”，而且是让大多数学生出“好成绩”。但这个成绩一定不是“灌”出来的、“逼”出来的，也一定不是学生“三更灯火五更鸡”熬出来的，而是学生运用内化了的“方法系统”自己学出来的！

我们要学会像艺术家一样去思考，训练学生从形状、颜色、质地等方面把学习思考的方法、路径展示出来，让思维可视化，把千千万万的学生从死记硬背和题海战术中解放出来，把千千万万的家长从沉重的教子焦虑中解放出来！

三、李莉老师说：小纸条传递着真心的沟通与交流

一张小纸条不仅是一句短短的话，更重要的是一种心情，一种对学生负责的心情。作为一位教育工作者，我感觉人的能力往往表现为对工作多负一点责任，育人的工作不能误人子弟，把学生转正、转好和转优才是育人的目的。

李莉老师是全国优秀班主任，她用自己的爱和责任引领孩子们健康成长。在

李莉老师看来，小纸条就是学生的心里话，是一种平等、诚挚的交流方式。有时，让孩子们用一张小纸条写下老师上课的优点和不足，并提出以后希望用什么样的方式上课；有时，让孩子们用小纸条写下班级里发生的好人好事，让他们学会用眼睛去发现美，用心灵去感受美；有时，让孩子们写下爸爸妈妈的优点和缺点，家长会上由老师念给家长听，这样的友情提醒，家长们有则改之无则加勉……

利用写小纸条的方式进行交流很简单、实用，起到的作用也很大。记得在上学期，我也曾经组织学生写过心里话，内容丰富多彩，流露的的确是学生的真情。班里的一个男生说："老师，你要保密，我妈妈跑了，我经常偷偷地哭。"班里的怡彤说："老师，你不要光读我写的作文，可以多读一些差生的，让他们的写作水平不断提高。"班里的胜海说："有人带玩具来上学，他人还用十元钱去买。"……每张都写得很工整，我甚至可以想到学生落笔书写时的专注与认真。正是这工工整整写下的纸条，触动着我的思绪。

学生都是有思想的，他们有着如此多的不同，我们要满足他们的发展需求，应把爱心和责任全部公平地奉献给每一位学生，使每一位学生都能感受到老师春天般的温暖。只有这样，才能获得学生的尊重和支持。一张充满温情的小纸条就能架起师生之间的心灵桥梁，一张纸条、一句细语，传递着温馨校园正能量，老师用温润的深情去灌溉孩子们的心田，引领着明日的骄阳冉冉升起！

四、田荣俊老师说：感觉自己像书生，喜欢与书在一起

聆听了上海浦东新区竹园小学的田荣俊校长做的报告，让我吃惊的是，在职业倦怠不断袭来的今天，田校长竟然是改行当的教师。他原来在检察院工作，从事着人人羡慕的公务员工作，因为感觉自己像书生，喜欢与书在一起，也因为在儿童身上看到某种特质，是成人世界所没有的，所以成了一名小学教师。但田老师却不满足于一个普通意义上的小学教师，他一步步实现着心中的宏伟蓝图，干上了教导主任，当上了小学校长。田老师的管理是严格的——开会时的一个电话，就会丢掉老师一学期的奖金；田老师的引领是开放的——为了让老师走路时脚跟与地面发出的声音消失，带领老师们到上海歌剧院去感受那里的纯净。他说："谁拥有了更多的思想，谁就获得了更多的行走方式。"也正是他的执着追求，一路走来，唤醒创新，朝着一个又一个目标攀登，实现了跨越式发展，让自己带领的学校屹立于优质学校之列。

田老师的选择不禁让我重新审视教师这份职业，还有什么能比跟孩子们在一起更简单、更纯真呢？教师的工作很辛苦，像我们学校的老师们晚上回家了，牵挂着班级里生病的孩子、挠人的琐事，看到学校的来电心底发颤，就担心发生什么意外。放假了，孩子们回家了，可是安全无小事，需要警钟长鸣，不时地发微信提醒家长看护好孩子。我们承载着太重的负荷，我们的付出与收获往往不成正比，我们要买一栋房子，必须狠命攒钱交上首付，然后再背负起沉重的贷款，虽然也有比我们现在所从事的这份职业的待遇好很多的工作在诱惑着我们，但我们选择了放弃，依然坚守在学校这块土地上辛勤地耕耘着。我们也有着许多不如意，也会遇到别人的误解，心里也常常感到委屈，但是我们没有丢弃我们的灵魂。几年、十几年、几十年坚持着，始终在寻找心底的美好。

五、程华老师说：容得下学生才能赢得学生

来到卢湾区第一中心小学，聆听了程华校长的报告会，无疑这又是一场珍贵的精神盛宴。如今已年过七十的他，却依然睿智幽默，真切地感受到他对教育的激情和痴迷，感受到他对每一个鲜活生命的尊重和敬仰，感受到他那广博深厚的仁者胸怀。

在这场报告会上，程校长从职业道德、专门知识、特别技能三个方面对教师的专业素养做了阐述。在教师的职业道德中特别提到了“热爱学生”这一项，尤其说到“差生”，你可以不爱他，但你要喜欢他，因为这是教师的责任。有人说过，爱自己的孩子是人，爱别人的孩子是神。扪心自问，爱那些聪明、漂亮、乖巧的孩子很容易，但你会像爱他们那样爱那些反应慢、成绩差、调皮捣蛋的孩子吗？一次、几次爱的教育或许能做到，每天伴随着后进生反反复复的行为，你的耐心还有吗？所以，要把学生当人看，重视他的个性差异；要把学生当未成年人看，不能用成人的眼光衡量学生；要把学生当不完美的未成年人看，不能对学生过分求全责备。作为教师，能爱是一个层次，善爱又是一个层次。把温暖的阳光洒到每个孩子的心田才是真正的师爱。爱我们身边的学生，无疑是播下爱的种子，让他们也懂得去爱护和关心别人。我们给予他们的爱也一定会影响到日后他们对待别人的态度。

在程校长的报告会中，另一个关键词就是学习。只有学习，不间断地学习、终身地学习，教师才能掌握精湛的专业知识、广博的人文知识和丰富的社会知识。这样的教师自然能用自己的“绝招”吸引学生，驾驭课堂。同时，教师的学识、

人品会在潜移默化中对学生产生影响，会改变他的学习态度，激发他的学习热情，甚至会影响他的一生。教师要不断更新理念，改善行为。事实上，教育教学是讲究方法、讲究科学、讲究艺术的。光顾着埋头拉车、默默耕耘，只会让你越干思想越落后、越干热情越减退、越干职业倦怠感越强烈。只有保持做事的热忱，拥有饱满的激情才能推动工作不断向前发展。

我希望这次培训学习带给我的不只是触动，更多的是行动。在今后的日子里，我要带着我在学习中收获的知识，把师爱的情怀融入平时的生活，将学生的成长当作自己的成功，用坦诚的相待诠释教师幸福的内涵。

寻找心底的美好

班主任工作很辛苦，在我们学校，做班主任更不容易。晚上回家了，牵挂着班级里生病的孩子、挠人的琐事，看到学校的来电心底发颤，就担心发生什么意外。我们承载着太重的负荷，然而我们依然坚守在班主任这一岗位上辛勤地耕耘着，我们没有丢弃我们的“灵魂”。几年、十几年、几十年坚持着，始终在寻找心底里的美好。那份美好告诉了我们什么叫热爱，什么是尊重；那份美好告诉了我们，用温润的深情去灌溉孩子们的心田，才能把班主任工作做到极致。

一、推心置腹，用理解和宽容赢得学生的信任

班主任的爱是必要的理解与宽容，以自身的博大胸怀去激励学生，使学生走向自律。作为班主任，我必须从各个方面去关心他们、理解他们，帮助他们解决成长过程中碰到的各种困难。这就要求我去“热爱”每一个学生，去包容他们在成长过程中做的每一件事，无论是好的，还是坏的。

国庆长假，学校大队部要求大家办一期小报。可是假期过后，有几个孩子的读书小报交不上来，从他们心神不宁的表情中，我知道他们没有完成这份作业。下课以后，我悄悄地把这几位同学喊到了教室外的走廊里，他们低着头，不敢直视我的眼睛。我先不谈作业问题，只是闲聊假期生活。原来，一个和妈妈去了爸爸工作地，一个在家的……出去玩的是没时间做，在家的是不会做……我用商量的口气问他们该怎么办，那个出去玩的孩子首先表示，给两天时间，他会利用课余时间完成，那个说不会的，也红着脸小声地问我：“图画少一点，文字多一点，可以吗？”“可以，只要能代表你自己的最高水平。”我微笑着回答。这几个孩子感到轻松释然了。课下，这几个孩子找资料，央求别人帮助画插图……两天以后，所缺的作业果然如我相信的一样，都补回来了。

我庆幸，因为理解，他们知道了犯错误并不可怕，而掩藏错误才是最可怕的。同时，理解也成了学生改正错误、减少错误的良方，陋习一天天地减少，良好的习惯在一天天地养成。事实证明，微笑并不有损教师的威严，却可以为你赢得学生的信任。带着理解去解决学生犯下的错误，老师和学生都从中感受到了快乐。

二、拥有一双多情的慧眼，观察学生的言行举止

学生都是有思想的，他们有着如此多的不同，我们要拥有一双洞悉明察的慧眼，从众多中找寻异样，把爱心和责任公平地奉献给每一位学生，使每一位学生都能感受到老师春天般的温暖。

为了迎检，学校为每个班级置办了一片绿色园地，这就是我们班级的生物园。

每天，看着花儿沐浴着和煦的阳光，吮吸着甘甜清冽的水儿，展示着她那勃勃的生机，我和孩子们便在这样幽雅的环境中开始了一天的功课。

站在花儿前，侍弄着我那可爱的宝贝们：这棵花茎底下的叶子被土埋住了一部分，但它努力地向上挺起；那棵今天早上开放了一朵小黄花，虽然很小，但惹你的眼；另一棵怎么有一片叶子发黄了呢？是因为刚刚移植过来，水土不服吧；哦，这盆的花儿很是耀眼，可是叶子却不精神……精心侍弄花儿，不就像我教育学生一样吗？

看到我那一班可爱的孩子们，有的精神头不足，鼻涕眼泪一大把，是感冒了；有的作业没完成，却专注于书中，是被书中的故事情节吸引了；有的看上去心事重重，可能在想妈妈一个人在家里干什么呢（离婚造就了孩子性格的缺陷）；有的发现脸上有一道细的血痕，是同学打架划的呢，还是不小心被它物划的；有的犯错了，你要从他闪烁的眼神、躲避的行踪中去捕捉；有的早恋了，你要从他的衣着打扮、课堂上的专注度、言行的异常中去判断……

孩子们不正像生物园里的花儿吗？精心侍弄才会绿意浓浓！

三、从微处着眼，在小是小非中创造教育契机

做小学班主任没有什么轰轰烈烈的事迹，有的都是些平凡的小事，但就在这些小事中，架设了我和孩子之间爱的桥梁。我用心观察每一个孩子，用心呵护每一个孩子。我们不能只爱漂亮的、优异的孩子，更要爱丑的、差的孩子们。在工作中，人人喜欢好孩子，往往忽视了那些“问题”孩子，而实际上最需要教育关心的也正是这些孩子，所以要善于发现每个孩子身上的优点和不足，哪怕它很小很小。

孩子们的拖拉把中午饭后的活动时间抵消了，上完厕所走完一圈后，只好整队回教室了。就在体育委员整队的过程中，小驹站不稳，东摇西晃，还左右说个不停……

我不能熟视无睹，必须教育他！

“小驹！”我厉声说道。

“怎么啦？”他不以为然地反问我。

“你在那里说什么！队站好了吗！”我的声音够大的了。

他不情愿地低下了头。

“以后站队到小雯和骊晓中间！现在就去！”我不无严厉地说。

小驹抬头看了看我，走向了队伍的最后边，没有到我指定的位置上去。这时，队伍前进了。

“你不认识小雯？”我喝住了他，“快跑！跟上！”

他不紧不慢地向前走着。

“快跑！跟上！”

他就像没听见一样，仍然慢慢吞吞地走着。

“我不会跑！”他狡辩着。

他又耍赖了，只能慢慢来了。

“那好吧，我就教你跑步吧。”

安顿好其他的孩子后，我和小驹来到综合楼后，手把手地教他领跑、自己跑，五六个来回下来，他也没了底气。

“今天中午的收获真不小，你学会了跑步，学会了半臂距离，还学会了如何听老师的话。”

这时的他哭了，抹着眼泪说：“老师，太谢谢你了。我要给你下跪。”

“不用！用你的实际行动来证明你听话好学就行。我教育你，生一肚子气，我也不想。可是，我宁愿生气也来批评教育你，就是想让你养成好习惯，懂得如何做事、如何做人。”

“太谢谢你了，老师。”他呜咽着说。

的确，饭后的我生了一肚子的气，但是教育孩子我义不容辞，是职责所在。哪怕再累，也要承担。

浇花要浇根，育人要育心。班主任承担的是“育心”工作，因此作为“灵魂塑造者”的班主任，应当懂得“育人先育心”的重要性，要把弥补孩子心灵的缺失、培养孩子健全的人格作为首要任务。

四、靠敏锐的觉察力去发现孩子的一切秘密

教师对学生的细微关怀、教育引导，同样需要有敏锐的觉察力。我们每天和孩子在一起，映入我们眼帘的信息极其丰富，我们要学会用眼看、用耳听、用心读，去发现、捕捉、筛选、判断，这样才能看到孩子们真实的天空。

周一早读，我和孩子们读着《朱子家训》，背着古诗，回顾着周末布置的作业，一早上相安无事，很是怡然。

“下面，给大家十分钟的时间，把周末写的作文《秋天的树叶》拿出来，一边读一边修改，然后把好词好句划出来。”孩子们听明白了我的要求，都按部就班地做着，我也巡视了一番。

“老师，我的作文找不到了。”璐畅打着报告向我说。

“好好找找。”我看了他一眼说。

时间到了，修改好了的同学陆续上来交作文了。我从篇幅、书写、内容一个一个地把关，绝不能让一人成为“漏网之鱼”。临到小宇交作文了，一看我就知道作文是璐畅写的，而璐畅没写名字，小宇在名字处写上了自己的名字。这不是偷拿别人的作业，嫁祸于人吗！“小宇，这是谁的作文？！”我两眼犀利地看向他，想用我的威慑镇住他。“是我自己的。”他没有半点紧张地说。“你敢确认是你的吗？咱班同学的字谁的我认不出来！”我提高了嗓门大声地说。“真是我的。”他还是表情泰然坚决地说。“去办公室！”我愤怒了。

下课了，小宇终究抵不住我的责问，承认了自己的错误。更可恨的是他没有及时改错，第二节数学课上还是用璐畅的数学配套来顶替自己的，人家写了名字不能改了，干脆把人家的名字撕掉了，害得人家一节课没书看，还挨了老师的训。他真的是错上加错，不知悔改！这种行为太恶劣了！

这不单单是周末作业问题，已经上升到了如何做正直诚实的人的问题。于是，我叫来了他的家长，针对此问题进行了沟通交流，观点一致——必须严加教育，学会做人，学会共处。

教育就是一个针线笸箩，里面的事情千头万绪，拥有敏锐的觉察力，就会发现孩子的一切秘密，就会产生教育机智，这样的教育就会更得心、更应手。

五、家校形成合力，共同探索孩子的内心世界

接新班已经有七周了，我和孩子们在磨合中已渐渐达成了默契。看到“刺头林立”的班级被我整治地上套了、规矩了，其中的汗水与辛酸只有我懂……

接新班时我就有开个简短的家长会的念头，让家长们了解我的教育思想与方法，做好配合，以便更好地对孩子们进行教育。可是没有足够的时间。校长在我最需要的时候，决定在17号周五下午召开全校家长会，解决我的困扰，真是太幸运了。

家长们如约而至，端坐在板凳上，带着对孩子的希冀与期望，带着对新老师的考验与检阅。我甚感自己肩头责任的重大——挑起的是48个家庭的希望啊，是96位爸爸妈妈的寄托啊！简单的开场后，我把自己准备的讲话内容娓娓道来……

我从教育孩子如何做一个人格健全、学会学习的人，家长如何在生活上、学习上去引导教育孩子等三个方面做了详尽的阐述。讲话中，我结合班级的实际问题和现实的具体情况，认真细致地做了分析，苦口婆心地做了解释。我的话语朴朴实实、真真切切，既道出了一位教师的教育观点，又道出了一位母亲的教子经验。

真心真切的交流阻挡不了时间的流逝，拖堂了二十多分钟。

会后，家长们陆续离开了，小驹的妈妈在等待中慢慢地走向了我，拉起我的手，感激地说：“听您一堂课，感知到了您的性格，喜欢您的直率与坦然，小驹的改变来自您的个人魅力，来自您的感化与教育。看到孩子的进步，我们做家长的真是万分高兴。老师，不是吹捧您，您真不愧是优秀的好老师。”

小峻妈妈在短信中说：“老师，谢谢您。昨天开了家长会，觉得孩子在小学的最后两年里跟您这样的老师学习是他们的福气，也是我们做家长的福气。孩子从一年级到现在头一次这么认可一个老师。我知道您说的一定能做到，真的感谢您。”

阿源的妈妈在短信中说：“这次家长会让我更深入地了解了您，知道了您的严厉，知道了您很负责任，孩子让您带，我们做家长的很是放心。我喜欢您这样的老师，徐源在家是我的孩子，在学校里就是您的啦！”

家长们质朴的话语使我更感到自己肩头责任的重大——承载着一个个家庭的梦想与希望。教师的伟大不正在于此吗？身为教师，只有努力、努力、再努力……

条条大道通罗马，班级管理的策略千千万，但无论宽与严都应饱含着爱的深情，以教育好学生为根本目的。严是责任，严而不酷；宽是智慧，宽而不乱，把握好尺度，做到宽严相济，确确实实做好每一项工作，以一颗童稚的心体会孩子们的喜怒哀乐，倾听孩子们心中最真的声音，找寻心底的那份美好……

一道亮丽的风景

——谈游戏识字教学法

识字是阅读和习作的基础，也是低年级语文教学的重点。新大纲对儿童提出“学会”和“会认”两种不同的要求，确立了“认写分开、多认少写”的教学策略。原大纲低年级的识字量为 1 150 个左右，新的语文课程标准在第一学段定为“认识常用汉字 1 600～1 800 个，其中 800～1 000 个会写”。从识字量来说，低年级学生所要认识的常用汉字的数量占小学阶段的 1/2 以上。如何顺应新的语文课程标准，达到让学生识记大量字的目的，并且让学生喜欢学习汉字，有主动识字的愿望，已成为担负新课改教师的迫切任务。

一、抽象汉字，教识两难

识字本身是枯燥的，而对于枯燥的事物，人们的情绪总是消极的、被动的。孩子们更是如此，他们一味地被动识字，不仅效率低，而且在一定程度上束缚了思维的发展。每次学完课文要识字时，学生就会被一大串的一类字和二类字搞得头昏脑胀，汉字的名字被“张冠李戴”，一遍、两遍、三遍……还是有一部分学生记不清。识字难已成为低年级学生面对的一道难以逾越的鸿沟。

如何营造宽松愉悦的识字氛围，充分调动学生识字的兴趣，使识字教学由过去的单一、呆板、枯燥乏味变得生动、活泼、丰富多彩，既减轻学生的负担，又开发学生的潜能，已成为低年级语文教师势在必攻的难关。自从新课改实施以来，我针对识字难这一问题，不断探讨、思索，却一无所获。让学生尤其是一年级的小学生在有限的 40 分钟课堂上记住所学的生字，真是太难了！

二、独出心裁，异曲同工

在一次偶然的机会下，我突然悟到了教识生字的诀窍。

那天，我在家里逗儿子玩，当儿子对自己所有的玩具都毫无兴趣时，我把前几天给儿子买的卡片拿出来，教儿子认上面各式各样的汽车，儿子居然对卡片表现出了浓厚的兴趣。教了两遍以后，我问儿子：“哪个是面包车？”儿子用胖嘟嘟的小手一指。“嗨，对了。”我又提问了他小轿车、公共汽车、大卡车等，他居然全部指对了。我太兴奋了，抱起儿子亲了又亲。

儿子能通过卡片识记事物，学生就不能通过卡片识记生字吗？

当晚，我就用硬纸壳制作了各种形状的卡片，如小花、树叶、苹果等，把卡片涂成鲜艳的颜色，让人一看就喜欢。在卡片上，我用彩笔写上了10个生字：烟、亭、餐、穿、枝、革、齿、麦、前、卧。看着自己精心制作的卡片，想象着第二天课堂上的活跃，我甜甜地进入了梦乡。

上课铃响了，我来到教室，信手拿起一支绿色的粉笔，在黑板的一角画上了一片绿绿的"草地"。此时，学生开始注意我的举动了，就连平时课堂上不认真听讲的学生也目不转睛地看着。我拿出准备好的生字卡，把这些美丽的卡片粘贴到了"绿草地"上。这时，下面有一生说："哇！太美了！"我顺势说："今天，我们来认识一些新的生字'娃娃'，这些生字'娃娃'都跑到'草地'上玩了起来。同学们可以到'草地'上跟其中的一个生字'娃娃'交朋友，当你选中了其中的一个生字'娃娃'的时候，读出这个生字的名字，并领读一遍（或者给生字找个朋友组个词，或者用这个字说句话等），那么，这张小卡片就送给你了。想得到吗？试试看！"

教室里热闹极了，大家都争先恐后地举起了小手。被我叫到的学生感到非常幸运，不仅读出了生字的读音，还给生字找了朋友组了词，甚至组两个、三个，居然没被难倒。当得到卡片的学生拿着卡片一遍又一遍地念时，他们是多么兴奋啊！接下来的教写生字也轻而易举。

不知不觉一节课结束了，孩子们学习生字的劲头还是那么足。当我转身要离开教室时，突然有一个学生高举着卡片问我："老师，这卡片真的送给我们了吗？"他半信半疑地看着我。我肯定地回答了他。

课下，得到卡片的同学相互传阅着，大声念着，还有的学生把生字卡片小心翼翼地存放起来，或许他将以此为动力，不断努力，从而识记更多的生字，收存更多的卡片。学生把识字当成了一种游戏，相同的几个字，不同的教学方法，却收到了事半功倍的效果。

三、人人参与，做中学字

将每节课的生字都做成有吸引力的卡片，我是可以完成的。但相同的一个字，我不可能做到让每一个学生人手一份呀。怎么办？只有人人动手，才能"丰衣足食"。

课后，我给学生布置了一个作业，让学生双休日回家仿照老师做出生字卡。一个双休日，学生的收获累累。有的把卡片做成贝壳的形状，有的把卡片做成可爱的卡通形状，有的把卡片做成美丽的红枫叶的形状……看到学生做的各式各样的卡片，看到卡片上一个个鲜活的汉字，看到学生对卡片上的汉字是那么熟悉，我终于找到了教学汉字的一个诀窍。

每次上课开始，我都和孩子们一起玩 3 分钟的生字游戏，如猜字谜、找朋友、送信、捡贝壳、游百花园等，利用游戏的形式调动学生学习抽象汉字的兴趣，使学生在轻松的气氛中记住读音、掌握字形，并能有效地防止生字回生，达到了很好的识字效果，使识字教学步入了“教师乐教、学生乐学”的理想境界。

四、愉悦识字，展示自我

游戏识字深受学生的喜爱，具有极强的趣味性、实效性，给学生带来无尽的喜悦，激起满腔的热情。我有时因字制宜，不断变换识字方法。例如，我在教学苏教版第一册《识字 3》一课的生字时，放手让学生观察、比较字形，鼓励他们大胆创新，想象识字。让学生用巧妙有趣的方法来记忆，使一个个汉字变得富有自然的美感，是一幅幅美丽的画。在教学生字“园”时，让学生想象公园是用围墙圈起来的，所以“园”这个字的外边是一个方框；教学生字“洞”时，让学生想象山洞里有水流出来，所以带着三点水，山洞要有口才能进得去，所以右边的同不能堵上口。这样在识字中，让学生插上想象的翅膀，变一个个方块字为一幅幅美丽的画面，充满了童趣，又培养了学生自主探究的能力，学生识字兴趣浓、热情高，学生在想象中学会了生字。

学生乐于识字，识了大量的汉字，如果得到公平的奖励，获得成功的体验，就会保持高涨的识字热情。因此，我经常开展丰富多彩的活动，为学生创造展示自我的机会。例如，建立“星星空”，对于识字方法好、成绩突出的同学给予加星的奖励，每周向家长传递一次，多识字、多得星成为学生的荣耀，形成了你追我赶、不甘落后的良好局面。另外，我还给每个学生建立了“识字袋”，每周进行一次识字交流，学期末进行累计，评选出班级的“识字大王”。多形式的展示、评比，给学生创造了体验成功、接受赏识的机会。在这些活动中，学生发现自己是多么了不起，找到了自信，这种成功的体验更加激励他们不断学习、不断创新。

【教学反思】

通过游戏识字教学法，我找到了一条识字教学的捷径，我认为游戏识字教学有以下几个作用：一是有利于充分利用低年级学生的好奇心，调动学生学习汉字的欲望；二是有利于利用低年级学生形象思维占主导地位的特点，调动学生学习汉字的积极性；三是有利于发挥学生多种感官的协同作用，调动学生学习汉字的主动性。半年的教学实践充分证明了以上三点，经测试，我班100%的学生达到了课程标准规定的低年级识字要求。

为什么同样的识字课，采用游戏识字教学法效果会这么好呢？我认为关键是常思、常新。以前的生字卡片做成方方正正的形状，并仅仅作为一种教具；我自己动手改变形式，做成具有吸引力的卡通状，而且把它们当成小礼物送给学生，学生得到了卡片，并积攒在识字袋里，有时间就拿出来认一认、读一读。这样，生字被牢固地掌握了，看着一袋子的识字卡片，学生有了成就感，激发了学习的热情。所以说教师在教学过程中不能墨守成规，要敢于创新，哪怕是点滴的创新，都会给教学带来意想不到的效果。

因为故事

担任一年级的语文教学工作已经半年了，在这半年的摸索、实践与思考中，我深深地感到：要想让一年级的小朋友乖乖坐着听你讲课是一件非常难的事情。那到底什么才能让他们停下来听你讲，然后很乖巧地让你用微笑来表示对他们回答的肯定呢？

我想起以前实习时一个非常感人的故事，有些老教师会时不时给小朋友们讲讲故事，激发他们学习的兴趣。这下，我茫茫然地也想试试讲故事是否比上课更让他们听话。结果是显而易见的，在我说了这节课的内容是听故事，小朋友们的眼睛都发光了，我心里一阵欢喜，想着原来孩子们的兴趣真在这儿啊！难怪人家老教师都用这一招，还真管用。在听故事的过程中，孩子们那清澈的眼睛让我看到了希望之光，静静地盯着你，聚精会神地聆听着你的故事时，心里那美啊，真是无法言语。

这一次的事件给我带来了真正的思考，为什么孩子们能用那样的精神来对待我的故事，为什么孩子们却用那样的神情来对待我的语文课堂？

因为故事有趣，因为故事有吸引力。

吸引力——一种无形的拉力，它有一股使孩子们不能挣脱的力量，所以他们被这样的神秘之手牵着走。什么才能成为我的语文教学的神秘之手呢？经过这次的感动，我看了很多网上关于这方面的信息，然后认真钻研教材，挖掘教材中可利用的一切有吸引力的因素，把精心准备的教学预案付诸实践。这一次的课堂比前几次都要好很多，但新的问题还是层出不穷。

从我这短短的两个多月的教学经验来看，一年级孩子的语文课堂一定是丰富多彩的课堂，在课上，最好能穿插几个好听的故事，然后把要学习的生字、词语融合在有趣的游戏中，让孩子们在玩中学、在学中玩。下面我就结合自己的教学实例说说我的感想。

第一，上课前三分钟的吸引力首当其冲。人们常说良好的开端是成功的一半。我想在没有多媒体帮忙的情况下，教师也可以想出令学生叹为观止的点子。比如，在上《小小的船》课时，我首先出示小黑板：“有时落在山腰，有时挂在树梢，有时像面圆镜，有时像把镰刀。”像这样一个简单的谜语就会让孩子们趣味盎然。再如，上《哪座房子最漂亮》课时，我首先让孩子们闭上眼睛，在我形象的言语带领下，孩子们来到了一个小村庄，这时再出示挂图让学生说说看到了什么，学生们就会争先恐后地想要抢着说。我想此时的他们对将要学习的新课文一定不会拒绝，学习的动力马上就强起来了。

第二，多样的学习方式能吸引学生心甘情愿地学习。在低年级学生中，对学习内容真正感兴趣的人毕竟不多，教师还是得想方设法把学生必须掌握的东西融入有趣的游戏、比赛，让他们在娱乐中获得学习的动力，尝到学习的甜头。比如，在教学拼音时，我常常会让学生做“找朋友”的游戏。几个小朋友分别拿一个声母或韵母，下面的小朋友一边拍手一边唱“找朋友”的歌，哪个声母和哪个韵母可以拼起来，就让拿它们的两个小朋友站到一起，下面的同学一齐拼读这个拼音三遍。这样，学生不知不觉地在玩中巩固了拼音的拼读。

第三，有效的肯定机制是课堂延续的动力，它的吸引力无可比拟。小学生的心灵是纯洁的，他们比较容易满足，当他或她回答问题正确时，老师简单的一个大拇指就能让他或她久久地激动不已。当然，要想紧紧地抓住孩子们的注意力，还得靠长久的肯定机制。比如，在课堂上用一些可爱的小贴纸给予学生激励，告诉他们有了十张小贴纸就可以到老师那儿去换一样小礼物。而这样的小贴纸是发给课堂上表现好的小朋友的，谁表现最好，谁得到的礼物就最多，一个星期中得到礼物最多的就可以封他为“聪明大王”。在我们班中有很多这样的“大王”，如“认字大王”“朗读大王”“写字大王”等。这一切都是在对孩子的表现做出肯定，当孩子们不断地被肯定、激励之后，他们也会渐渐地变得懂事起来。

第四，丰富多彩的语言和形象生动的表演或活动是一节课的调味料。好的教师的语言常常是抑扬顿挫、诙谐幽默、声情并茂的。在讲授中，语句的停顿能引起学生的注意，语言的渲染可调动学生的情绪；优美的语言能产生爱屋及乌的效果，拙劣的语言会导致索然无味的结果。而在低年级的学习中，很多课文都是由儿歌改编而成的。这时我们就可以充分利用这一点，大胆尝试边唱边演的形式。小朋友们最喜欢的就是表演了。比如，在教《影子》课时，为了搞清楚到底什么时候在前、什么时候在后、什么时候在左、什么时候在右，我想最好的办法就是领着小朋友们到阳光下体验一番。

第五，不同的学生要用不同的东西和方式来吸引他们。对于这一点，我想是最难做到的。一个班中几十个人，每一个个体都好比一朵鲜活的生命之花，他们都有自己感兴趣的事物。对于同一个游戏、同一个比赛，可能这些人喜欢，而有一部分人却置之不理；对于同一个学习内容，可能对某些人非常有吸引力，而对另一些人却像无字天书那样遥不可及。这样的问题也许每一个老师都会遇到，怎么解决成了关键。了解每一个学生及学生的相关情况是十分重要的，在特定的时间段找学生进行个别谈话，定期指导和鼓励，耐心引导和启发都是必须做的事。

至此，我觉得要上好一节课，最重要的就是这节课要有一定的吸引力，只要这节课有吸引力了，学生就会自然而然地听你指挥。而这一点却是最难做到的。那不但是一位教师彰显功力的表现形式，更是每一位教师整日追求的一个目标。我想每一位合格的人民教师都要经历一个不平凡的磨炼过程，每一位成功教师的成长都是一个艰苦卓绝的过程。作为新教师，需要学习的东西实在太多，无论是对教材的解读还是对教案的设计，无论是对课堂的调控还是对学生的把握都极不成熟。这都需要我们去好好学习，本着为学生负责的态度认真钻研，时时总结、常常反思。

用师爱敲开心灵之门，用师魂铸就人生之路

5 · 12四川汶川大地震，震惊了中国！震惊了世界！在天灾面前，教师用生命再一次诠释了这一伟大而神圣的称号！地震发生的刹那间，有多少教师把生的希望留给了孩子，而把死的光辉定格在深深的废墟中！他们崇高的精神感动了中国，也震撼和洗礼了我们每一位国人的心灵！

在这场灾难中，作为知识分子的教师们俨然变成了能征善战的斗士，用他们的沉着、冷静、机智，甚至鲜血、生命，挽救了无数个花朵般的生命，奏响了无数次荡气回肠的生命颂歌。他们在那最危难的一刻，用自己的无私无畏向世人展示着他们的良知。他们用鲜血甚至生命维护了师尊，铸就了师魂。

我们不敢多看一眼德阳市东汽中学教导主任谭千秋的遗体。只见他双臂张开趴在一张课桌上，死死地护着桌下的4个孩子。孩子们得以生还，而他们的谭老师却永远地去了……

龙居小学人民教师向倩，身体被砸了成三段，而她双手环抱将三名学生紧紧搂于胸前，用自己的身体将三位学生保护于身体下，用自己的生命和血肉之躯抵抗灾害，保护学生。

地震时，孩子们都在睡午觉，聂晓燕老师一手一个抱出了两个孩子，而她自己的孩子还在屋子里！她的亲生娃娃遇难了！那大公无私、舍己为人的高尚人品为孩子打开了生命之门。

……

这些平凡而伟大的教师，在大难来临的关头，用生命谱写了一曲曲人生绝唱！用生命解读了教师之魂！我也是教师，是与他们生活在同一时代的教师。我虽然没有英雄教师感天动地的事迹，但我要在自己的工作岗位上，从小处着手、从细处着眼，用实际行动去解读什么是师德师魂。

时光转逝，在教育战线上我已快度过20个春秋了。打开记忆的大门，十几年的班主任工作，在记忆的仓库里存储的东西太多了——一个个天真可爱的面孔浮现眼前，一个个纯真烂漫的故事轻轻流淌……

班级里的小旋天资聪慧，课堂上常常听到他与众不同的见解，每次的测试成绩也很优秀，但是纪律很松散，坐在椅子上想说就说、想玩就玩，学校的规定他一犯再犯，生活教师更视他为眼中钉，严重影响了班级的正常生活和学习。有时，

因为他不遵守纪律给班级扣了分，就简单粗暴地责备他，结果却适得其反，使他产生了逆反心理，不仅训斥之后没有改进，反而言行更加放肆。我也无可奈何了，一段时间里，我对他置之不理。可是，一天的课间操时，体育教师跟我说，小旋上一节体育课有进步，下课了还主动问他自己表现得怎么样。看来小旋还是很要好的，体育教师的关心给了他上进的动力。第二天的英语课上，小旋表现也不错，英语教师的表扬给了他上进的信心。接下来，中午我值班，他小休很安静，我面对全班同学表扬了他，还奖励了他两颗小星星。就这样，我静下心来认真思考后，决定进一步感化他，亲自找他谈了心，帮他分析是非与对错，找到缺点，挖掘根源，制定措施。他使劲地点头，答应以后上课按照要求去做，保证不再违反纪律。但是，没过两天他就开始反复了。我想这是正常现象，形成的习惯不是一朝一夕就改得了的。我又一次找他谈了心，拍着他的肩膀问他想不想为班级争光，当一名纪律监督员。他两眼放光，原来他早盼望能做一名班干部。我抓住这一契机与他定了一个君子口头协定："只要你纪律上不出问题，我就让你当纪律监督员。"他可高兴了，在他的日记上写下了这样一段话：教师节里，我还让老师生气，太不应该了。我决心以后好好学习，认真听讲，遵守纪律，不再惹老师生气。我给他回了"看你的实际行动吧！"几个字。一个阶段以来，他在纪律上大有进步，当上了监督员后表现更为出色。

德国诗人海因里希·海涅（Heinrich Heine）曾写道："每一个人就是一个世界。"教师面对的不是一个或几个"世界"，而是几十个几百个世界。因此，教师需要做大量深入细致的工作，摸清学生的底，号准学生的脉，不能只凭教师的权威去制约学生，否则会挫伤学生的自信心，或使学生产生逆反心理。因此，教师的心比妈妈的心还要细。

教师付出的关爱要像撒满大地的阳光，给每个学生以温暖。无论他是令你头疼的后进生，还是品学兼优的好学生，都应当倾注一个教育者的爱心、耐心、恒心，使学生在师爱的沐浴下轻松快乐地学习、生活。

我们班的小臻，个子不高，长得很可爱。一年级的时候刚刚学会写字，总喜欢在小纸条上写些什么。我没有禁止，觉得这样巩固了生字，还会实际应用呢！可有一天，小昶突然交给我一张纸条，并神秘地笑了笑。我打开一看，上面用汉字和拼音歪歪扭扭地写着"亲爱的小蔓，我喜欢你"。其中"亲"字发音不准，拼成了"qing"。看后，我只是笑了笑，轻描淡写地应付那告状的孩子："值班老师要带你们去吃饭了，快去吧！"

饭后，我把小臻叫到了办公室，请他帮我数数上交的作业本够不够。我们很随意地聊起来："你最喜欢和班级的谁一起玩呀？"他说出了一个名字，是个男孩，我接着问，还有吗？不会只有一个朋友吧？他又有些不好意思地说出了两个女孩的名字，其中一个就是小蔓。我紧接着说："你是个有上进心的孩子，多跟小清玩，你也会像她一样成绩出色。而且你的眼光很不错，我也喜欢小蔓，觉得她非常漂亮。"小臻一听笑了，当我拿出小纸条时，他的脸红了。我笑着说："来给你纠正一个音，应该是亲，而不是轻。"这时，他的脸更红了。"我知道你喜欢小蔓，俗话说，爱美之心，人皆有之。如果哪天你发现她穿得漂亮，就直接告诉她，她知道了你的想法你也不必写什么小纸条了，还不会影响学习，对吗？""知道了，老师，也不会影响班级的卫生了。""你真是个聪明懂事的孩子。好好学吧，男孩子应具有实力。"他还忘不了提问："实力是什么呀？""首先应具有良好的品质，要正直、心胸宽阔、乐于助人，要有男孩子的气质。另外，要勤奋、聪明。对你来讲，就是认真学好各门功课，做个品学兼优的好学生。"这时，他的小脸上没有了最初的胆怯，不住地点着头。此时，我的心里也踏实了。

我努力地去做学生的知心朋友，深入了解学生的内心世界，用真诚、尊重、信任和公平在师生之间架起一道心灵的彩虹。这友善的沟通与交流赢得了学生的爱戴。教师节那天，小正捧着一束鲜花送给我。小瑶送我一张自制的贺卡，上面写着：祝亲爱的徐老师节日快乐！我最喜欢上你的语文课，你讲课很生动。小臻跑到我跟前，说："老师，你蹲下，我送你一个礼物。"当我刚刚半蹲时，一个甜甜的吻已印在了我的脸庞……

那一刻，我深深地感到孩子们是那么可爱、那么懂事。我的心中有一股暖流在激荡，真诚之心，让我找到了爱的感觉；无私之心，让我体会到了爱的真谛。当我把无言的爱伴着汗水融进心中，当我把辛勤的耕耘随同期盼融进血液，我收获的不仅是累累硕果，还有那 40 多颗充盈着爱意的心。

看到孩子们一天天长大，从无知到有知，就如同种下的一颗颗种子，这里有极大的快乐，心里有一本说不完的故事。我将永远驻足于三尺讲台，用彩色笔在教育的沃土上耕耘，用温暖的话语在每颗幼苗心中播下知识的种子，用满腔心血在每个孩子心田洒下甘露。我立志做一方坚实肥沃的泥土，播撒生命的绿色；我愿做一辈子用爱心点灯的人，在照亮学生光明未来的同时，辉煌自己平凡的一生。青春献教育，爱心铸年华，这就是我的人生追求。

重视学法指导，让学生做学习的主人

现代社会和科学技术的迅猛发展，要求教学不能再以单独传授知识为主要目的，而应该在此基础上给学生提供有助于其终身学习的动力和基础，达到叶老先生说的“教是为了不教”这一最终目的；而教师的作用也不能再混同于一部百科全书或一个供学生利用的资料库，应成为教学活动的主导者。

一个有创造性的教师应能帮助学生在自学的道路上迅速前进，教会学生怎样对付大量的信息，他更多的是一名向导和顾问，而不是机械传递知识的简单工具。未来的文盲不再是目不识丁的人，而是没有掌握学习方法的人。因此，如何加强学法指导，使学生都学会学习，已成为教育关注的焦点之一。作为基础教育之基础的小学教育，如何进行学法指导也成为我国小学教学改革的热点话题。下面我根据自己的教学实践对如何在阅读教学中加强学法指导说说浅见。

一、鼓励质疑问难，表现施展才能

学习不是消极地接受，而是一个不断提出问题、解答问题的过程。以往总是由教师来提问，因此常常会明知故问，提出的问题既不难又无疑，一堂课下来问题几十个，你问我答热热闹闹，结果收获却不大。优化课堂教学环境就是要充分发挥学生的主体作用，让学生自己来质疑问难，自己来寻找答案。例如，学《蚂蚁和蝈蝈》一课时，昌鹏同学提出“蝈蝈为什么会笑话蚂蚁是傻瓜？”，这一问题问到了点子上，提得很有价值。经过读书、思考，就有学生站起来回答：“蝈蝈认为在这大热天里，蚂蚁忙着为冬天搬运粮食，还累得满头大汗，真不懂得享受，太笨了！”

又如，《蘑菇该奖给谁》文本的观点是蘑菇应该奖给小白兔，因为小白兔敢于和高手比。有的学生并不同意这个观点，提出反对意见，认为课文里的小黑兔和乌龟比赛，跑在了所有乌龟的前面，他比龟兔赛跑中的那只兔子表现得要好多了，它没有去玩耍，也没有在大树下睡大觉，而是一心一意地向前跑，并取得了第一名，所以大蘑菇应该奖给小黑兔。还有的学生认为，事前又没有规定要跟谁比赛，这不公平。到底谁的意见对呢？此时，我没有去断定是非，于是大家就展开了讨论。在讨论的过程中，学生各抒己见，畅所欲言，彼此交锋。学生的心态开放了，个性得到了张扬，创造的潜能得以释放。

学生质疑问难开始常常问不到要害，抓不到要领，这就需要教师一鼓励、二指导。指导学生质疑要围绕中心，回答要联系课文，抓住重点词句，推敲感悟。这样经过一个阶段的培养，学生质疑问难的水平会逐步提高，反映出学生的学习才能。

二、抓住词句品味，加深理解感悟

学生在学习语文时能遵循规律，运用正确的读书方法，学习情况就会大为改观。学生犹如走出了枯燥的“三味书屋”，跑进了充满情趣的“百草园”，里面有很多东西吸引着学生去探索，这样就能开拓视野、学有所得，逐步增强学习语文的兴趣。这就要求学生抓住重点词句、细细品味，使学生对语言文字产生兴趣，从而进一步感悟课文主题。例如，在朗读品味《春笋》一文时，引导学生抓住“冲破”“掀翻”，体会竹笋不可阻挡的气势和战胜一切艰难险阻的顽强生命力。抓住“一个一个”体会不光说明竹笋多，还给人一种连续不断、你追我赶的感觉。这样学生在理解、朗读中，就感悟到春笋在美好的春天到来之际破土而出、旺盛生长的情景。

三、在思维情境中，渗透学法指导

让学生掌握阅读方法，形成阅读能力并不是一蹴而就的。由于小学生的阅读经历有限，在教学过程中，教师不能直接将抽象的学习方法硬性塞给学生，要他们去背；更不能以让学生学会读书为借口而放任自流，让其“暗中摸索”。教师应根据教材特点，抓住训练时机，在思维情境中，渗透学法指导，让学生主动而又生动活泼地学习，积极发挥其主体作用，使“教材”变成学生的“学材”，在师生共同实践探索中使学生领悟学习方法。

例如，苏教版语文教材第二册的《这儿真好》一课，理解“小熊明白了！”这一句时，渗透联系上下文理解句子的方法。下面教师引导学生思考。

①“云儿不说话，飘来飘去变成了一棵树。小熊就明白了，他明白了什么？”在课文中找出有关的词句，并划出来。思考这一问题时，学生会联系上文“孤零零的荒岛”上是找不到朋友的进行理解。

②“当荒岛变得漫山遍野、绿树成荫以后，小熊找到了朋友，心情怎样？”学生从下文中可以知道许多小动物都来了，联系上文“每天睡觉都梦见和许多朋

友在一起玩”得知他此时是多么的高兴啊。这样引导学生展开思维，指导学生读书读后想前、上下联系、整体感知、查找资料，使学生在理解课文的同时，逐步掌握一种重要的阅读方法。

四、回顾学习过程，总结学习方法

科学的学习方法源于成功的学习实践。因此，教师要善于引导学生在理解课文的基础上回顾学习过程，引导学生把自己的学习过程作为认知对象，帮助他们从成功的学习中总结出阅读规律，以便今后自觉运用这些规律去探求新知。

例如，第二册的《三个小伙伴》这篇文章三段的结构类似，应以第一段的指导为重点，让学生学会方法。下面是我在教学中的设计。

①读了这一段，你从中明白了什么？引导学生自学。

②组织反馈，引导理解“硬硬的”“拱出”等词语，从而抓住野猪的特点，体会困难解决后的愉快心情。

③指导朗读。再进行学法归纳，让学生在自由说的基础上感悟“带问题自学、找重点词句、朗读”这一方法。

可见，学法指导也要体现以教师为主导、学生为主体的原则。一方面教师要因势利导，另一方面要将学习的主动权交给学生，课本让学生读，思路让学生讲，规律让学生找，学法让学生悟，使阅读方法真正成为学生主动获得的一种可贵的精神财富。

五、提供迁移机会，拓展发散思维

对于学习方法的掌握，学生并不是一教就会、一点即悟的，真正理解和掌握阅读方法，形成学习能力，要有一个逐步领悟和吸收的过程。因此，在学生初步掌握学习方法的同时，要给学生创造学习迁移的机会，指导他们将已学到的阅读方法迁移运用于类似的学习情境中，使其在具体的学习活动中领悟阅读方法的真谛。另外，打破教材的局限，由课内到课外，由书本到社会，为学生提供教材以外的知识，让学生在广阔的语文天地里学习更多的知识、积累更多的语言。

由于学法指导效果还受诸多因素的影响，在学法指导时仅仅教给学生一套科学的学习方法还不够，还应注意以下两点：第一，学法指导要和培养良好的学习习惯同步进行，这是学法指导取得成效的必要条件；第二，要重视学习品格的培养，即培养学生的自主精神，创造精神，克服困难、奋发向上的精神，这是学法指导取得成效的保证。

总之，在教学实践中，教师不能把学生思维一刀切，要创造更多的机会让学生发表自己的见解，掌握更多的学法，获得更多的主动权；还要善于把握机会，进行正确、有效的学法指导，实现“教是为了不教”这一伟大的目标。

设计与实录

《昆虫记》读书交流课教学设计

一、教学目标

第一，对《昆虫记》的作者法布尔（Fabre）做初步了解，推荐作品《昆虫记》。

第二，指导学生欣赏《昆虫记》精彩片段。体会作者运用语言文字的巧妙，激发学生阅读兴趣，提高阅读能力。

二、教学准备

第一，人手一本《昆虫记》。

第二，多媒体课件。

第三，学生阅读《昆虫记》，并做好适当的积累摘抄。

三、教学过程

（一）激趣导入

师：同学们，准备好了吗？我们开始上课吧！（起立）

师：（谈话导入）在学校开展的“好书共读，经典润心”读百本书活动中，读书成了陪伴我们长大的一个话题，它的涓涓细流滋润着我们，正如人们常说的“腹有诗书气自华”，阅读使我们了解了大千世界的奇妙，也使我们的人生充满灵气、充满智慧。

师：我们在课本上学习了第5课《装满昆虫的衣袋》一文，了解到了一位昆虫学家——法布尔，一部记录昆虫的名著——《昆虫记》。本学期，《昆虫记》就是我们共读百本书中的一本，今天的这节课，就让我们共同交流一下大家的读书心得，去领略昆虫世界的奥秘！

（二）走近作者

师：当我们要读一本书时，首先要对这本书的作者及其背景加以了解。

师：请大家用一句话说说你眼中的法布尔。

（法布尔用了40年的时间仔细观察昆虫，用了30年的时间写就了《昆虫记》。法布尔被誉为“昆虫诗人”……）

（学生评价完了，点击出示奇迹、奇迹！）

师：法布尔被誉为“昆虫诗人”，《昆虫记》被誉为“昆虫的史诗”。

师：名家对法布尔是怎样评价的呢？看知识链接内容。

师：法布尔精神是什么精神？（追求真理，探求真相）

师：要探求事物的真相必须做到什么？（细心观察）

师：所以，巴甫洛夫说“观察、观察、再观察”；所以，伽利略说“一切推理都必须从观察与实验中得来”；所以，苏霍姆林斯基说“在这里，观察是智慧的最重要的能源”。

师：法布尔用了40年的时间观察，用了30年的时间写成的《昆虫记》居然一版再版，先后被翻译成50多种文字，直到百年之后还在读书界一次又一次引起轰动。这本书到底有何魅力得到了文学家、科学家的高度评价，诱惑着一代又一代的读者，连我们也读得如痴如醉呢？下面就让我们再来读读、品品这本书，在了解昆虫知识的同时，开启我们的第二只眼睛，看看你都读到了文字背后蕴含的哪些内容！

（三）深入探究内容

师：《昆虫记》里一共写了多少种昆虫？这些昆虫的名字你们记住了吗？

师：让我们一起来读读目录，回忆一下这些小昆虫。

师：你从这本书中了解了哪些昆虫的知识呢？

（小组内交流一下，集体交流）

师：现在老师请同学们看几幅图片。你能猜出它可能是书里的什么昆虫吗？

师：同学们对昆虫的样子很感兴趣，记得很准确哦！进入下一个环节，我来描述你来猜！倾听是一种能力，看谁听得最仔细。

1．描述猜猜看

P1（萤火虫）

师：看来你们对萤火虫很熟悉哦。下一个有点难，请认真听——

P100（椎头螳螂）

师：棒极了！再挑战个更难的！

P138（黑腹舞蛛）

师：恭喜你，答对了！能告诉大家你怎么猜出来的吗？

（一是认真听，二是法布尔把小昆虫描写得很生动形象、很细致）

师：真会读书，还有自己的思考！

师：进入下一个环节，同学们在读书时发现了许多有价值的问题，要来考考大家，看看你知道吗？

2．知识竞答（学生提问）

①谁善于建造巢穴，管理家务？

②萤火虫是一种（　　）动物，主要猎物是（　　）。

③夏日的音乐家是谁？会叫的蝉是雌蝉还是雄蝉？

④蝉的幼虫生活在哪？蝉在树上生活的时间有多长？

⑤书中讲述了一种蜘蛛，毒性很大，咬一口可以毒死一只麻雀、一只小鼹鼠。是什么蜘蛛？

⑥谁被称为“祈祷上帝之虫”，是不折不扣的杀手，还会运用心理战术战胜敌人？

⑦它被称为“园丁”，是消灭毛虫和鼻涕虫的勇士，是菜地和花坛的守卫者。它是指什么昆虫？

⑧谁有“高级进化器”的美名，能消化掉腐烂的尸体，净化我们周围的环境？

师：还有这么多的问题，那就在小组内猜一猜吧。

师：读书让你们获得了这么多的知识，读书真好！老师给大家带来了一个关于蝉的寓言故事。

3．蝉和蚂蚁的寓言

说起蝉，大家都熟悉得很。刚刚学过的《金蝉脱壳》让你感受到了蝉脱壳时的有趣、脱壳后的神奇。那么，蝉和蚂蚁之间会发生什么故事呢？就让我们走进这个故事中，大家打开书 147 页，看第 2 自然段。

听！故事的起因是这样的：整整一个夏天，蝉不做一点事情，只是整日站在树梢上歌唱，而蚂蚁则忙于储存食物。冬天来了——（指生接读）蚂蚁把受潮的食物放在太阳底下晒干，一只饥饿的蝉跑来乞讨，它恳求得到几粒谷子，小气的蚂蚁们答道：“你曾在夏天唱歌，那就在冬天跳舞吧。”

最终，这只可怜的蝉饿死了。

故事是真的吗？没想到吧，让法布尔来告诉你吧。（看书 149 页）

七月的午后，热浪滚滚，让人窒息。我们这里的昆虫如同受难的平民，干渴难忍，打不起精神，他们失望地在已经枯萎的花朵上转悠，徒劳地寻找一点点能够解渴的汁液。

可蝉却对这水荒一笑了之，它尖尖的嘴像一种微口径钻孔器，刺进自己饮之不竭的酒窖。它停在一根灌木的树枝上，一边不停地唱歌，一边在坚硬光滑的树皮钻孔。它纹丝不动，聚精会神，完全沉浸在歌唱和琼浆之中。然而这被其他口干舌燥的昆虫发现了，纷纷跑去舔食。在这伙强盗中，最不肯罢休的要算蚂蚁了。我曾见过它们紧咬蝉的腿脚，拖住它的翅膀，爬上它的后背，抓挠它的触须，甚至有一次一个凶悍的强盗，竟然在我的眼皮底下抓住蝉的吸管，想把它拔出来。

读完法布尔笔下真实的蚂蚁和蝉的故事片段，最触动你心灵的是什么？（品读片段，说感受）

肆无忌惮、毫不退缩的抢夺者是蚂蚁！蝉甘愿与受难者分享泉水、同舟共济。法布尔为蝉平反了，他用诗人的语言描绘了鲜活的生命。你们读懂了昆虫在法布尔的笔下是生动的、宽容的、勇敢的；你们从文字背后读到了更多的关于人性的思考、生命的震撼。

这本书里还有很多精彩的片段值得我们细细地品读，读了不仅可以增长知识，而且可以提高自己的写作水平，还可以洗涤自己的灵魂。下面让我们继续品读吧。

（四）感悟写作技巧

1. 片段比较，感悟写作风格

《昆虫记》描写了一些昆虫的住所等生活习性，如果让我们来看肯定会一头雾水，想看看法布尔是怎样描写它们的吗？大家请看大屏幕。

蟋蟀的家：蟋蟀的家位于青草丛中的斜坡上，阳光充足，能够使雨水尽快地排掉。

洞口处有一小撮绿草，但是蟋蟀是不会吃这些绿草的。因为这些草半遮住洞口，既可以遮风挡雨，又可以给洞口投下一道神秘的阴影，起到保护作用。洞穴的入口略微有点斜，被蟋蟀用心地耙平和清扫过。（P31）

胡蜂的家：这简直是一件精美的艺术品啊！它大小如同普通的南瓜，四周没有粘连的东西，只在蜂窝的顶部，各种植物的根茎，特别是狗牙草的根深深扎入洞壁，将蜂窝牢牢地固定在洞顶上。（P38）

读完这两个片段，你能一眼就区分出是谁的窝巢了吧？法布尔怎么会区分得这么清楚呢？

小结：正是因为法布尔细致地观察，所以才清楚地区分出来。也正是因为他细腻地描写，我们才可以身临其境。这就是法布尔的写作风格——观察细致、描写细腻。各类昆虫在他的笔下栩栩如生、呼之欲出。打开这本书，感受到一个个小昆虫仿佛就在眼前快乐地舞蹈、快乐地歌唱、快乐地生活。

2. 走近昆虫，感悟写作方法

同学们，在法布尔的笔下，昆虫世界和人类世界是一样的。看下面两个片段，又带给你什么启示呢？

胡蜂：胡蜂家门前没有一点杂物，干干净净的。胡蜂是怎么处理掉那么多土块的呢？

原来，成千只的胡蜂一起挖掘着地下室，并根据需要将它不断地扩大。它们每一只都用上颚衔着自己的小土块出去，飞到远处，再将衔着的土块抛掉，有的近些，有的远些，这些土块就被抛到了四面八方。有人要说，这么多土块何时才能抛完啊？不着急。“众人拾柴火焰高”，有这么多胡蜂一起劳作，不愁抛不完！(P39)

圣甲虫：圣甲虫一直在推着球前进！可是在半途中，突然遇到了一个陡坡，沉重的粪球沿着斜坡滚到了谷底，圣甲虫也栽了一个大跟头。不过，它很快地飞奔过去，把粪球抓住，小心翼翼地一步一步直往后退，非常辛苦地把粪球推到了一定的高度。哎呀！一个不小心，粪球又滚落下去了。不急！圣甲虫又重新开始攀登，又滚了下来。再攀登！圣甲虫十次、二十次地攀登，直到成功。(P109)

小结：你知道吗，法布尔研究小昆虫总是那么小心翼翼，在他的眼里这都是有着鲜活生命的小宝贝儿。全家人斥责他，因为他研究黑腹舞蛛时不小心伤害了一只小麻雀。法布尔是在探究生命，正是因为法布尔赋予了昆虫人的情感，让它们拥有了人的喜怒哀乐，人的善恶美丑，让我们感受到了昆虫世界里的人情冷暖。他热爱生命、尊重生命，创造出了奇迹中的奇迹，带给了我们太多的生命的震撼。所以，经典的书籍是百读不厌的，细细地品才会感受其中无限的魅力！

课下，大家继续品读。

（五）作业自选超市

1. 制作昆虫名片

课余时间，你们可以拿起相机走进自然，拍一些昆虫的照片；也可利用其他方法收集图片，然后介绍图片上昆虫的习性和特征。

2. 写写昆虫小故事

你们可以观察或者通过查找资料，了解几种昆虫的特征和习性，加入自己的想象，写一写它们的生活，写一写自己和它们之间的故事。

3. 拓展阅读

如果想知道更多的关于昆虫等小动物的故事，推荐阅读《人与自然》《当世界还小的时候》《吓人的爬行动物》《花园系列》《科学的故事》等书籍。

（2014年黄岛正阅读教学探究开放课堂教学设计）

麻　　雀

一、教材简析

课文叙述了一只老麻雀在猎狗面前奋不顾身保护小麻雀的故事，这个故事因猎狗与小麻雀的相遇而展开，按照事情发展的顺序，把起因、经过、结果交代得很明白。

课文篇幅短小，语言高度凝练，用词准确传神，寥寥几笔就能勾勒出对象的特征，传出形象之“神”。作者观察细致，捕捉到了很多细节，清晰生动地展现了当时的情形。

二、学情分析

四年级的学生已经具备了一定的阅读能力和分析课文的能力，并且在平时的训练中已初步养成自主合作探究学习的能力。学生的年龄特点又决定了他们特别喜欢小动物，课余时间也读过一些关于动物爱子之情的文章，但学生可能会不理解本文中老麻雀的行为和猎狗的后退，课堂上进行启发引导是很有必要的。

三、教学目标

第一，认识“嗅、奈”等6个生字，会写“嗅、躯”等13个生字，会写“打猎、猛烈”等17个词语。

第二，知道可以按照事情发展的顺序写事，把事情的起因、经过、结果交代清楚。

第三，知道可以把看到的、听到的、想到的写下来，清楚展现事情发展过程中的重要内容。

第四，抓住文中的重点词句，深入体会作者是怎样通过具体描写来表现老麻雀深爱小麻雀的那种伟大的真情的。

四、教学重难点

认真体会作者是怎样通过具体描写来表现老麻雀深爱小麻雀的那种伟大的真情的。

五、教学准备

多媒体课件，查阅相关资料。

六、教学过程

师：同学们，虽然老师是第一次上我们班的课，但从你们的笑脸感受到了你们的亲切，从你们的坐姿感受到了你们学习的精神头十足。这节课，就看看谁最会学习、发言最积极。

（一）创设情境，激情导入

师：我家所在的小区树木葱绿，每天清晨，我都会被一阵阵悦耳的鸟鸣声从睡梦中唤醒，你猜这些是什么鸟？

师：对，就是我们经常见到的麻雀。（引出课题“麻雀”，板书，出示课件）；关于“雀”字，你知道多少呢？（学生回答）

设计意图：点题导入，拓展对“雀”字的认识，加深对“雀”字的了解。做生活中的有心人，处处留心皆学问。

（二）初读课文，理清脉络

师：（过渡）麻雀是一种不起眼的小鸟，可是在它身上却发生了极不寻常的事。这节课，我们就走进课文中，去感受一下这个美丽感人的故事。

师：课前让大家预习了课文，现在检查一下大家的预习情况。（课件出示）

摇撼　嘶哑　掩护搏斗　拯救　挓挲　掩护愣住

身躯　庞大　无可奈何

（指名读词语）

师：“挓挲”是什么意思？　挲就是张开、伸张的意思。（把词语放到句子里，做个动作试试看。通过做动作来理解词语是一种很好的方法）

师：“摇撼”呢？（用近义换词法理解词语，也是一种非常好的方法）

师：请同学们用自己喜欢的方式快速读课文，边读边想课文围绕麻雀写了一件什么事？

（指生回答）

师：（点拨）把故事的经过按照一定的顺序简要地概括出来了，这就是事情发展的顺序！我们在讲述一件事情时，也要按照事情发展的顺序，把起因、经过、结果条理清晰地写出来。

本文主要讲了（起因）一只小麻雀 ________，猎狗 ________，（经过）老麻雀 ________________，（结果）猎狗被老麻雀的 ________________。

设计意图：理解重点词语，为学生深入阅读课文扫清障碍。教给学生理解词语的方法比直接告诉他意思更重要。对课文整体的把握是必要的，运用填空式的方式来明确事情发展的顺序，从而教给他们概括主要内容的方法。

（三）精读课文，感受真爱

师：美丽动人的故事总是耐人寻味、感人至深，下面咱们走进故事中，开启我们的第三只眼睛，读懂文字背后蕴含的深层意思。

师：（课件出示学习要求）看看课文的哪些地方触动了你的心灵，画下有关的句子，用心去感受一下，可以在旁边做个小批注。

师：关于描写小麻雀的句子用横线画，关于描写老麻雀的句子用波浪线画，关于描写猎狗的句子用双横线画。

师：四人一小组交流一下学习收获，并练习用朗读表达你的体会感受。

1. 小组交流展示

（1）小麻雀

①我顺着林荫路望去，看见一只小麻雀呆呆地站在地上，无可奈何地拍打着小翅膀。

师：从这句话中，我们体会到了什么？这是一只怎样小的小麻雀呢？

②它嘴角嫩黄，头上长着绒毛，分明是刚出生不久，从巢里掉下来的。

师：从这句话我们体会到了什么？（小麻雀十分幼小）

师：（点拨）作者真实的描写，使我们好像也看到了这只小麻雀。它本应在巢里尽情地享受父母的关爱，可是在大风中，它不知不觉跌落在地，多么孤独、多么无助！

师：（评价）把掌声送给你们，多么精彩的展示啊，这样的学习才有价值，小组合作相互交流才能碰撞出更多的思维火花。

（2）猎狗

师：（过渡）此时，危险在逼近小麻雀！——大猎狗出现了。

（指名一个小组交流写猎狗的句子）

①猎狗慢慢地走近小麻雀，嗅了嗅，张开大嘴，露出锋利的牙齿。

（从“张开大嘴、露出锋利的牙齿”，可以看出这是一只凶猛无比的猎狗。

从“慢慢地走近”这一动作，可以想象出猎狗很小心，非常想吃小麻雀，生怕小麻雀飞走）

②在它看来，猎狗是个多么庞大的怪物啊！

（从“庞大”体会到猎狗在麻雀的眼里是个庞然大物）

师：是啊，猎狗与麻雀形成了鲜明对比——一大一小，一强一弱。此时，情况十分危急，你想到了哪个成语？

设计意图：静心读学，合作分享，小组展示，把课堂让给学生，让学生学会学习，教师只在关键处做一点拨、引导。

师：(过渡）小麻雀的生命危在旦夕，就在这千钧一发之际，大救星——老麻雀来了！她是怎么来的呢？看看书上是怎样写的。

2. 集体交流

（1）老麻雀

①突然，一只老麻雀从一棵树上飞下来，像一块石头似的落在猎狗面前。

比较体会：

“突然，一只老麻雀从一棵树上飞下来。”

“突然，一只老麻雀从一棵树上飞下来，像一块石头似的落在猎狗面前。”

“像一块石头似的落在猎狗面前”形象地表现了老麻雀飞落时用力之猛、动作之快，充分反映了老麻雀着急、紧张的心情。

“像一块石头似的落在猎狗面前”是一个比喻句，把老麻雀比作一块石头落在猎狗面前，可见她救子的心有多么急切。

指导朗读：“飞”语速较快，“落”要读重音。

师：飞下来的老麻雀是怎么做的呢？

②“它　拏起全身的羽毛，绝望地尖叫着。”

（学生谈自己的感受）

“绝望地尖叫”说明老麻雀对自己的举动没有把握，尽管如此，它仍尽力地尖叫来保护自己的幼儿。

师：看！作者的描写多么具体、清楚！不仅写了看到的，听到的、想到的都清楚地写下来了。

师：老麻雀尽管没有把握，还是想拯救自己的幼儿——接读！

③老麻雀用自己的身躯掩护着小麻雀，想拯救自己的幼儿。可是因为紧张，它浑身发抖，发出嘶哑的声音，准备着一场搏斗。

抓住其中的关键词，深入体会老麻雀深深地爱着自己的孩子，所以她英勇无畏、奋不顾身地面对强大凶猛的猎狗。

④这是一只英勇无畏的老麻雀！它不能——安然地站在高高的没有危险的树枝上，一种强大的力量使它飞了下来。

师：（提问）这种“强大的力量”指的是什么？（爱、勇气、责任）这种强大的力量就是“母爱”。这种爱的力量促使它奋不顾身，将自己置身于险境。

师：让我们再次感受一下这种爱的力量吧，齐读这句话。

（2）猎狗

①猎狗慢慢地走近小麻雀，嗅了嗅，张开大嘴，露出锋利的牙齿。

②猎狗愣住了，它可能没料到老麻雀会有这么大的勇气，慢慢地，慢慢地身后退。

师：看这两个句子，你发现什么相同之处了吗？

（学生谈自己的认识和感受）

找两名同学分别读这两句话，把体会到的内容读出来。

设计意图：抓重点词句，引领学生体会老麻雀那种强大的母爱，在深钻细究中明白爱的力量是强大的——拯救幼儿，吓退猎狗，从而与文本、作者达成共鸣。

（四）课堂延伸，拓展阅读

师：这种强大的力量不仅震慑住了猎狗，连作者屠格涅夫也被震慑住了。原文结尾是这样写的。（出示原文结尾）

“我赶紧叫开受窘的狗——于是我怀着极恭敬的心情，走开了。”

“是啊，请不要见笑。我崇敬那只小小的、英勇的鸟儿，我崇敬它那爱的冲动。”

“爱，我想，比死和死的恐惧更加强大。只有依靠它，依靠这种爱，生命才能维持下去、发展下去。”

指生读，简要介绍作者以及作品。

师：（拓展阅读）在大自然当中，也常有类似的因为爱而产生强大力量的温情而又感人的故事。下面，大家快速地浏览手里的短文《母爱》，回答后面的两个问题。

故事发生在西部的青海省，一个极度缺水的沙漠地区。

这里，每人每天的用水量严格地限定为 3 斤，这还得靠驻军从很远的地方运来。日常的饮用、洗漱、洗菜、洗衣，包括喂牲口，全都依赖这 3 斤珍贵的水。

人缺水不行，牲畜也一样，渴啊！终于有一天，一头一直被人们认为憨厚、忠实的老牛渴极了，挣脱了缰绳，强行闯入沙漠里唯一的也是运水车必经的公路。终于，运水的军车来了，老牛以不可思议的识别力，迅速地冲上公路，军车一个紧急刹车。老牛沉默地立在车前，任凭驾驶员呵斥驱赶，不肯挪动半步。5分钟过去了，双方依然僵持着。运水的战士以前也碰到过牲口拦路索水的情形，但它们都不像这头牛这般倔强。人和牛就这样耗着，最后造成了堵车，后面的司机骂骂咧咧，性急的甚至试图点火驱赶，可老牛不为所动。

后来，牛的主人寻来了，恼羞成怒的主人扬起长鞭狠狠地抽打在瘦骨嶙峋的牛背上，牛被打得皮开肉绽，哀哀叫唤，但还是不肯让开。鲜血沁了出来，染红了鞭子，老牛的凄厉哞叫，和着沙漠中阴冷的酷风，显得分外的悲壮。一旁的运水战士哭了，骂骂咧咧的司机也哭了，最后，运水的战士说："就让我违反一次规定吧，我愿意接受一次处分。"他从水车上取出半盆水——正好3斤左右，放在牛前面。

出人意料的是，老牛没有喝以死抗争得来的水，而是对着夕阳，仰天长哞，似乎在呼唤着什么。不远的沙堆后跑来一头小牛，受伤的老牛慈爱地看着小牛贪婪地喝完水，伸出舌头舔舔小牛的眼睛，小牛也舔舔老牛的眼睛。静默中，人们看到了母子眼中的泪水。没等主人吆喝，在一片寂静无语中，它们掉转头，慢慢往回走。

①画出文中最能表现老牛母子情深的句子，读一读。

②假如你是运水战士，你会甘受处分而给老牛半盆水吗？

设计意图：从一篇文章引出一本书、一个人，走入大阅读才是教学的目的。课堂教学不拘泥于课文，引领学生走大语文教学之路，让学习的外延不断扩展。

（五）升华情感，布置作业

师：这节课，很高兴与大家一起分享了麻雀母爱的伟大故事。作者真实清楚的描写使我们深切地感受到人世间最真诚而炽热的爱的力量，正是这种强大的爱拯救了小麻雀；这种强大的爱征服了猎狗；这种强大的爱感动了"我"；这种强大的爱打动了每一位读者的心。这是心的呼唤，这是爱的奉献，死神也望而却步，幸福之花处处开遍。

1.推荐阅读

师：课余时间，读一读屠格涅夫的《猎人笔记》。

2.妙笔生花

师：爱无处不在，我相信，文中这只小麻雀将沐浴着老麻雀浓浓的爱意健康成长。同样，同学们也沐浴着父母、老师、朋友之爱在一天天长大，在你们的成长道路上，也有着许许多多感人至深的爱的故事。请用你们手中的妙笔把故事按照事情发展的顺序写下来吧！

设计意图：阅读是让学生获得更多的知识，视野变得开阔，情感受到熏陶，让学生走向博大。写作是学以致用的一种方式，在写中运用所学的表达技巧，活学活用，从而提高写作能力。

【板书设计】（思维导图）

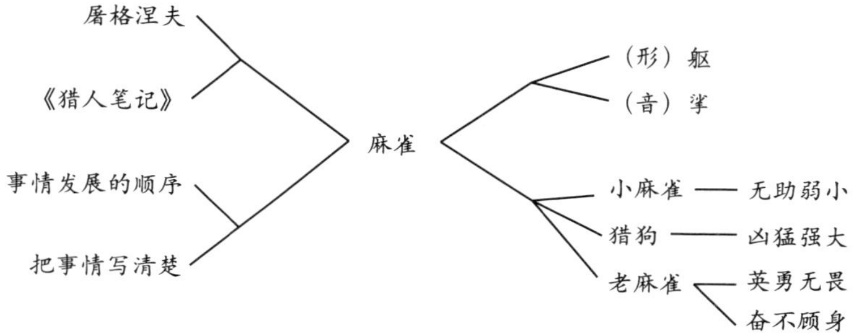

（2019 年 12 月青岛市优质课二等奖教学设计）

健康教育

——脑与脑的保健

一、学习目标

（一）知识目标

让学生了解脑的组成及其功能和如何科学用脑。

（二）能力目标

学生能流利地读课文，并能初步地了解课文大意。

（三）创新目标

培养学生主动提出问题、研究问题和解决问题的能力。

（四）德育目标

通过学习让学生从中受到珍爱生命的教育。

二、学习重点

理解文章中所讲脑的结构以及脑的保健的重要性。

三、学习难点

让学生把科学用脑的知识落实到日常学习生活中，并能持之以恒。

四、教学准备

多媒体课件。

五、教学过程

（一）导引目标，激发兴趣

师：同学们，这节跟我上一堂健康探索课，愿意吗？快来开始咱们快乐的学习之旅吧！

师：大家的家中有汽车吗？有了汽车，你就可以驾驶它，天南海北地去旅游。汽车也太神奇了，是谁制造出来的呢？是啊，人比汽车更神奇！

师：你玩过电脑吗？你可以从电脑上了解古今中外、天文地理，你想要什么就能得到什么，电脑也太神奇了！又是谁制造出了电脑、操纵着电脑呢？

师：你看，人简直是了不起！

师：那么，你认为人的哪一部分最了不起、最神奇呢？（板书：脑）

师：（小结）脑是我们身体的一部分，我们的身体是世界上最复杂的系统。你会呼吸、闻味和品尝，你能感觉、说话和走路，你能吃、能喝、能思维，就是大脑在控制、改变着身体的所有系统。（多媒体出示脑的画面）

师：这就是脑——人体的最高司令部。看到人体的最高司令部，你想说什么？

（让学生尽情地说出自己看后的感受）

师：（过渡）是啊，同学们，脑太神奇了！下面，让我们一同去揭开脑神秘的面纱。

（二）自主参与，体验发现

师：下面，请大家看着手中的材料，我来读一读课文的第 1、2 自然段，你好好听，如果哪个字不认识，你可以加上拼音。

师：想不想自己来读一读？那就赶快来读读第 1、2 自然段吧，相信你能获得一些新的知识。

师：下面一边看，一边把你读懂的知识用铅笔画出来。

师：请把你划出的读懂的知识同位相互交流一下。

师：（指名）请一位同学来读课文，其他同学结合自己的实际想一想、谈一谈自己的收获。

（让学生积极地发表自己的见解）

师：同学们读书的收获可真不少！为了让同学们对脑有一个比较全面的认识，还是让脑再做一下自我介绍吧！

（播放卡通脑形象解说）

师：看完了脑的自我介绍之后，同学们一起说说脑是由哪几部分组成的。（学生齐说，师板书：大脑、小脑、间脑、脑干）

师：我们的脑就是由这四部分组成的，它支配着我们人体的各个系统。正因为有了脑，人才能够思维、感受、说话、运动等，离开了人脑，人这一万物之灵就失去了灵魂，也就会失去主宰万物的地位，我们一定要好好地保护它、科学地使用它。如何保护脑和科学用脑就是我们下面要学习的知识。（板书：脑的保健）

（三）引导创新，应用实践

师：请同学们自己读读课文的第 3、4、5、6 自然段，想一想什么是科学用脑？怎样科学用脑？（板书：科学用脑）

（学生自己读书、思考）

师：指名谈谈什么是科学用脑。（一起读课文的第 3 自然段）

师：在你的日常学习中，该怎样科学用脑呢？请结合自己的实际生活在小组内相互讨论、交流一下。

师：你们都想到了哪些好办法呢？请站起来告诉你的好伙伴。

（指名说，师板书：不开夜车、不蒙头睡、多吃鱼、吃好早餐、劳逸结合……）

师：同学们科学用脑的好办法真多！我也通过查阅资料，收集了一些关于脑保健方面的知识，大家请看。（多媒体出示）

①开夜车是一种保护脑的有效方法。

②不蒙头睡觉，因为长时间吸进含二氧化碳浓度高的空气，对大脑危害极大。

③保护大脑应多吃鱼、蛋及豆制品，尤其是海鱼，对脑最有补益。还要多吃深色绿叶菜。

④经常进行手指技巧活动，可以增强脑的活力。俗话说“心灵手巧”就是这个道理。

⑤早餐质量与思维能力也有密切联系，一般早餐应多吃高蛋白的食物。

⑥合理地安排工作、学习和娱乐，使大脑劳逸结合。

师：（小结）同学们，关于脑保护的办法有很多很多。首先，我们应该在日常生活中注意安全，不要磕着、碰着我们的脑部。其次，在日常生活中，我们要注意饮食，早餐要吃好，一日三餐不要偏食，多吃鱼、蛋及豆制品，多吃深色绿叶菜，不要吃过咸的食物等。再次，平时要养成良好的生活习惯，如不熬夜、不蒙头睡觉、勤散步、多呼吸新鲜空气。最后，我们要学会科学用脑，劳逸结合，这样对提高学习效率、促进大脑的保健有重要意义。

（四）反思巩固，拓展学习

师：这一堂课快要结束了，通过学习，同学们都有哪些收获呢？（指名学生谈一谈）

师：脑太神奇了！关于脑的知识还有很多，我查阅到了一些有关脑的趣闻知识，让我们共同来欣赏一下。

①脑使用人体 1/5 的能量，但只有人体重量的 1/50。

②人之所以称万物之灵，就是灵在大脑上。

③勤于用脑可延缓衰老。

④脑怕不用，身怕不动。

⑤脑的大小与智力没有关系。

师：同学们，有关脑的知识无穷无尽，神秘莫测。现在还有很多大脑之谜科学家也没有解开，期待着我们大家好好学习，去揭开这谜中谜。课余时间，希望同学们通过看书、上网等方式再继续探索脑的神奇，进一步揭开脑神秘的面纱。看，我手中的《迪士尼儿童百科全书》中就详细地介绍了人体的奥秘。大家不妨也来读一读，或许你会获得一些新的意想不到的收获。

（2004 年 10 月山东省优质课比赛一等奖教学设计）

司马迁发愤写《史记》

一、教学内容

《义务教育教科书语文》（苏教版）五年级下册第三单元第4课。

二、教学目标

第一，正确、流利、有感情地朗读课文。

第二，学会本课生字，理解重点词语的意思。

第三，了解课文内容，通过具体的语言文字体会品味司马迁是怎样发愤写《史记》的，并抓住文中留白大胆想象，深刻感受司马迁的顽强意志与坚韧人格。

三、教学重难点

通过具体的语言文字体会品味司马迁是怎样发愤写《史记》的，并抓住文中留白大胆想象，深刻感受司马迁的顽强意志与坚韧人格。

四、教学准备

多媒体课件，查阅相关资料。

五、教学过程

（一）引人课题，紧扣中心

师：同学们，今天我们一起学习一篇新的课文，题目是《司马迁发愤写〈史记〉》。伸出你的小手，跟老师一起把课题写下来。

师：课前让大家收集了资料，说说你对《史记》有哪些了解。

师：这真是一部了不起的文学巨著，为我们后代研读历史起到了重要的作用。咱们今天学习的课文，是司马迁写《史记》时发生的事情。通过预习，你能用简练的语言说说课文的主要内容吗？

题目扩充法是概括课文主要内容的方法之一，把缺少的部分添加进去，把题目扩充成完整的句子，它就是文章的主要内容。

设计意图：从《史记》入手，在资料的收集与整理中加深了解。结合预习，引导学生学会运用题目扩充法概括课文的主要内容，并能在以后的学习中加以运用。

（二）检查预习，初步感知

师：主要内容你们把握得很好，看看从词语中又能发现什么。

出示词语：

呼啸而去　临终嘱托

飞来横祸　悲愤交加　血溅墙头

发愤写作　辉煌巨著　前无古人

师：朗读词语，读准字音，读出节奏。

横：héng ①跟地面平行的，与“竖”相对。②纵横杂乱。③蛮横，凶恶。

hèng ①意外的。②粗暴，凶暴。

师：“横”在字典里有两个读音，在上面的词语里，该怎么读呢？什么意思？

师：横着看这三组词语，你发现了什么？（司马迁写《史记》的曲折历程）

师：再读词语时，想象着画面，加上情感，读起来就更有味道了。试试看——齐读。

设计意图：理解词语的意思才能更好地体会文本，词语中蕴含的情感也就自然流露了。

（三）细读课文，品悟“发愤”

1. 追根缘由，为何“发愤”

既然道路曲折，磨难重重，司马迁为什么要发愤写《史记》呢？静心默读第 1、2 自然段，探究一下。从这里，你读出了一个怎样的司马迁？

预设一：英雄故事的感染

司马迁出生在黄河的龙门。黄河是我们的母亲河，中华民族的悠久文明在这里衍生。乡亲们讲述的英雄故事让司马迁如痴如醉，培育了他豪迈的灵秀之气。

预设二：父亲爱史的影响

司马迁的父亲是西汉武帝时期的太史令，他是当时一位非常杰出的学者，立志要编写一部史书。司马迁从小接受父亲的启蒙教育，在家学的熏陶下，司马迁努力读书，四处游历，积累了大量的历史资料。

预设三：父亲的临终嘱托

记录翔实而准确的历史文献是他父亲一生的追求，也是他父亲的夙愿，但是他父亲并没有完成这部历史著作。临终时，父亲泪流满面地对他进行了一番嘱托，沉重的责任感让司马迁义不容辞，发愤著书。

2．抓词品句，“发愤”著书

背负沉重的责任与使命，司马迁踏上了写作的道路，他是如何发愤写《史记》的呢？默读课文第 3 自然段，抓住重点词句深入体会，可在旁边做个简单的批注。

（合作学习：安静独学—同质对学—小组群学—展示交流）

预设交流：

（1）从“祸”入手，体会凌辱

①这是一场怎样的意想不到的灾难、祸患呢？通过课余查阅资料，谁对这件事情有更深入的了解？讲给大家听听。

②替李陵将军辩护这件事，你看到了一位怎样的司马迁？（正直坦诚，敢于直言）

③就是这样一位正直坦诚、敢于直言的司马迁，却入狱遭受了酷刑。查阅到了关于司马迁遭遇的酷刑资料了吗？交流一下。（课件出示宫刑）

受了宫刑，成了太监，身体承受着万般疼痛，心灵也经受着百般讥笑。他在一篇文章中写道：“我整天精神恍惚，我再也没有脸面去到坟前尽孝，再也没有勇气走上街头，我夜不能寐，经常从噩梦中惊醒，简直生不如死。”

（2）生死抉择，立志发愤

文中写道：“司马迁悲愤交加……”

预设一：真是活不下去了，了此残生吧。可是想到父亲临终时泪流满面地说：“我死之后朝廷会让你继任我的官职，你千万不要忘记我想要完成的史书哇！”我便打消了这个念头。

预设二：死了算了，一了百了。可是一想到那些英雄——屈原被放逐写成了《离骚》，孙膑被剜膝写成了《兵法》……我便有了活下去的勇气和决心！

预设三：……

师：痛苦与耻辱同在，梦想与嘱托共存，在生与死的面前，他做出了选择（我要活下去！我要写完这部史书！士可杀不可辱！）。

（3）走进内心，感悟发愤

师：正当司马迁忙着研读历史文献、整理史料、专心致志写《史记》时，遭遇了飞来横祸，可是，他心里是这样想的："人总是要死的，有的重于泰山，有的轻于鸿毛。我如果就这样死了，不是比鸿毛还轻吗？我一定要活下去！我一定要写完这部史书！"（课件出示）

预设一：重于泰山——正因为要活出生命的价值，所以他放弃了死，选择了生！

（历史是一面镜子，可以更好地指导人们把握今天、开辟未来。他写成的《史记》为我们创造了无限的价值。）

预设二：两个感叹号的句子——司马迁在对天发誓！已经将屈辱埋在心里，暗暗下定了决心！

（开启我们的第三只眼睛，透过文字，读出了人物内心世界的奥秘，感受到了一个在逆境中多么不屈不挠的司马迁！）

（4）拓展想象，细说发愤

师："想到这里，他尽力克制自己，把个人的耻辱、痛苦全都埋在心底，重又摊开光洁平滑的竹简，在上面写下一行行工整的隶字。"你从中感受到了什么？

师：同学们，此时在司马迁的脸上，我们已经看不到痛苦和绝望，看到的是责任和使命。

师：这幅图很简单，这段文字也很简单，可是发愤却远远不止这么简单！

师：请你结合课本上的插图，想象司马迁写《史记》的场景，用自己饱含情感的文字刻画出他发愤写《史记》的细节。

师：交流一下你想象中司马迁发愤写《史记》的细节。（展台展示）

师：从你们的话语里，我分明看到了两个字——"发愤""发愤""发愤"！

（5）"发愤"写作，铸就辉煌

师：在屈辱、挫折面前，司马迁忍辱负重、不屈不挠，用自己的心声做出了最好的回答——我一定要活下去！我一定要写完这部史书！这就是他能完成《史记》的根源所在！这就是精神的支柱！是信念的力量！

师：就这样，司马迁发愤写作。（生接读最后一段）

师：你关注了哪些词？谈谈自己的体会。

师：不仅语言有温度，数字也是有温度的！司马迁用了 13 年的时间写成了《史记》！吃尽了千辛万苦，遭受了百般凌辱，耗尽了毕生的心血，用生命铸就了辉煌！面对艰难困苦，你能做到坚持 1 天，甚至咬咬牙你能坚持 1 个月，能坚持 1 年的就不多了，可是司马迁却用了整整 13 年的时间，完成了 52 万余字的辉煌巨著《史记》。这不由得让我们想起了谈迁——在漫长的人生旅途中，难免有崎岖和坎坷，只要有厄运打不垮的信念，希望之光就会驱散绝望之云！发愤战胜厄运，厄运缔造奇迹，奇迹成就强者！

设计意图：整篇从“发愤”着手，引导学生抓住课文中具体的语言文字，以及善于在文中的留白处大胆设想，让学生在主动积极的思维和情感活动中加深理解和体验，有所感悟和思考，受到情感熏陶。

（四）总结升华，布置作业

师：生活中，我们难免会遇到困难和挫折，但是不经历风雨怎能见彩虹？只要有坚定的信念，有不屈不挠的意志，一定能到达成功的彼岸！历史的长河浪花朵朵，《史记》里的故事曲折动人，荡气回肠。静心阅读学校的百本书之一——《史记》。

设计意图：课堂向课外延伸拓展，激起学生的阅读欲望，让学生读整本的书，感受经典文学的魅力。

【板书设计】

忍辱负重

不屈不挠　　　　心理描写

发愤著书

（2017 年黄岛区一师一优课一等奖教学设计）

宋庆龄故居的樟树

一、教材简析

课文描写了宋庆龄故居两棵樟树的外形特点，以及拒虫的香气能够永久保持的可贵之处，表达了对这两棵樟树的赞美和对宋庆龄的怀念之情。

课文脉络清晰，外形特点从“枝干”“树叶”“四季常青”三个方面，感受樟树顽强的生命力。樟树的可贵之处通过对比来写，在交流的基础上启发“树与人”的关系。通过介绍宋庆龄的事迹，让学生逐步明白人们怀着崇敬的心情前来瞻仰宋庆龄的故居是要表达对宋庆龄的尊敬和爱戴。

二、学情分析

这是一篇精美的散文，运用了借物喻人的写法——借赞美樟树的可贵之处来赞美宋庆龄的高贵品质。以当前学生的认知能力，在充分阅读的基础上，借助语言文字，可以体会到作者笔下的两棵樟树蓬勃旺盛的生命力以及能保香拒虫的可贵之处，但对樟树的象征意义以及宋庆龄的高贵品质却很难理解到位。因此，树和人的相似之处，需要教师适时点拨、启发、引领。

三、教学目标

第一，独立识字，重点指导“繁”的写法，理解生词的意思。

第二，能找出句子、抓住关键词语，感悟樟树外形的特点和内在的品质。

第三，领悟本文借物喻人和对比的写作方法，在拓展阅读中进一步感悟借物喻人写法的妙处。

四、教学重难点

感悟樟树的内在品质，领悟借物喻人写作的技巧。

五、教学准备

多媒体课件，查阅相关资料。

六、教学过程

（一）直接导入，直奔主题

师：今天的这节课，我们就从一个人和两棵树讲起，请大家齐读课题。

师：这个人是——宋庆龄，你了解她吗？

（指生回答）

师：查阅资料是很好的学习方法，为你点赞。后面，我们还会深入探究这一方法。

设计意图：点题导入，了解人物，告诉学生查阅资料是很好的学习方法，可以让我们少走弯路，获得大量的知识。

（二）检查字词，整体感知

师：课前大家预习了课文，生字认识了吗？考考你。（课件出示）

搬家　　蓬蓬勃勃

稠密　　四季常青

崇敬　　繁衍后代

瞻仰　　枝枯叶落

师：繁衍是本课的新词，衍的读音是 yan，拼读一遍。

师："繁"是本课生字，仔细观察左上角的"每"发生的变化，请伸出手指跟老师一起写（板书示范），竖折，横折，都不出头。

师："繁衍"是什么意思？哦，当你不理解词语的时候，可以找到词语所在的句子，联系上下文读读，可能就懂了。

师：大家理解得很好。你仔细观察后面一列的四字词语都是写什么的？对，都是写樟树的。

师：你能用上面的词语，说说"这是两棵________的樟树"。

设计意图：掌握生字新词是基础，为阅读扫除障碍。词语归类可以更好地积累运用，并在整体感知中学会恰当使用。

（三）品读感悟，学会表达

师：你喜欢这两棵樟树吗？看来初读课文，这两棵樟树就给大家留下了深刻的印象。

师：快速浏览课文，看看哪几个自然段具体写了樟树？（4、5）

1. 感受樟树的外形之美（第4自然段）

师：让我们到课文第4自然段中，去看看这两棵樟树的样子，请用“ΔΔ”标出写樟树特点的词语，想想从中体会到了什么，然后带着你的体会再读一读。

（1）枝干

枝干粗壮——樟树长得很旺盛。

两个“伸”——感受到樟树很有力量，生命力旺盛。

师：假设你的胳膊就是樟树的枝干，你怎么伸？

（指生回答，谈感受）

师：带着我们的感受，再读写枝干的句子。

（2）树叶

师：你在读时突出了句子中的哪个词？你的感受是什么？

稠密——树叶很多，长得很旺盛。

发亮——绿叶闪着耀眼的光芒，仿佛每一片叶子上都有一个小精灵，是那样的蓬蓬勃勃。

（3）四季常青

（投影出示）樟树四季常青，无论是夏天还是冬天，总是那么生机勃勃。

师：这句话是不是有点问题？“四季”本来就已经包括“夏天”和“冬天”，这样写是不是重复了？

师：让我们学习作者的写法，用上“无论……总是……”这个关联词，也来赞美赞美樟树吧！

拓展想想：樟树四季常青，经受了多少考验！无论是______还是______，它们总是那么蓬蓬勃勃。

师：想象棒极了！无论哪个季节，无论遇到什么困难，樟树总是那么蓬蓬勃勃，彰显出旺盛的生命力。让我们蓬蓬勃勃地再来读一下这句话。

（4）小结

师：刚才，我们跟随作者按照枝干—树叶—四季常青的顺序感受到了樟树

的外形之美，我们在背诵的时候记住这一顺序就很简单了，试着背一背。（大家一起背一遍）

设计意图：教给学生找句子、抓关键词来体会作者所要表达的情感，从而更好地感悟文本，在层层阅读中推进升华。

2．感受樟树的内在品质（第5自然段）

师：樟树不仅外形很美——蓬蓬勃勃让人喜爱，它还有内在的可贵之处，大家看第5自然段。

师：（出示阅读要求）请同学们默读思考，看看樟树的可贵之处在哪里？用横线标出相关的句子，抓住其中的关键词，谈谈你的体会。

小组内合作交流学习收获。

（集体交流：指生回答画出的句子，谈谈自己的学习收获）

师：樟树的可贵之处让人喜欢，带上你的情感再来读读句子。

师：是啊，就算它变成粉末了，它的香气——仍然不变。只要这木质——就——；只要这木质——就——；只要这木质——就——……

师：所以我们说它（指板书）——保香拒虫。

师：这是多么可贵的品质啊，让我们一起记住它，齐读这段话。

设计意图：小组合作学习，充分发表见解，意在为学生打开一个自主开放的学习空间，激活他们潜在的学习兴趣，培养他们合作探究的精神。

师：这一段除了樟树，还写了什么树？（石榴树……）

师：课文主要写的是樟树，为什么还要写石榴树等别的树呢？（对比）

师：真了不起，你不仅知道对比这种写法，还说出了对比更突出了樟树不招虫、香气永存的品质。

师：这是两棵________、__________的樟树，难怪宋庆龄说："我舍不得这两棵树。"

师：不仅宋庆龄喜欢这两棵樟树，人们也喜欢。

（出示第6段，指读）

师：（多媒体点红"瞻仰"）根据目字旁猜猜，"瞻"是什么意思？用老师教给大家把词放到所在句子里的理解方法，想想瞻仰是什么意思。对，怀着崇敬的心情看。不过，老师提醒你，"瞻仰"通常用在已经去世的伟大人物身上，如"瞻仰人民英雄纪念碑，瞻仰毛主席遗容"等，这个词可不能随便用。

人们瞻仰的是宋庆龄，为什么"也总爱在这两棵樟树前"留影纪念呢？请大家结合课前收集查阅的资料，读一读老师收集整理的关于宋庆龄的部分资料，看一看樟树和宋庆龄有什么相似之处。

她是“中华民国”名誉主席，是孙中山先生的夫人，被人们尊称为“国母”。在近70年的革命生涯中，她始终坚持孙中山的革命主张，坚定地和中国人民站在一起，永葆革命青春和旺盛的革命斗志，把毕生的精力都献给了世界和平和人类进步事业，被誉为20世纪最伟大的妇女之一。

1936年，宋庆龄得知国民党反动派非法关押了7位著名的爱国人士，十分愤怒。在那炎热的7月，她不顾疲劳，带着十几位救国会的同志来到苏州高等法院，自请入狱，敌人吓得一个个狼狈不堪。在危难时刻，从不向反动势力妥协。宋庆龄的一身正气让敌人敬畏，他们被迫当场释放了7位爱国领袖。

从这些资料中，你读出了一位怎样的宋庆龄？

歌德说过，会读书的人用两只眼睛，一只眼睛看到文字表面的意思，另一只眼睛能透过文字读懂背后的含义。开启我们的眼睛，你觉得作者仅仅是为了写宋庆龄故居的樟树吗？（指生回答）

真是人如树、树如人啊。这种表面上写两棵樟树，实际上却是通过借写樟树来赞美宋庆龄的写作方法就叫作借物喻人，人们在樟树前留影纪念，表达的是对宋庆龄崇高品质的敬仰和赞美。

（多媒体出示）

樟树蓬蓬勃勃，四季常青，香气永存，使虫类惧怕；

宋庆龄革命青春不老，战斗一生，一身正气，令敌人畏惧。

师：男女生分读，领悟借物喻人的写作方法，感受宋庆龄的崇高和伟大。

设计意图：深入学完整篇文章，最后回到文章的写法上，让学生明白这是“借物喻人”，使文本、表达得以有机整合，学生对本课的写作目的也有了各自深浅不一的独到解读。

（四）拓展阅读，总结升华

师：借物喻人的文章有很多，大家看老师发给你的《落花生》一文，读一读、想一想作者在这篇文章里借落花生比喻什么呢？

我们家的后园有半亩空地，母亲说：“让它荒着怪可惜的，你们那么爱吃花生，就开辟出来种花生吧。”我们姐弟几个都很高兴，买种、翻地、播种、浇水、施肥，没过几个月，居然收获了。

母亲说：“今晚我们过一个收获节，请你们父亲也来尝尝我们的落花生，好不好？”母亲把花生做成了好几样食品，还吩咐就在后园的茅草亭过这个节。

晚上天色不太好，可是父亲也来了，实在很难得。

父亲说："你们爱吃花生吗？"

我们争着答应："爱！"

"谁能把花生的好处说出来？"

姐姐说："花生的味儿美。"

哥哥说："花生可以榨油。"

我说："花生的价钱便宜，谁都可以买来吃，都喜欢吃。这就是它的好处。"

父亲说："花生的好处很多，有一样最可贵：它的果实埋在地里，不像桃子、石榴、苹果那样，把鲜红嫩绿的果实高高地挂在枝头上，使人一见就生爱慕之心。你们看它矮矮地长在地上，等到成熟了，也不能立刻分辨出来它有没有果实，必须挖起来才知道。"

我们都说是，母亲也点点头。

父亲接下去说："所以你们要像花生一样，它虽然不好看，可是很有用。"

我说："那么，人要做有用的人，不要做只讲体面，而对别人没有好处的人。"

父亲说："对。这是我对你们的希望。"

我们谈到深夜才散。花生做的食品都吃完了，父亲的话却深深地印在我的心上。

（读完后指生谈自己的阅读体会，交流学习收获）

设计意图：本环节的阅读训练跃出文本，有机拓宽，使学生更好地领悟"借物喻人"的写法，为以后掌握并运用这种写法打下坚实的基础。

师：今天我们跟随作者走进宋庆龄的故居，从语言文字中感受到了樟树的蓬蓬勃勃和香气永存，正如宋庆龄旺盛的革命斗志和一身正气。她的美德就像樟树一样四季常青、芳香四溢，让我们再一次怀着深深的崇敬之情，深情地呼喊一声这位伟人的名字——宋庆龄！

（五）布置作业，延伸拓展

①收集宋庆龄生平的有关故事，了解这位令人崇敬而又伟大的女性。

②朗读课文，背诵课文。

【板书设计】（思维导图）

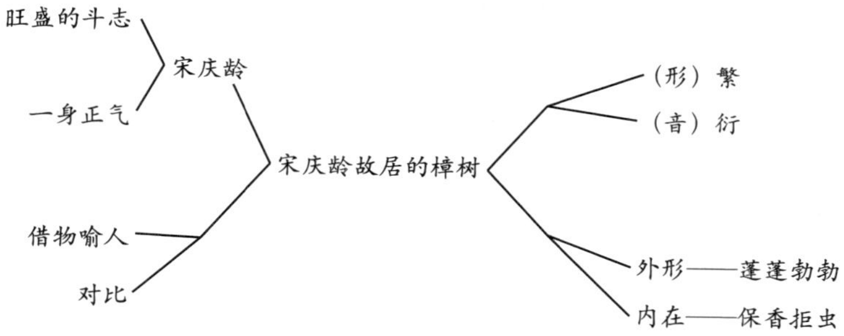

（2018 年 6 月黄岛区优质课一等奖教学设计）

他们需要关爱

一、教学目标

引导学生认识到残疾人在生活上有许多困难，了解残疾人身残志坚的事迹，教育学生尊敬而不是歧视残疾人，使学生燃起对残疾人的同情和关爱之情，并力所能及地帮助他们，培养学生的爱心。

二、教学方法

通过换位体验、故事交流、收集资料、小组讨论等活动，使学生体会到残疾人在生活上有许多困难，社会应给予残疾人许多关怀，帮助残疾人是每个公民的责任。

三、教学准备

残疾人的图片、收集的故事，《爱的奉献》和《春天在哪里》的磁带。

四、教学过程

（一）创设情境，导入新课

师：同学们，喜欢春天吗？让我们一起唱着歌，走进美丽而又有生机的春天去看看吧！（课件展示春天在哪里）

师：看到这么美丽的春天，你想说点什么？

师：在这美丽的春天里，你们和爸爸妈妈都去过什么地方旅游？能告诉我吗？

师：春天里小朋友玩得多开心啊！可是青岛盲校里一个和我们一样大的孩子——祝建慧小朋友因双目失明不能像我们一样去观赏美丽的春天，多么让人心痛啊。

师：祝建慧只是众多残疾人中的一个，社会上还生活着许多残疾人，他们由于先天或后天的意外，使身体器官或功能有了缺陷，给生活带来了很多不方便。

你们知道社会上还有哪些残疾人吗？（学生说，师板书：残疾人，出示有关图片）

师：残疾人是怎样生活的呢？下面就让我们做个小活动来体验体验吧。

（二）换位体验，真情感受

师：残疾人是不幸的，他们的内心很痛苦，因此在活动时，不要嘻哈，要用心去体验。大家听好活动的要求。

1.体验游戏一

小朋友们，我们先来扮演盲人。请每人闭上自己的眼睛，从书包里拿出我们的语文书，然后沿着桌子的边沿慢慢走，尽量不要碰桌子，不要碰同学。

师：请大家睁开眼睛，看看你是拿对了还是拿错了？拿错的同学请举手。

（指生谈拿错的原因）

师：大家再想象一下，盲人在生活中还会遇到哪些困难？

师：是啊，盲人处在黑暗的世界里，没有光明，生活起来是多么不方便、不容易啊。

师：那么缺少一只胳膊的残疾人又是怎样生活的呢？下面让我们再来做个小活动。

2.体验游戏二

请小朋友们用一只手把你们的外衣脱下来。注意，在活动的过程中另一只手不要帮忙。你一边做一边体会。

师：就这一小活动你们不想说点什么吗？

师：胳膊残疾的人在生活中还会遇到哪些困难呢？

师：不难发现，没有了一只胳膊，我们做起事情来是多么不方便。

师：刚才我们已经体验到了盲人和胳膊残疾的人在生活中做事情与我们正常人比是多么不容易。那么其他类型的残疾人在现实生活中会遇到哪些困难呢？（学生谈）

师：小朋友们，你们通过上面的活动、谈话，感到了许多的不方便，而残疾人却是天天如此、年年如此，多么不容易啊。可他们却战胜了生活的困难，克服了自身的残疾，用自立自强写下了一篇篇感人的故事。

（三）讲述故事，震撼心灵

师：下面让我们一起走进故事屋，来听一听那些残疾人的故事吧。老师也和大家一样收集了一些残疾人自强不息的感人故事，让我们共同交流一下，好吗？

师：谁想第一个把你收集的故事讲给同学们听？

师：这就是张海迪（出示图片），张海迪的生命里盛满了大家的爱，有了爱，她用轮椅走出了一条不平凡的人生之路。

师：还有谁愿意把故事讲给大家听？

师：（出示图片）从故事中，我们被桑兰坚强的意志所感动，而她又很善良，把社会捐助给她的价值百万元的各种残疾人生活用品赠给了更困难的残疾人，她就是一个大慈善家。

生：老师，我也想为大家讲一个残疾运动员的故事。（学生讲故事）

师：世界冠军张小玲拥有了大家的关爱，凭着不服输的倔强劲儿，走上了成功之路，真令人敬佩。

师：还有谁想讲？

师：李志华不是弱者，她一天学也没上却当上了热线主持人。

师：还想听吗？再来一个。

师：双目失明的高冬春为人们默默地送信、送报，他所做的事情村民人人叫好。

师：我也收集了一个感人的故事，讲的是用双脚走向成功的郑华梅。

（出示图片）

师：这些残疾人克服了许许多多的困难，取得了辉煌的成功，是我们学习的榜样。同时，我们更应该多方面地了解他们，关心和帮助他们，他们更需要关爱。（板书：需要关爱）

（四）关注残疾，奉献爱心

师：课前，老师让大家收集了一些关于帮助残疾人的资料，小组先讨论一下，说说社会对残疾人是怎么进行帮助和照顾的。一会儿，我们举行“爱心助残知识小竞赛”，看哪一小组知道的最多，得的星最多。

（把以下题目分成 A、B、C、D 四组，让小组长任选一题回答，答对一题得一颗星，答错不得分）

①马路上有专为盲人设置的盲道。

② 8 月 12 日是“国际盲人节”。

③人民币上有专为盲人设置的标记。

（教师出示不同面值的人民币，教学生识别）

④公共汽车上有专为残疾人提供的座位。

⑤中国有 6000 万残疾人。

⑥每年 5 月的第 3 个星期日是中国的助残日。

⑦为了帮助残疾人的子女，在全国少年儿童中开展红领巾助残活动。

⑧我国有《中华人民共和国残疾人保障法》。

⑨我国有中国残疾人联合会。

师：我们在日常生活中经常会遇到残疾人，那你会怎么办呢？

（遇到盲人要主动引导他过马路；遇到残疾人乘车，我要主动给他让座；我还要为残疾人捐上我的零花钱……）

（五）总结全文，激发情感

师：小朋友们，残疾人与我们生活在一起，让我们用自己的实际行动，伸出温暖的双手，奉献自己的爱心，关爱残疾人、帮助残疾人，让世界充满爱。让我们一起唱《爱的奉献》。

五、课后自评

“品德与生活”对我来说是一门全新的课程，半年来的教学实践以及外出观摩学习，使我深深地了解了这门课程的性质。因此，在《他们需要关爱》这一课的设计中，我努力去体现这一点，从儿童的生活实际出发，让他们自由真诚地交换意见，让他们在活动中积极地体验、感悟，让他们在潜移默化中提高道德认识。

我把本课的活动内容设计成了三大部分。

（一）换位体验，真情感受

课程标准倡导我们重视学生的情感体验，让学生在亲自体验中明白一个道理、养成一个习惯、形成一种品质。因此，在课堂上，我让学生扮成盲人、上肢残缺的人，让他们在活动中感受到没有眼睛和用一只胳膊做事是多么不容易。让学生在切身活动中获得残疾人生活不幸的体验，并往外拓展，让学生感悟到其他类型的残疾人在生活中可能面临的困难与痛苦，从而唤起学生内心对残疾人的同情，让品德教育得到升华。

（二）讲述故事，震撼心灵

现代教育理论指出，教学过程是师生积极互动、共同发展的过程。在本课教学中，我注意创设和谐平等的师生关系。让学生把在课前收集的“身为残疾人却不向命运低头”的故事，在课堂上相互交流，使学生对残疾人了解得更深、知道得更多，激起学生尊重残疾人的情感，并从故事中受到感染、熏陶。这样拓宽了师生间、生生间动态的信息交流，实现了师生互动、相互沟通，达到共享、共进的目的。

（三）关注残疾，奉献爱心

发现每个孩子的精彩之处，赏识每个孩子的优点是教师在素质教育中必须遵循的理念。因此，在一开始我就用优美的语言来表扬学生，拉近了师生间的距离，营造了民主、平等、和谐的教学氛围。这样，学生在赞美与点拨之下，就会充满信心和勇气，兴趣盎然地学习。课堂上，我又真诚地评价每一位发言的学生，如“你的心灵真美！”“你真是一个可爱的小天使！”“你有一颗金子般纯真美好的心！”等，使他们享受到成功的喜悦、成长的快乐、探索的自信，从而和学生的心灵产生共鸣，润物无声地启迪着孩子的智慧，塑造着孩子的心灵。

（2004 年青岛市公开课教学设计）

《我爱我的“家”》主题班会设计

一、活动目的

第一，通过本次班会活动，激发学生热爱班集体的情感，从小事做起，为集体增光添彩。

第二，增强学生的凝聚力，使其树立集体观念，激发学生团结一致为班集体做贡献的热情。

第三，让学生学会感恩，增强同学间的友情，养成互帮互助的好习惯。

二、活动形式

诗歌朗诵、自由发言、讲故事、游戏、唱歌。

三、活动过程

（一）班主任、主持人讲话，宣布活动开始

师：大家关注今天班队会的主题了吗？“家”带着引号，那么这里的“家”指什么呢？（学生发言，归结到班级上）

师：生活在新世纪小学，美丽的校园是我们的家，明亮的教室是我们的家，家中有团结互助的兄弟姐妹，能在这里读书学习多幸福呀！为了使同学们更加热爱我们的学校，热爱我们的班级，今天，我们在这里召开主题班队会《我爱我的“家”》。

师：下面，大家以热烈的掌声请我们的两位主持人闪亮登场。

（主持人上场）

甲：大家好！今天的班队会由我们俩来主持。

甲：青青的松林是蘑菇的家。

乙：蔚蓝的天空就是白云的家。

甲：广阔的牧场是牛羊的家。

乙：弯弯的溪流就是蝌蚪的家。

合：我们的家，就是这宽敞明亮的教室，就是这充满友爱的集体。一个凝聚了49颗心、49份爱的地方。

乙：这个家，有我、有你、有他。

甲：我们与老师朝夕相处，共同生活在这个和睦温馨的大家庭里。

乙：在这个集体中，我们相亲相爱，亲如一家。

（二）照片忆往事

甲：首先，请把目光聚焦在大屏幕上——这，就是我们美丽的六年级一班全体同学。这张照片是我们最最敬爱的班主任徐老师陪我们一起去石油大学参观时拍摄的。每一个同学的脸上都带着灿烂的笑容，留下了我们美好的回忆！

乙：还记得我们的班级口号吗？我们的班级口号是——（齐喊）奋发向上！快乐成长！

甲：我们每天都生活在一起，一起学习、一起活动、一起成长。

乙：我们不会辜负老师对我们殷殷的期望，每天都快快乐乐地学习，每天都收获满满而归！

合：我们将手挽手、肩并肩，共同开创美好的明天！

（三）事迹暖心田

甲：集体就像大海，个人就是大海中的浪花。

乙：只要每个人心中有爱，无私地付出，我们的集体就会更加温馨，我们人人就会幸福无比。

甲：我们深深地爱着这个集体，我们的家——六年级一班。我们彼此理解、包容、关怀，身边发生了很多感人的故事，温暖着我们的心田。让我们去听一听。

（10个学生讲故事，及时做好评价）

甲：班里的感人故事一节课两节课是说不完的！但是，一件事情，无论它有多小，如果你能坚持去做一个月、一年、十年、一辈子，你就会让人感动、让人尊敬。你帮助了他人，就奉献了一点爱；每个人都去帮助别人，每个人都接受别人的爱，小爱汇聚成的是大爱，大爱就会产生强大无比的力量。

乙：生活在这样的集体中，是幸福快乐的。下面，我们还是通过一个游戏来领会其中的道理吧。

甲：我们这个游戏叫折筷子。（背景音乐）请两名同学上台，折一根筷子，然后折两根、五根、十根……结果怎样？请各自说说自己的体会吧。

乙：大家在下面也看到了，你作为一个旁观者，能谈谈关于这个游戏的感受吗？

（指2位学生谈感受，运用合作的名言）

甲：做完了这个游戏，相信大家对团结合作有了更深刻的认识。如果将我们每一位同学都看作一根筷子，那么我们班就是这一大把筷子。一个人甚至三五个人的力量是有限的，而众人一心，便坚不可摧。

乙：我们这个大家庭幸福快乐，温馨和谐，诗歌《我爱我班》就是同学们的心声！请全体起立，朗诵诗歌。

我爱我班，我爱我班。

为我是她其中的一员，因为她给我带来无限的温暖。

她是我成长的摇篮，她是我温馨的家园，

她让我有了无数伙伴，她让我体味到了友爱的甘甜。

我爱我班，我爱我班。

因为她给我带来了成功的希望。

因为她赋予我无穷的欢乐。

她是我辛勤劳作的田园，她是我成长的乐园。

她让我品尝到了收获背后的辛酸。

她让我享受到了阳光的灿烂。

甲：是啊，我们在这个大家庭里享受到了成长的欢乐，体味到了友爱的甘甜！就像汶川地震发生后，我们举国上下，众志成城，团结一致战胜了天灾，这就是团结所显现的强大力量。因此，在我们这个大家里，同样需要人人献出一份爱，出一分力。这样，我们的大家才会更强大，才能在学校组织的各类活动和评比中名列前茅。

（四）成长路漫漫

甲：下面，就请大家想一想，我们班级在同学们的共同努力下取得了哪些成绩。

（学生说成绩）

生1：竖笛比赛，我们获得第二名的好成绩。

乙：虽然只是短暂的三五分钟，却牵动了我们全体同学的心。请大家再回到那紧张激动的一幕吧！（出示图片）说说你此时的心情。（指名发言）

生 2：秋季趣味运动会，我们荣获第一名，今年的春季运动会，我们获得第二名。

甲：春季运动会虽然只是第二名，但这次成绩更是来之不易。我想这次运动会给大家都留下了深刻的印象，谁来说一说呢？（随机发言）

乙：在那次运动会中，吴勇峰同学也取得了优异的成绩，让她谈谈感受吧！

（吴勇峰发言）

甲：说得多好呀，集体就是你疲劳时的加油站。让我们最为感动的是 1500 米长跑中，在同学们的加油助喊声中，在晓晓和玉清的奋力拼搏之下，我们终于获胜了。多么让人难忘啊！

生 3：四月份钢笔书法比赛，获得第一名。

乙：字如其人！一手好字是人的第二张脸。平时，老师非常注意指导我们的书写，教育我们认认真真写字，堂堂正正做人！看，这是我们班同学写的字，多端庄、多美观！（出示图片）

生 4：三月份的规范化班级争创中，我们班被评为规范化班级。

甲：在三月份学校组织的活动中，同学们人人按照要求去做，为班级争得了荣誉，这是共同努力的结果。

生 5：五月份的艺术节活动中，绘画比赛获得第一名。

生 6：五月的课间舞比赛，我们获得了级部第二名。

甲：我建议让我们再一次用热烈的掌声祝贺我们取得好成绩！（鼓掌）

乙：是啊，在那一次，要不是参加表演的同学在课下一遍遍地练习，其他同学帮忙指导，怎么能取得成功呢！

甲：看！这就是半年来我们取得的主要成绩。（课件出示奖状奖杯）其实每一次的荣誉里都包含着大家的心血和汗水，每一次的荣誉都是我们大家团结协作的成果。

乙：也正因为有了大家的爱，有了大家的努力，我们班才成为学校的文明之班、先进之班，成为一个让人羡慕的班集体。

甲：成绩是显赫的、令人兴奋的。但人无完人、金无足赤，我们班级也一样存在缺点和不足。下面我们就来给班级找找缺点。

生 1：课堂上，有一小部分同学不会听讲，学习的态度不端正，太贪玩。

生 2：路队秩序不好，上下楼梯不住地说话。

生 3：同学之间不够谦让，有时为了一点芝麻大的小事闹红了脸。

甲：刚才大家指出了班级中存在的一些问题，“知错能改，善莫大焉”！在以后的日子里，我们要扬长避短，让我们每个人、让我们这个大家在发展中成长、在完善中强大！

乙：老师们对我们班级的看法会更全面、更客观。下面听听老师们给我们什么建议和期待。

班主任：首先，我为我自己能和大家一起拥有这样一个团结向上的集体而感到自豪，也要感谢集体中的每一个成员为集体所付出的努力。近两年来，我们学校创建“德育润心”的教育品牌，大家在诵读弟子规和三字经的过程中受到了教育，并在实践中得以呈现，良好的风貌不断形成。当然，追求完美是我们的目标，班级中存在问题也是正常的。有问题、有缺点并不可怕，只要我们敢于认识到自己的不足，勇于去改正，最终就会努力做到尽善尽美。今天班队会的主题是一个“爱”字，关于“爱”这个字我有这样的看法——一个人能够爱自己的父母和亲人说明他懂得了感恩；一个人能够爱自己的集体说明他懂得了奉献；一个人能够爱自己的国家和民族甚至世界上的所有人说明他懂得了责任。我们作为跨世纪的一代新人，就要用我们的勤劳和智慧，用我们的一颗博爱之心，去创造幸福与快乐！

甲：听完同学和老师的话，我们知道了以后努力的方向。其实在我们这个班级后面还有一群人在时刻关注着我们，那就是我们的家长。

乙：今天，我们的家长没能亲自参加我们的班队会，却给我们带来了一封家书。这是浩民的爸爸写给浩民的信，让我们一起来听听父母的心声。（出示信，请数学老师来代读）

亲爱的儿子：

你好！

时间可过得真快呀！转眼半个学期就过去了。虽然爸爸不在你身边，但爸爸一点也不担心你的身体，因为有那么多的老师在爱着你、照顾着你，把你们当成自己的孩子，甚至比自己的亲人还要亲。你如果有什么不开心的事，可以向徐老师或者李老师说说，她们会帮你的，不管你遇到什么困难，她们永远都站在你的背后支持你。

儿子，你明白吗？其实，学校就是一个大家庭，班级就是大家庭里的一个团体。你一定要爱学校、爱班级、爱学校里所有的老师和同学。同学之间一定要互相关心、互相帮助。还记得那次你回家说，张晓晓的手腕骨折了，课堂上只能听不能写，她焦急万分。班里的尹硕和卓凡等同学主动伸出援助之手，课下帮她做好笔记……你是个有爱心的孩子，爸爸相信你也会用一颗善人善已之心，去对待身边的人和事。

在做人上，爸爸希望你逐渐培养一种责任感，不要总是想着别人应该为你做些什么，而要想着能为别人做些什么。自己的事情要自己做，别人的事情也要助人为乐。没有责任感的人难以成就大事，也不会拥有真正的朋友，更难以被社会所认同。你要懂得和珍惜感情，要有一颗感恩的心，感恩父母的关爱、感恩老师的教诲、感恩同学的友情、感恩社会的帮助。要爱自己和爱他人，要知道，爱是无私的，爱是不求回报的。

亲爱的孩子，希望你成为一个全面发展的人，这不但体现在优异的学习成绩上，还体现在进步的思想和健康的体魄上。所以，爸爸希望你能在搞好学习的同时，积极投身班级事务，踊跃参加各种活动，做一名优秀的新世纪小学生。

以上是爸爸对你说的肺腑之言，努力吧，爸爸会为你而自豪！

爸爸写于深夜

2014 年 6 月

乙：读完信，你肯定有很多话想说，请交流一下。

（指 3 位学生谈感受）

甲：让我们牢记师长们的教诲，不断完善自我、超越自我，让我们更加完美，让我们的班级更加优秀。

（五）故事话启示

甲：《哈弗家训》里的故事，大家百读不厌。今天，老师也给我们带来了一个爱的故事。请徐老师为大家讲故事——《让爱住我家》。

一个妇人出门回来，看到三位素不相识的老者坐在她家门前。她上前对他们说："你们一定饿了，请进屋里来吃点东西吧。"

"我们不能一同进去。"一个老人说。

"那是为什么？"妇人感到疑惑。

一个老人指着同伴说："他叫成功，他叫财富，我是爱。你现在进去和家人商量商量，看看需要我们哪一个。"

妇人进屋和家人商量后，决定把"爱"请进家里。于是，妇人出门问三位老人："哪位是'爱'？请进来做客。"

"爱"老人起身朝屋里走去，另外两位老人接着也跟在后面进来。

妇人感到惊讶，问"成功"和"财富"："你们两位为什么也进来了？"

老人们一同回答："哪里有爱，哪里就拥有财富和成功，哪里就应该有快乐和幸福！"

甲：这个故事告诉我们什么道理？把你的感悟与同学交流分享。（让学生畅谈自己的感悟，教师巡视把握学生动态，获取相关信息）

（4 位学生汇报发言交流，全班分享）

乙：爱是和谐的乐章，爱是力量的源泉。心中有爱，就拥有幸福，就会走向成功。

师：（小结）是呀，很多人一生都在追逐财富或成功，却忽略了爱。其实，人世间最宝贵的是真情、真爱，只要我们心存真情，心怀真爱，我们的生活就会增添快乐。因此，希望我们在收获真情、真爱的同时，也能回报一份纯纯的情、浓浓的爱。

（板画心形图）

（六）心愿化实践

甲：通过这次活动，我想，大家对我爱我的"家"一定有了更多的感悟。下面，拿出你手中的心形卡，写下对同学、对班级的期待与祝福吧！

（学生各自在自己的心形小卡纸上写下自己的心愿或祝福，和小组内的同学分享）

（在此期间，与全班同学分享部分同学写出的心愿或祝福，并做简要点评，然后让他们把小卡纸贴在黑板上）

（之后，让全班其他同学把写上自己的心愿或祝福的小卡纸依次贴在黑板上的心形大卡纸上，汇成一幅全班的心愿图）

甲：看，这里满载着全班同学的美好心愿，让我们伴爱起航，与爱同行，让这个大家庭越来越和谐、越来越美好！

乙：最后，有请我们的班主任老师对本次班队会做总结讲话。

（七）总结升华

师：今天的班队会活动开展得非常成功，从活动中，老师看到了同学们美好的心灵。相信六年级一班全体同学，今后无论走到哪里，都能很快地融入集体，心怀博爱，与大家更加紧密地团结在一起，共同健康快乐成长。因为有这个大家，我们才有缘聚在一起；因为心中有爱，我们才成为相亲相爱的一家人。下面，请同学们一起欢唱《让爱住我家》，用嘹亮的歌声来唱响我们的誓言吧。

（教师在歌声中宣布主题班会结束）

四、活动陈述

（一）班会背景

本班学生是我在三年级时接的班，4 年的相处，孩子们之间建立了深厚的友情，对待班级的事务非常上心，就拿运动会来说吧，参赛的同学拿不到第一就哭，我都为之感动不已。十个指头不一样齐，还有少部分学生对于班级的荣誉观念淡泊，常常会做出一些损坏集体荣誉的事情，如校牌队徽的佩戴、路队的秩序等。那么如何发扬优点、克服不足，如何充分调动学生的积极性、创造性和参与性，让同学间能更融洽，友谊能更深厚，集体更和谐，正好借着这次《我爱我的“家”》的主题队会做一次很好的教育。

（二）活动目的

让孩子自主参与，在活动的策划中培养他们关爱集体、积极合作的学习态度；通过队会的开展增强学生的集体荣誉感，明确今后努力的方向，从而为和谐班集体的建设尽一份责任。

（三）活动准备

在活动准备过程中，我充分发挥队员的主观能动性，让他们做到“自己的活动自己设计”，我只把本次的活动要求、大致流程告诉了大家，跟他们说碰到困难时，自己想方设法解决，解决不了的，再由我给予指点帮助。我仅作为一个参与者加入他们，做到既不放任自流，也不包办代替。在活动中，我向队员们提出的希望是团结合作、敢于竞争、积极向上、力求取胜，我还常常鼓励队员们说：“只要努力了，就一定能成功。”

（四）活动效果

我们每个人都生活在集体中，我们的成长离不开集体，我们要关心我们的集体，热爱我们的集体。主持人引导学生从团结互助、无私奉献、懂得感恩等方面讨论今后我们应该如何热爱我们的班集体，并谈谈每个学生应怎样扬长避短，在班级建设中发挥积极的作用，让学生明确个人的步调要和集体保持一致，集体的利益大于一切。

班会结束后，相信我们班的学生会充分意识到朋友的重要、团结合作的可贵，懂得以真心换真心的道理，对今后他们进入新的集体，结交更多的朋友有很大的好处。同学们都说，集体就是一个大家庭，老师、同学亲如兄弟姐妹，只有形成坚强的核心，只有每个同学都发挥自己的积极作用，各司其职，班级才能井然有序、和谐运转。

（2014 年黄岛区班队会公开课教学设计）

我为同学喝彩

一、教学目标

第一，知道每个人都有自己的长处，引导学生发现并真诚地赞扬同伴的优点，从而学会发现别人的长处，欣赏和尊重别人。

第二，通过写优点卡的活动，让学生初步体会在赞美别人的过程中自己心情的愉悦，进一步理解“尺有所短，寸有所长”。

第三，学会取人之长、补己之短。懂得学习别人的长处，使自己不断进步。

二、教学准备

第一，课前观察班内同学的长处。

第二，学生准备一张卡纸，设计成自己喜欢的形状。

第三，课前收集虚心学习、取长补短的小故事和名人名言。

第四，多媒体课件的相关资料。

三、教学过程

（一）激趣引题

充分利用本班学生的长处，如获得三好学生奖状、作文写得好、字写得漂亮等大加赞扬，为这些同学高兴、鼓掌。

师：刚才，我们看到同学有这么多的长处不仅自己高兴，大家也为你高兴。你们每个人都很棒，都有各自的长处。今天，我就带着大家一起走进《我为同学喝彩》这节课。让我们互相找一找我们班的同学都有哪些长处，为同学的长处鼓掌喝彩。（板书课题）

（二）探究交流

1．活动一：合作交流，探究体验

请学生看一幅图片。（一位后进同学取得进步奖状）

师：你从这幅图看到了什么？

（让学生懂得为同学的进步而喝彩）

师：我们班的每一位同学身上都有优点，你一定很佩服他们！那你发现他们身上的优点了吗？赶快站起来对着你最佩服的同伴，大声地告诉他。（先同位互相找一找长处，再起来说最佩服的同学的长处。在评价时，既要为有长处的同学喝彩，又要为发现长处的发言人喝彩）

师：刚才，同学们从团结友爱、尊敬师长、兴趣爱好等方面说出了咱班同学的许多长处，这种真诚的交流会使我们的友谊之树常青常绿。

师：当我们发现了别人的长处，除了像刚才那样直接告诉他，还可以用什么方式呢？（学生回答）

师：或许，有些同学还不好意思说出他人的长处。下面，我们就把身边同学的优点写在卡片上吧。（学生制作优点卡）

师：现在，我从你们写的卡片中选取五张读给大家听一听，猜一猜他们是谁？

师：这些同学在某一方面表现得很突出，对这样的同学，你心里是怎样想的呢？下面，就让我们一起走进内心世界，学会为他人喝彩吧！

师：请将上面展示的几个同学的优点卡送给他的好朋友，并说出自己的真心话。

师：学会欣赏别人是一件很开心的事，请课下把自己制作好的欣赏同学的优点卡赠送给你的好朋友，并送上你真诚的话语。

2. 活动二：故事启迪，深化认识

师：你们的表现很出色，连骆驼和羊也被你们吸引来参加我们的欣赏活动了。大家请看。（媒体出示两幅图片，学生看图讲故事）

师：故事讲完了，你来评价一下，到底是高好还是矮好呢？四人一小组讨论一下。

师：赶快把你的想法告诉大家吧。（集体交流）

师：从大家的回答中，我可以感受到同学们是有思想、有头脑的小大人了，对待问题有自己独到的见解。其实，人各有所长、各有所短，对人一定要宽容，要正确看待。

（板书：尺有所短，寸有所长。并让学生在书上画出）

师：是啊，人既有长处，又有短处，我们不能只看到自己的长处而看不到别人的长处，也不能只看到别人的短处而看不到自己的短处。

3. 活动三：寻找榜样，反思感悟

师：柳公权的书法在唐朝时即负盛名，民间更有“柳字一字值千金”的说法。那么，柳公权为什么取得了这么了不起的成就呢？请你们读一读书中的故事。

师：故事读完了，说说你们的想法。（学生交流）

师：柳公权成功的桂冠既是由辛勤刻苦的荆棘编成的，又是站在巨人的肩头上去摘取的。他善于吸取书艺众家的智慧与成果，变化成自己一家书艺。

师：看来，要想进步与完善，就得虚心向有长处的人请教。我们只有互相学习，取人之长，补己之短，才能共同进步。（板书：取人之长，补己之短）

师：想一想，你的短处是什么？你打算向谁学习，取他的长处补自己的短处呢？（学生交流）

师：在我们身边，经常会发生这样的现象，如果是你，你会怎么做呢？让我们讨论一下吧。（课件展示）

图一：课桌上爬上了一只蜘蛛，小静吓得哇哇叫。

图二：学校的舞蹈队张华被选中领舞，而王丽却没有。

（交流意见）

师：《三国演义》的故事可能有些同学读过，让我们看看其中的两个人物。（课件展示）

师：老师读，你们找出文中的主要人物，看一看他们的长处，说一说自己的想法。

师：通过刚才的交流，我们知道每个人都有自己的长处，嫉妒别人会给自己带来更大的伤害。我们要善于发现，学会欣赏、尊重别人，才能使自己不断进步。

4. 活动四：自我评价，课后延伸

师：通过刚才的学习，谈一谈你的收获是什么？

（学生交流，对哪怕一点点的收获也要肯定、赞赏）

师：自古以来关于“取人之长，补己之短”的谚语、名言有很多，就是告诫人们正确看待自己和他人。看课本，读读书上的两句话。

师：课下，收集相关的名句，下一节课，我们先制作一个书签，时时提醒自己，不断进步、不断完善。当然，也可以把你的精美书签送给你的朋友或亲人，让大家共同进步。

（三）情感升华

师：学会欣赏、尊重别人，能给自己带来欢乐。让我们学会用真心去交流、用真诚去理解，取人之长、补己之短，相信我们班的每一位同学在欣赏、尊重别人的同时一定会赢得更多的朋友，赢得更多的快乐与幸福。让我们深情地呼喊——做一个胸怀宽广的人，你好、我好、大家好！

（2009 年青岛市送课下乡教学设计）

献给节日的礼物

一、活动准备

（一）教师准备

①学校以前的迎“六一”活动资料。
②学校庆“六一”联欢录像。
③收集有关“六一”儿童节的资料。
④自制的成品小手工制作或贺卡等。
⑤自制的不同奖项的奖章。

（二）学生准备

①收集有关“六一”儿童节的资料。
②制作的工具，如刻刀、剪刀、针线、胶水等。
③制作的材料，如纸板、布料、木板、纸张等。
④表演用的器乐。

二、活动时间

2课时。

三、活动过程

（一）第一课时

1.活动一：精彩回放观“六一”

（1）观看录像

多媒体播放学校里孩子们欢欢喜喜地为迎“六一”儿童节而忙碌的情景以及各班级去年庆祝“六一”儿童节联欢会的录像。

（2）启发讨论

师：从画面上你能看出这是什么日子？大家的心情怎样？

（3）引入活动

师：大哥哥、大姐姐们在欢庆“六一”时是那么快乐、那么高兴。为了今年大家能过一个快乐而有意义的“六一”儿童节，咱们赶快行动，向自己的节日献上一份厚礼！（板书课题）

2. 活动二：你言我语话“六一”

①结合学生课前通过查阅、询问、上网等各种方式了解到的有关“六一”儿童节的知识，开展“你言我语话‘六一’”一分钟演讲比赛。

②小结。师：每年的6月1日是国际儿童节，这是全世界少年儿童共同的节日，世界各地的少年儿童都会以丰富多彩的形式和内容来欢庆自己的节日。这一节日是1949年国际民主妇女联合会为了保障全世界儿童的权利而设立的。在这一天，我们都应该积极动手、踊跃参与，把“六一”打扮得五彩缤纷，向世人宣传这一重要的节日。

3. 活动三：做件礼物献“六一”

师：“六一”儿童节是我们每一位同学的节日，大家一定要携起手来为“六一”儿童节献上自己最满意的礼物。

（1）议一议

师：为了使节日过得更有意义，我们该向“六一”儿童节献上什么礼物呢？请大家开动脑筋，讨论讨论。

①手工制作类，如剪纸、折纸、雕塑等。

②贺卡类，如制作精美的贺卡送给手拉手学校的小伙伴、送给联谊学校的同学、送给远方的好朋友等。

③才艺特长类，如绘画、书法、诗歌、舞蹈等。

④其他。

（2）做一做

个人或小组合作创作一幅画、一张书法作品、一件雕塑等。

（3）演一演

有特长的同学自由结合，交流展示自己的特长，并继续加强练习，提高演艺水平，准备向全班、全校展示。

（4）小结

从合作交流、敢于尝试、大胆创新、勇于实践等方面进行总结，让学生喜欢自己的节日，愿意通过自己创造性的劳动为节日献礼，体会过节的快乐和幸福。

（二）第二课时

1．活动四：五彩缤纷赏“六一”

师：同学们为“六一”制作了这么多的礼物，下面让我们一起尽情地欣赏吧。

①在小组内展示自己的礼物，并为自己的作品命名。

②组织全班同学布置展室、展台。

③组织学生有秩序地参观展品，欣赏献给节日的五彩缤纷的礼物。

④自己评一评，找出自己作品的优点，体验成功的喜悦，享受节日的快乐。

⑤相互评一评，找出他人作品的长处，共同评出“最佳创意奖”“心灵手巧奖”“合作愉快奖”等奖项，并颁发奖章。

2．活动五：真情传递贺“六一”

①在小礼物上写上节日的祝福，让真情伴礼物快乐传递。

②把小礼物送给自己的好朋友，或送“六一”展室展出，和大家一同分享成功与快乐。

3．活动六：活动收获

①分小组畅谈活动的收获，并说说自己庆“六一”的打算。

②全班交流，自由发言。

③小结。引导学生通过交流本次活动的收获，看到自己的进步，学会合作，与同伴分享成功与快乐等，确立努力方向。

小手拉小手

一、教学目的

第一，通过指导学生遇到问题学会求助及互相帮助，培养儿童爱同学、爱集体的思想感情。

第二，使学生了解并学会求助时要用文明用语，培养与同学团结友爱的精神，养成乐于助人的良好习惯。

二、教学准备

多媒体、录音机、磁带。

三、教学过程

（一）创设情境，激起兴趣

师：同学们，我刚刚上完一堂课，觉得口干舌燥的，真想喝点水，怎么办呢？

（“老师，你上办公室去喝。”“老师，你用我的杯子喝。”）

师：听到同学们这么热情地帮助我，我真是感动，谢谢同学们对老师的关心帮助。不过，我办公室里的杯子打碎了，用你们的杯子喝水又怕传给你们细菌，我到底该怎么办呢？

（“用热水烫一烫再喝”）

师：哎呀，老师太谢谢你了，替我想出这么好的办法。得到你们的帮助，我真的是感动得不得了。有了你们的爱，我感到心里特别快乐、特别温暖。

（二）讲述故事，熏陶情感

师：其实，在我们的身边就有许多助人为乐的好故事，想说一个给大家听吗？先想一想。

（指名举手的同学说故事）

师：看，咱班的 ×× 同学有了困难，在他无助的时候，是 ××× 同学热情地帮助了他，真让人感动。×× 同学你的心灵真美，表现真棒！大家快来夸夸他“真棒！真棒！你真棒！”。

师：还有谁想讲一个故事？

（指名举手的同学说）

师：听！ ×× 同学在别人有困难的时候无私地伸出了双手，帮助他人解决了困难，得到了快乐，同时自己也很快乐，你真是一个可爱的小天使。

师：谁再来讲一个？

（指名举手的同学说故事）

师：哇！听了这个小故事，你不想来夸夸 ×× 同学？（指名举手的同学来夸夸）×× 同学，看大家多佩服你，你真了不起！你有一颗金子般纯真美好的心！

师：同学们团结友爱的故事可真多，我真想再听一个。

师：噢！正因为有了你的爱，才使 ×× 同学解决了困难，露出了笑脸。爱使你和 ×× 同学变得快乐、变得美好！爱使这个世界变得更加灿烂！

师：我已经被同学们这些团结互助的小故事深深地感动了，其实，每个人都遇到过困难，都得到过别人的帮助，特别是我们寄宿生，一周都生活在学校里，遇到的困难会更多，助人为乐的故事也就随处可见。请你把发生在自己身上的故事讲给小组内的同学听听，让大家一同来感受这温暖美好的世界。

（小组交流，师巡视倾听）

师：同学们，刚刚来上学的时候，你会叠被子吗？是谁帮助过你？你愿意把这个助人的故事讲一讲吗？

（同学讲）

师：我们来上学，离开自己的父母，非常想家，是大哥哥、大姐姐，是同学们伸出双手抚慰了你，爱使你们感到了有家的温暖，爱使你们健康快乐地成长。

（三）播放歌曲，加深体会

师：是啊，我们大家生活在同一个集体里，同学们能够做到互相帮助、互相关心非常好。现在，我们大家都是好朋友了。让我们一起来唱《我们都是好朋友》这首歌好吗？

（四）爱心捐助，真情体验

师：我们对自己熟悉的人遇到困难时会毫不犹豫地去帮助他，那么，当陌生人有困难时，我们该怎么办呢？下面，就让我们来看看大哥哥、大姐姐们是怎样

对那些贫困家庭的小学生进行帮助的。（看我校与琅琊镇中心小学“手拉手、献爱心”活动的录像、照片）

师：看了这些照片你想说点什么？（学生说）

师：大哥哥、大姐姐们伸出了无私援助的双手，帮助那些贫困的小学生，使他们和我们一样能够快乐地学习、生活。

师：等到了明年，我们学校还要开展“献爱心”捐助活动，那时，你将怎么做？

（启发学生说）

师：听了同学们的回答，可以看出你们都是富有爱心的孩子。这就是爱的奉献，这就是人间的春风，这就是生命的源泉。

（五）学唱儿歌，升华情感

师：让爱撒遍人间大地，让我们一起来唱《小手拉小手》这首歌，好吗？

（学生齐唱）

师：通过今天的学习和交流，我们小朋友之间的情谊更加深厚了，也使我们懂得了同学之间应该团结互助，让我们在今后的学习和生活中拉起小手、共同成长、一同进步。

四、自评

《品德与生活》对我来说是一门全新的课程，半年来的教学实践以及外出观摩学习，使我深深地了解到《品德与生活》课程是以儿童的生活为基础，以培养品德良好、乐于探究、热爱生活的儿童为目标的综合性课程。因此，在《小手拉小手》这一课的设计中，我努力地去体现这一目标，从儿童的生活实际出发，让他们自由真诚地交换意见，让他们在活动中积极地体验、感悟，让他们在潜移默化中提高道德认识。

（一）因地制宜，活用教材

《小手拉小手》一课的内容很少，并且“忘带杯子”和“同撑一把伞”这两方面并不适应我们寄宿制学校。因此，我从本校的实际出发，从学生身边的困难入手，把有教育意义的内容充实到教学活动中，使教学活动内容更加丰富多彩，让学生在自己的实际生活中去感受、去体验，如学生说被子不会叠是怎样解决的、生病了怎么办、铅笔不够用怎么办等。

（二）创设情境，真情体验

课程标准倡导我们重视学生的情感体验，让学生在亲自体验中明白一个道理、养成一个习惯、形成一种品质。因此，在课堂上，我为学生创设情境，让品德教育得到升华。例如，我把我们学校每年与琅琊中心小学组织的“手拉手，献爱心”活动搬到了课堂上，让学生从他人的行为中认识到爱的光荣、爱的伟大。并且提出等到了明年爱心捐助的时候，你们该怎么办？以此激起学生思维的火花，让他们积极动脑、奉献爱心。此时此刻，学生已融入我创设的情境，真诚、热情地伸出自己的双手，用爱来装扮这个美好的世界，从而养成助人为乐的好习惯。

（三）赏识学生，真诚赞美

发现每个孩子的精彩之处，赏识每个孩子的优点是教师在素质教育中必须遵循的理念。因此，在一开始我就用优美的语言来表扬学生，拉近了师生间的距离，营造了民主、平等、和谐的教学氛围。这样，学生在赞美与点拨之下，就会充满信心和勇气，兴趣盎然地学习。课堂上，我又真诚地评价每一位发言的学生，如“你的心灵真美！”“你真是一个可爱的小天使！”“你有一颗金子般纯真美好的心！”等，使他们享受到成功的喜悦、成长的快乐、探索的自信，从而和学生的心灵产生共鸣，润物无声地启迪着孩子的智慧，塑造着孩子的心灵。

这一堂课还有许多不尽如人意之处，如我在教材的理解、把握与运用上还存在着不足；在课堂的组织和引导启发学生上还需进一步努力；在现代教学手段的运用上还不够先进。领导、老师们，恳请你们提出宝贵的意见，我将虚心听取，并以此为动力，不断学习，使自己更进一步。

（2004 年胶南市品德公开课教学设计）

月亮湾

一、教学目的要求

第一，能正确、流利、有感情地朗读课文和背诵课文。
第二，学会本课 8 个生字，理解由生字组成的词语。
第三，欣赏月亮湾的美丽景色，激发学生热爱家乡的思想感情。

二、教学重难点

学会本课生字并感受月亮湾的美丽。

三、教学准备

课件、生字卡片。

四、教学时数

2 课时。

五、教学过程

（一）第一课时

1. 课前故事，激发兴趣

师：今天，我给大家带来了一个小故事，想不想听？
生：想！
师：那么，在听故事时看看哪位小朋友听得认真、专心。
（师讲《巧取宝石》的故事）
师：故事讲到这里，你知道小公主是怎样拿到宝石的了吗？（指名说）

师：刚才讲故事时，我发现同学们听得都入迷了，有的同学两眼放光，还那么善于动脑思考，这就是最聪明的孩子的表现！我为你们出色的表现而高兴！相信这节课你们的表现会更出色！

【良好的开端是成功的一半。课前的故事一下子抓住了学生的好奇心，恰当的评价激发了学生的学习兴趣，使课前与新课很自然地融合在了一起，让每个学生都在很轻松的状态下进入了新的学习。】

2．导入新课

师：这节课，我和大家一同来学习一篇新课文《月亮湾》，请大家伸出小指头跟我一起写课题——

“月”字的第一笔是竖撇，里面的两道小横不要写得太长。看！两道小横躺在里面多舒服呀，还可以透透气。“亮”字中间的秃宝盖要写得舒展些，托住上面的部分，盖住下面的部分。

“湾”是左右结构，左边是三点水，右边是“弯曲”的“弯”。“湾”带着三点水，说明跟水有关。在本课里，月亮湾是一个村子的名字。

【共同写课题，让学生写好每一个字，做好每一件事。】

3．初读课文，学习生字

师：月亮湾是个什么样的村子呢？（生：美丽的村子）这个村子到底美在哪儿呢？让我来读给大家听。请你打开书，认真看清每个字，听清每个字的读音。

师：想不想自己来读读课文？（生：想！）下面请同学们自由读读课文，我相信你一定能读准字音。如果遇到不认识的字就借助拼音多读几遍。

师：接下来，请同学们对照着田字格里的生字，把自己不认识的字在文中圈出来，一边圈一边读，并想办法记住它的音，记住它的形，与这些生字交上朋友，看看谁交的朋友多！

师：我发现你们学得很专注！你们都跟哪些生字交上了朋友呢？大家看大屏幕。(出示词语)

月亮湾　绕着　缓缓　倒映　灿烂　朝霞　山坡　像

师：你自己读读看，哪个生字还不认识，再看看书上的拼音多读几遍。

师：谁能看着屏幕大声地读出词语朋友的名字？（指读）

师：同位互相读一读，检查一下。

师：词语你都认识了，可爱的生字想单独与你交朋友，你还能叫出它的名字吗？（出示词语卡片认读）

师：这么短的时间，你们就把生字朋友记在了心中，真了不起！能告诉大家你是怎么记的吗？

生：“晓”字去掉“日”，加上“纟”。

师：你用换偏旁的方法记住了“绕”字。不过咱们还没学“晓”字，你在哪里认识的这个字？

生：在背古诗《春晓》时就认识了。

师：真棒！在背古诗时你也主动识了字。让我们一起背《春晓》。

师：谁还有不同的方法？

生：“浇”字去掉“氵”，加上“纟”。

生：“烧”字去掉“火”，加上“纟”。

师：换偏旁是我们识记生字的一种常用方法。想一想在本课里还有哪些字可以用这种方法来记？

生：“缓”字是“温暖”的“暖”去掉“日”，加上“纟”。

生：“坡”字是“波浪”的“波”去掉“氵”，加上“土”。

生：“坡”字还是“冲破”的“破”去掉“石”，加上“土”。

生：我想这样来记“坡”字——小“皮”字，真淘气，上了土坡做游戏。

师：你用编儿歌的方法来记忆生字，真独特！将来你一定会成为一名小作家。

生：我用“人和大象交朋友”记住了“像”这个字。

师：对！动物是人类的朋友，我们要保护它们。

生：我用猜谜语的方法来记“烂”。谜面是“火兰花”。

师：你的办法可真不错。猜谜语不仅可以帮助我们识记生字，而且会使我们记得更牢固。

生：我想让大家猜一猜“铁丝钩去浇花水”是个什么字？（晓）

师：你真聪明，编出了这么巧妙的谜语。我这里也有一个谜语请大家猜一猜，看看谁的小脑瓜最灵——十月十日。

生：朝。

生：我还知道，“朝”是“人流如潮”的“潮”去掉“氵”。

师：你的记忆力真不错，把积累运用上没学过的字都记住了。

生：我想记“映”，左边是“日”，右边是“中央电视台”的“央”。

师：你在看电视时也识了字，真是个生活的有心人。

师：下面，我做个动作，你能猜出是什么字吗？（用丝线在铅笔上缠绕几圈）

生：绕！你是用丝线来缠的，所以“绕”字左边是“纟”。

师：同学们识记生字的方法可真多！让我们再大声地齐读一遍卡片上的字。（师出示，学生齐读）

师：相信你们在以后的学习、生活中运用这些方法会认识更多的字，结交更多的生字朋友。

【以读为本，寓识于读，使识读相互促进、相得益彰。鼓励学生主动识字，充分利用他们的生活经验，营造识字教学的良好氛围，采用喜闻乐见的形式进行教学，激发学生体验识字的乐趣，使课堂成为学生学习的乐园。】

4. 再读课文，读通读顺

师：只一会儿工夫，生字就被你们认识了，再读课文，相信你们就会读得更好了！下面，请你们自由读读吧，要做到字字响亮，句句通畅。如果能做到一边读一边在脑子里放电影就更好了，试试看。

（学生自由读，师巡视指导）

师：我发现同学们很会读书，有的同学遇到难读的句子回过头来再读一遍，这是一个很好的学习方法。现在你就学着这些同学的做法，把你认为难读的句子重点读一读，读通读顺了，你就会和他一样聪明！（生再读）

师：读通顺了吗？（生：通顺了！）我很想听听你们读得怎么样，谁愿意读给大家听？读的同学声音要响亮，让同学们都听得见，其余的同学要仔细看、认真听。

（生 1 读第一自然段）

师：你读得这么流畅，了不起！请坐。

师：要读好第二自然段就不那么简单了，谁敢来读？

（生 2 读第二自然段）

师：太精彩了！（竖大拇指）我觉得你已经远远超过二年级小学生的读书水平了！第一句这么长，你却注意了停顿，读得这么好，再读给同学们听听。（生 2 读）

师：第二句作者写得也很美，谁愿起来读读？（指生读）

师：读得美极了，像小河流水一样动听！

师：咱们一起读这句话。

师：第三句里带个小顿号怎么读？告诉你吧，读时稍微一停，不用喘气，但也不能连起来读，听我读——

师：女同学来读。

师：声音真甜美，比我读得还要好。

师：男子汉们迫不及待地想读了，你们能读好吗？（男生读）

师：聪明，真不愧是一群小小男子汉！

师：后面两句写了红红的桃花，我想你肯定能读得更美。自己试着读一读。

师：谁想读？（指生读）

师：读得好！我仿佛看到了那片红红的桃花。

师：过了桥，是——（生：一片绿油油的农田。）

师：绿油油读得好，把农田的广阔、浓绿都读出来了。

师：通过刚才的学习，我想最后一段不用教，你们就会读得很好。大家一起读。（生齐读第三段）

师：棒极了，采茶姑娘的笑声飘到教室里来了！

师：月亮湾的确是风景如画、美不胜收啊！请你再自由地把全文读一遍，欣赏一下那里的美景吧。（生自由读全文）

【方块字起了魔力，透过字里行间，学生读出了丰富的内涵，读出了情和意，一遍比一遍读得通读得顺，一遍比一遍读得入情入境，使朗读真正落到了实处。】

5．指导写字

师：同学们读书的热情可真高！下面让我们在写字册上写写字吧，看看谁写得比以前更漂亮。

师：大家先看看本课的生字，你觉得哪些字写起来有困难，需要我帮助？

生1：我觉得“绕”字难写。

生2：我觉得“朝”字难写。

生3：我觉得“缓”字难写。

师：我们先看“绕”字怎么写吧。（大屏幕出示田字格中的“绕”字）请你仔细观察，然后告诉大家怎样写就漂亮。

生1：我提醒大家不要把“绕”字最后加上一点。

生2：整个字左窄右宽，“纟”写得窄一些。

生3：倒数第2笔的撇要撇到提下面。

师：下面，我在田字格中写一个“绕”字，请大家看清每一笔所占的位置。（师范写）拿起笔，在习字册上描一个，写两个。先自己检查一下写字姿势，“三个一”做到了吗？

（“缓、朝”教法同上）

师：剩下的几个字，大家自己看一看、描一描、写一写。

（生写字，师巡视指导）

【意在笔先，胸有成竹。只有掌握了每一个汉字的间架结构和字形要点，才能做到下笔如有神。和孩子们静下心来，处在平和的情绪中，教导学生认认真真

写字，堂堂正正做人。】

6．布置作业

师：课后继续读课文，比比谁读得最美。另外，读书要动脑，常言说得好，“读书贵有疑”。在你不理解的词语和句子下打一个小问号，留下你思考的印记，下节课我们共同探讨、交流。

（二）第二课时

1．课前故事

师：故事屋里童话多，让我们一起走进童话乐园。（出示《格林童话》一书）下面，我给大家讲的故事的名字是《勇敢的小羊》。

（师绘声绘色地讲故事）

师：听了故事你想说什么？

（生自由谈自己的见解）

生 1：可恶的大灰狼不会有好下场的。

生 2：我很佩服小羊，它凭自己的勇敢和正义战胜了大灰狼。

师：我非常赞同生 2 的观点，相信你们在生活中也和小羊一样勇敢、富有正义。这节课，看看谁自信地、大胆地举手发言，那就会像小羊一样让人佩服。

2．检查复习

师：你还能认识上节课学过的词语吗？让我们大声地来读一读课后的词语。

师：你是真的记住了吗？（生：是！）考考你！谁愿意到黑板上来写？（指 3 生）其余的同学写在手中的练习纸上。

（共同批阅黑板上 3 名同学写的字，同位互相批阅，并把写错的字改 3 遍）

【熟记生字是正确、流利朗读课文的基础，为后面感悟理解课文做好铺垫。】

3．质疑问难

师：我很想知道你们在读书过程中都遇到了哪些不理解的词语或句子，提出来，好吗？

生 1：“缓缓”什么意思？

生 2：“倒映”不理解。

生 3：“灿烂的朝霞”什么样子？我没见过。

（师随学生的提出板书“缓缓、倒映、朝霞”）

师：你们提出的问题很有价值，我们就把这些不理解的词语放到课文中去学习吧。

【让学生来多方面质疑，把问题看成学习的动力，把学习过程看成发现问题、提出问题、分析问题和解决问题的过程。】

4. 感悟解疑

师：上节课，我们读了课文，知道了月亮湾是个——

生：美丽的村子。

师：我们就是月亮湾里的小村民，让我们一起把咱那美丽的村子夸一夸吧。大家齐读第一自然段。

师：月亮湾究竟美在哪儿呢？请同学们轻声自由读第二自然段，找出写月亮湾美丽的句子，并用“____”标出来。（生边读边画线）

师：同学们学得很专心，画出了这么多优美的句子，我们来共同交流一下吧。谁来把你画出的句子读给大家听？

①生：村子的前面有一条月牙一样的小河，河上有一座石桥。

师：你听出他哪个词读得美？

生：他把“月牙一样”读得很美。

师：现在你知道为什么这个村子叫月亮湾了吧？

生：因为村子前面有一条月牙一样的小河。

师：为了让人们知道月亮湾这个村名的由来，所以读这句话时要突出“月牙一样”。大家齐读一遍。

②生：清清的河水倒映着小桥、绿树和青山。

师：我把这句话换成“河水倒映着小桥、绿树和青山”，你看有什么不同？哪一句好？好在哪里？

生 1：第一句好，因为它说得具体。

生 2：第一句好，“清清的”说明河水很清很清，以至于映得树更绿了、山更青了。

师：请齐读书上的那句话。

师：该怎样理解“倒映”呢？如你来到湖边，你就会倒映在水中，水中有你的倒影。“倒映”表示动作，是你映在水中的一个过程。

③生：河水绕着村子缓缓地流着，一群群鱼儿在河里游来游去。

师：“缓缓”是什么意思？把“缓缓”换一个词试试。

生 1：“缓缓”是慢慢的意思，河水绕着村子慢慢地流着。

生 2：河水不仅流得慢，还很轻。

师：你能读出这种感觉吗？练习一下。（自由读、指读）

师：这句话确实写出了月亮湾的美丽，不过，我觉得还可以像“清清的河水”一样说得更美。你看，说鱼儿只说它在水里游来游去，怎么游呢？却没说。你能比作者说得更好吗？

生 1：鱼儿在河里游来游去，有的还在追逐打闹呢。

生 2：鱼儿在河里游来游去，有的还在玩捉迷藏的游戏呢！

生 3：鱼儿在河里游来游去，有时探出小脑袋，呼吸春天的新鲜空气。

④生：树上开满了桃花，远远望去，像一片灿烂的朝霞。

师：“灿烂的朝霞”是什么样子？你见过吗？

生 1：星期一早上来上学的时候我见过，天边红红的一大片，那就是朝霞。

生 2：我也见过，朝霞把大海都染成红色的了。

师：很多很多的桃树开满了花，连成一片，就像灿烂的朝霞。大家请看——（借助图片感受、理解）

师：多灿烂的朝霞，多红的桃花啊！你一定会读得很美，齐读一遍。

师：你能把桃花说得更美吗？

生 1：树上开满了桃花，像小朋友的笑脸，一阵风吹来，它在向我们点头问好。

生 2：树上开满了桃花，发出阵阵清香，小蜜蜂忙着在花丛中采蜜。

生 3：树上开满了桃花，蝴蝶在花丛中翩翩起舞。

⑤生：过了桥，是一片绿油油的农田。

师：读得好！“绿油油”把农田的色彩、庄稼的旺盛都写了出来。

师：你能把农田说得还要美吗？

生 1：过了桥，是一片绿油油的农田，像给大地盖上了一条绿色的毯子。

生 2：一阵风吹来，麦苗晃起了小脑袋，好像在欣赏美丽的春天。

生 3：风儿吹来，一起一伏，就像大海上的波浪。

师：月亮湾真是风景如画啊，让我们一起走进月亮湾。（播放课件）

师：月亮湾的确是美不胜收啊！我们不仅看到了，还用优美、生动的语言做了介绍，我觉得月亮湾更美了！

师：我们看到了村子前面有一条——（师点生顺）

师：这么美的景色，你不想记在心中吗？自己看板书试着背一背。

师：让我们一起背第二自然段，把月亮湾的美景融入心中。

师：欣赏完村前的美景，让我们再到村后去看一看，听一听。

师：谁来读第三自然段？（指生读）

师：你看到了什么？

生：村子后面的山坡上有一片茶树。

师：听到了什么？

生：（齐）茶姑娘欢快的笑声。

师：虽然劳动是沉重的，但人们的心情却是欢快的，让我们带着这欢快、喜悦的心情齐读最后一段。

师：这美丽的风景，这美好的家园，正是勤劳的村民建造出来的。景美，人也美。让我们记住这碧水青山的宝地、勤劳善良的人民吧，齐背最后一段。

师：课文学完了，但你把这个风景如画、美不胜收的月亮湾记在心中了吗？自己背诵一下全文。

【教学中倡导学生主动参与，让他们的心中充满想象的激情，从而积极地去表达，使文本中的语言变成形象的画面，感悟月亮湾的美丽，体验成长的愉悦。在学生充分感悟和理解的基础上组织背诵，让学生在轻轻的吟诵中积累语言。】

5. 轻松游戏

师：学了这么长时间，做个游戏轻松一下，好不好？（生：好！）

（播放课件上的“我要做”）

【爱玩是孩子的天性。把语文知识设计成游戏的形式，让孩子真正认识到语文课是轻松的课堂，学习是快乐的事情，在乐中学，在学中乐。】

6. 作业

师：我们生活的家乡也很美，把我们家乡的美景画下来，写一写，再向同学们做介绍。

（2005 年胶南市语文公开课教学实录）

三只小猪的真实故事

一、教学目标

第一，学生会讲这个故事，初步掌握阅读绘本的方法。

第二，通过学习交流，图文结合培养学生用心读图的习惯。

第三，激发学生阅读的兴趣。

二、教学过程

（一）导入

孩子们，喜欢听故事吗？

《三只小猪的故事》大家听过没有？（大屏幕上，粉红色字体的大标题“三只小猪的故事”非常引人注目）现在就让我们再一起回顾一下这个故事。

你能把这句话读一读吗？（好一只恶狠狠的狼，谢谢你精彩的讲述）这个故事大家都知道了吧？

听完《三只小猪的故事》，你想对大灰狼说什么？

你们讲的这个故事刊登在一份报纸上，这份报纸叫作《小猪日报》。（媒体出示）这份报纸上刊登的都是适合猪阅读的新闻。可是我还看到一份报纸，上面却不是这么说的。（点击课件，大屏幕上的白色背景一下子变成全黑的了）

我故意压低声音，神秘地说：“我要告诉你，那——不是——真相！”

（二）讲述

（点击课件）看！《三只小猪的真实故事》，你注意到了什么？（故事刊登在什么报上？讲述者是谁？）

所以，读绘本不仅是读故事，还要仔细观察画面，有时透过画面中的每一处细节，我们可以得到更多的信息。

每个人都知道三只小猪的故事，至少他们认为自己知道。但是，我要告诉你一个小秘密，没有人知道这个故事的真相，因为没有人听过“我”的说法。

讲到这里，我停了一下，问学生：“‘我’是谁呀？”

“大野狼！”

点击课件，出现“大野狼”的形象，引导学生观察是一只什么样的狼——穿着笔挺的西服，还戴着一副金丝边儿的眼镜，看起来文质彬彬，非常儒雅，很有学问的样子。

画面转换，出现了“大野狼”的正面标准照，故事继续进行。

我是一只狼，叫亚历山大。

你可以叫我阿力。

我不知道“坏蛋大野狼”的故事是怎么开始的。

但是，那都是错的！

也许是和我们吃的东西有关系吧！狼喜欢吃小兔子、小羊和小猪这一类可爱的动物。可这不是我们的错呀！我们天生就是这样的啊！起司汉堡也很可爱，你喜欢吃汉堡，那么，大家也可以说你是大坏蛋喽？

此时，我故意问前排的一个男生：“你喜欢吃汉堡吗？”

他说：“当然喜欢了！”我马上用来评价他：“那你是大坏蛋！”其他学生都笑了，他也笑了。

我又如法炮制，问了一个女生。

故事继续进行。

就像我说的，这个“坏蛋大野狼”的故事是错的，真实的故事是一个喷嚏和一杯糖引起的——

很久很久以前，当我为亲爱的老奶奶做生日蛋糕的时候——

讲到这里，我引导学生去观察细节：“狼很有孝心，非常非常爱他的老奶奶，看见老奶奶了没有？”学生马上找到了右上角挂着的“狼奶奶”的照片。

我得了重感冒，不停地打喷嚏。

不巧的是，我的糖用完了。

于是，我出门去向邻居借一杯糖。这个邻居是一只猪，而且不是很聪明的猪。他用稻草盖了一幢房子，你相信吗？我的意思是，哪一个脑筋正常的家伙会用稻草盖房子呢？

我才敲了一下门，那扇稻草做的门马上就掉下来，散了一地。我可不想这样走进去，所以，我在门口喊着：“小猪，小猪，你在家吗？”没有任何回答。

我正想走回家，为奶奶做一个不加糖的生日蛋糕。

这时候，我的鼻子开始发痒。

我觉得有个喷嚏要冲出来了。

我张大鼻孔和嘴巴，哼啊哼的。

我打了一个好大的喷嚏！

随着画面的转换，我引导学生观察哪里看出喷嚏大呢？

你知道发生了什么事吗？那一幢房子居然全倒了。草堆的正中央，躺着一只小猪——他死了！原来他一直待在房子里嘛！

我在这里停顿了一下，模仿大野狼的语气，很遗憾地自言自语："唉，他明明在房子里，可是当我那么礼貌地去叫他的时候，他为什么不吭声呢？"

对狼来说，如果放弃草堆里这块上好的猪肉，那是很丢脸的事，所以，我把它吃掉了，就当那是一个好大的起司汉堡。

我觉得舒服多了，但是，我还是缺少一杯糖，所以，我走向另一个邻居的家。

这个邻居是第一只小猪的弟弟。他聪明一点，但是也没有聪明多少，因为他用树枝盖房子。

我按了一下门铃，没有回答。

我喊着："猪先生，猪先生，你在家吗？"

他大吼："走开啦！你这只狼，你不能进来，我正在刮胡子！"

但我觉得又一个喷嚏要冲出来了，我紧紧地抓着门把手。我的鼻子好痒，哼啊哼的，我试着把嘴巴捂起来，但是，我又打了一个好大的喷嚏。

讲到这里，我让学生看这次"好大的喷嚏"。

你一定不相信，这家伙的房子跟他哥哥的一样，全倒了。当灰尘都散开以后，我看到这只猪——也死了。噢！我的天哪！

如果食物丢弃在外面，它很快就会腐烂，所以，我唯一能做的就是再吃一顿晚餐，就当作第二个起司汉堡吧！

我吃得很饱，感冒也好多了。但是，我还是没有糖可以为奶奶做生日蛋糕。所以，我走到另一个邻居的家。

这个家伙是那两只小猪的弟弟。他一定是家族里最聪明的一只猪，他用砖头盖房子。

我敲一敲门，没有回答。我喊着："猪先生，猪先生，你在家吗？"你知道那只粗鲁的小猪怎么回答吗？

"走开！你这只狼，不要再来烦我啦！"

他真的太没有礼貌了！

也许他有一大袋的糖，却不肯给我一小杯让我为奶奶做生日蛋糕。哼！真是一头猪！我正想要离开，打算回去做一张生日卡片，不做生日蛋糕了。

这时，我的感冒又发作了。我的鼻子好痒，我又打了一个大喷嚏——哈啾！

猪小弟大叫："喂！你那个又老又丑的奶奶不是只吃肉吗？吃什么蛋糕？你不要骗我啦！我绝对不会开门！"

我一直是很冷静的，但是，他这样侮辱我的奶奶，我最亲爱的奶奶，我马上要过生日的奶奶！我开始发狂了。

当警察围过来的时候，我正要打破猪小弟的大门。在整个过程中，我的鼻子一直痒痒的，鼻孔、嘴巴张得大大的，并且不停地打喷嚏。

"故事讲到这里，结果怎样？"我问学生。

"房子没倒，大灰狼被警察抓起来了。"

"非常聪明，警察围过来了。看看警察是谁？"

"猪！"学生齐声说。

"旁边拿着麦克风的是谁？"

"猪记者！"

"好，我们再来看故事。"

画面再一次定格：《小猪日报》上显赫地登着"坏蛋大野狼"的文章，上面用很大的画面来表现"狼拼命吹气"的样子。

接下来的故事，就像他们说的那样了。

"他们是谁？"

"'那样'指的是什么？"

当记者们知道我把两只小猪当作晚餐吃掉了时，他们都认为，一个生病的家伙要去借一杯糖，这种事听起来一点也不刺激，所以，他们就把故事夸大、扭曲了："一只大野狼狠狠地吹、吹，吹倒了小猪的房子。"从此以后，他们就认定了我是"坏蛋大野狼"。

喏，真实的故事就是这样，我被冤枉了！

出示对"大野狼"的特写——关在监狱里，穿着黑白条的囚服，胡子也好久没有刮了，老长老长的，旁边还有猪警察看守着。"大野狼"正举着杯子，冲你说："对了，也许你可以借我一杯糖。"

故事到这里就全部讲完了。

（三）讨论

现在，我们有了两个故事。两个故事说的是同一件事，可是，这两个故事听起来却截然不同。

我讲述的《三只小猪的真实故事》里那只残暴的可怕的狼不见了，出现在我们面前的是一只戴着眼镜、彬彬有礼的狼，臭名昭著的狼要洗去自己身上的罪名，他说他被冤枉了，是一个无辜的受害者，可是小猪在《小猪日报》中却写道：“坏蛋大野狼！”是小猪在说谎，还是狼被冤枉了？

既然有的说是冤枉的，有的说不是，那我们就分成两组来辩论一下吧。

“还有谁也赞成大野狼的，请把手举起来。”（大野狼真是感到欣慰了，请放下）

也就是说，你们已经被大灰狼一番言辞恳切的讲述打动了。他的外表，文质彬彬；他的讲述，非常动人。

“你们真的决定了？”

小猪有小猪的说法，大灰狼有大灰狼的说法，到底真相是什么呢？我们要从图中发现细节，在细节中发现“真实”，从蛛丝马迹中寻找证据。

（学生交流）

引导看图一：（出示超大汉堡图）你看到了什么？

这就是大灰狼最爱吃的食物。仔细看看，你发现了什么？（兔子耳朵、老鼠尾巴、乌龟身子……）再仔细看，这么大的汉堡，一层又一层，你说里面还会夹着什么？（青蛙的大腿、公鸡的翅膀、小猫的尾巴、山羊的脑袋、小鸭的身子……）一个个汉堡，就是一条条无辜的动物生命啊！你们再看，这不断往下流淌的东西，这是奶油吗？（是动物的鲜血）你们闻闻，是香喷喷的味道吗？（是血腥的味道）

多么可怜的小动物啊！看看大灰狼干的坏事，再看看他的眼神（指图片上狼的眼神），闪着绿光，多么可怕的眼睛啊！现在，你们还说大灰狼是被冤枉的吗？

引导看图二：（狼做生日蛋糕图）你又看见了什么？

①鲜活的生命：多么厚颜无耻的狼，竟然说自己只是一只爱吃汉堡的善良的狼。更可笑的是，他还声称自己是孝顺的孙子，要为奶奶做一个生日蛋糕。孩子们，你们看，这就是大灰狼做的蛋糕。那里面埋着什么？（兔子）可能还有什么？

②流淌的鲜血：再看看，那杯子里装的是什么？（动物的鲜血）刚流的鲜血，还冒着热气呢！

③垂涎的口水：再看看大灰狼的口水怎么样？（不住地往下流）他早就迫不及待地想吃这个蛋糕了。

④和蔼的奶奶：还有他那个和蔼可亲的奶奶，你们难道忘了，她曾经干了多

少坏事啊！（杀害了小红帽，吃了许许多多的动物）他们都是一个鼻孔出气的凶恶的一家人！

⑤无情的控诉：孩子们，看清了，这是一只什么样的狼？（卑鄙无耻的狼，凶狠残暴的狼，狡诈阴险的狼……）

现在，真相清楚了吧？

这只狼确实是在说谎，他不仅犯了罪，还为自己找了许多借口开脱。收起你借糖的杯子，在监狱里好好想清楚吧，我们只同情真正被冤枉的人。你现在觉得这是一只什么样的狼？

刚才我们险些就被大野狼骗了，这件事情给我们的教训是什么？

故事讲到这里，我们很清楚大灰狼和小猪到底谁是对的，谁是错的。可是在生活中，同一件事情，更多的是众说纷纭，听起来好像都有道理，如果你想有一个清晰、客观、公正的判断，就得擦亮你的双眼，竖起你的耳朵，多观察、多倾听，多角度去思考，从细节中找寻真相，不被表面现象所迷惑，做出自己的判断。

（四）延伸

这本书的封面就是《大野狼日报》，这个所谓《三只小猪的真实故事》是出自一只狼的口述。作家乔恩·谢斯卡（Jon Scieszka）一步一步地将狼和猪改头换面，在文字叙述中铺陈出看似合情合理的“真相”，似乎在帮大野狼辩解，而画面中许许多多的细节和那翻腾变换的昏黄的颜色，却引发读者一步一步地追究事情的“真相”，一次一次地感受惊奇。

我们读了《三只小猪的真实故事》，我们自己也可以做一件事情了——改编童话。把一些东西加上我们的思考来改编，我们也可以成为谢斯卡，甚至会超过他。今天就请大家选择一些经典童话如《小红帽》，课本上学过的《九色鹿》等，模仿着也创作一篇。注意，细节部分可以通过插图或文字上的精心构思来体现。

（2012年黄岛区语文研究课绘本教学设计）

难忘小学生活——回忆往事

一、单元教学目标

第一，围绕单元及板块主题，与同学交流、协商，制订阶段活动计划。

第二，根据活动主题收集和筛选反映小学生活的资料，填写时间轴，与同学分享难忘的回忆，感受对小学生活的怀念。

第三，参考活动建议和阅读材料，自主整理成长资料，设计并制作《成长纪念册》，回顾小学六年的校园生活，抒发惜别之情并立下美好志向。

第四，策划毕业联欢会，学写策划书，做到主题鲜明、分工职责明确、活动流程清楚。

第五，用书信等形式表达情感，与人交流。

第六，在回顾过去时光的过程中，既充分肯定个人的成长，又懂得个人的成长离不开学校润物细无声的培育、教师辛勤的耕耘以及同学之间的相互帮助。

二、单元教学重难点

收集筛选后填写时间轴，制作《成长纪念册》，学写策划书。

三、单元教学课时

10 课时。

四、活动主题

回忆往事。

五、活动目标

第一，通过分享制作的时间轴，感受缤纷的小学生活，让学生学会有效梳理、筛选自己成长的记忆。

第二，学会用时间轴的方式记录值得回味的小学生活，能够选取最有代表性的内容，借助自己喜欢的形式，用流畅的语言大方自然地与同学分享难忘的回忆。

第三，在分享中，增进同学之间的友情，感恩教师的辛勤教导，感谢学校润物细无声的培育。

六、活动准备

学生：收集、筛选资料，制作时间轴。

教师：制作课件，合理分组，了解学情。

七、课堂实录

（一）回顾导入，梳理前期活动工作

师：这节课，我们继续深入综合性学习这部分内容，让我们在一系列有意义的活动中，把师生情、同学情以及对母校的感激之情表达出来。回顾一下前面活动的内容，我们都做了哪些工作呢？遇到过什么困难？

生 1：我们在前面的活动中明确了任务，各小组根据活动建议积极交流、协商，制订了翔实可行的活动计划。

生 2：我们还根据活动建议收集、筛选了成长资料，给资料进行了分类整理，制作了时间轴。

生 3：不过，有些同学收集的资料不多，记录自己成长过程的资料没有好好留存。还有些同学的资料太单一，光整理了一些证书、奖状。

生 4：我在整理的过程中发现有一些事情忘记确切的时间了，只好做了大体的估计。

师：嗯，如果能记住具体的时间最好啦！我可有好办法，猜一猜！

生：我猜是用日记的方式随时记录下发生的事情。

师：对！好记性不如烂笔头。还有呢？

生：还可以用手机、电脑随时记录下来。

师：是啊，现在电子产品这么发达。在以后的成长路上，大家可以用自己喜欢的方法进行记录，把自己的青春与美好永远留住。

（二）展示时间轴，感受生活的多彩

师：成长的过程中，有欢笑也有眼泪。大家课下还根据收集的资料制作了时

间轴，下面，让我们走入缤纷时间轴，跟随可爱的你们去细细回味多彩的童年。

师：看大屏幕，这是雨涵制作的时间轴。雨涵，你来跟大家分享一下你制作的时间轴吧。

雨涵：小插图是从一年级的小种子到六年级长成了一棵向日葵。向日葵是向阳而生、积极向上的代表。一到六年级是折线形的，我觉得人生道路是曲折的；彩色的箭头是告诉我们小学生活是丰富多彩、五彩缤纷的。难忘的事情我是运用简单的语句来表示的，每个年级插入的小插图是最具代表性的事情。

师：此处应该有掌声。（掌声响起）

师：下面，大家来说一说你欣赏雨涵的时间轴的哪个方面，或者你要给她提出什么好的建议呢？

生：我提点小小的建议，我认为箭头应该再大一些、明显一些，这样就更清楚地看到成长了。

师：对，箭头表示成长的方向，应该把成长的方向性展示出来。来，你把刚才提出的“方向性”三个字写到黑板上。

生：我很欣赏她将箭头设计成曲线和彩色的创意，不过，我也有点小小的建议，如果时间轴上不是用句子而是用关键词来表示就更好了，这样会有更多的内容。

师：嗯，大家看雨涵在一年级上学期记下了背上书包，成为小学生这件事。想想肯定还有别的事情，如果记录内容再广一些就更好了。来，你把“内容广”三个字写到黑板上。

师：再来看子扬设计的时间轴，让子扬跟大家分享一下他们设计意图。

子扬：我设计的时间轴里的圆是根据梁启超的《少年中国说》绘制的，把圆分为六个部分，从“红日初升，其道大光”一直到“前途似海，来日方长”。外面部分讲述的是我从一年级入队到六年级成为大队委的一些难忘的重要的事情，获得了各种各样的奖项，经历了诸多的波折。中间的轨道是个圆形，到最后连同射出去的箭就成了一个圆满的“6”。（掌声四起）

师：大家想说点什么呢？

生：你在时间轴上画的箭头太小了，如果再鲜明一些，大家就会一目了然地感受到你的成长过程。

子扬：谢谢你的建议，我会改正的。

生：我提一点小小的建议，整个画面太杂乱了，里面的色彩太多，再简洁一点就更好了。

生：内容也过于简单，每个年级发生的事情很多，如果再多记录一些内容就更完美了。

师：子扬设计的时间轴创意很好，把自己在小学里难忘的一幕幕通过画面和文字展示了出来。相信通过你的努力，初中生活一定会更加精彩。

师：还有一幅呢，大家看屏幕。晓慧，你来介绍一下你的制作意图。

晓慧：一年级我画的是一棵小树苗，经过了六年的小学生活，我长成了郁郁葱葱的参天大树。每个年级是一个圆圈，每一年最有代表性的事情用图画表示了出来。六年级我站在了阶梯的上层，预示着我的小学生活到达了顶峰。

师：对于她的时间轴，你想说什么？

生：小插图可以再添加一些，让画面更丰富。

生：我最欣赏她绘制的阶梯插图，还配上了六个脚印，这成长的轨迹很鲜明。我提一点小建议，时间轴上的内容可以用关键词来记录更多的事情，高兴的、难过的、遗憾的……

师：对啊，事情太多，记不下，可以用关键词来表示。请你来把“关键词”三个字写在黑板上。

生：她时间轴上的方向画得不对，是折回来的，方向性不强。

师：刚刚咱们欣赏了三幅时间轴，每幅有每幅的精彩。不过，晓慧的时间轴是以“年”为跨度的，这样的跨度时间太长，咱们可以缩短，像雨涵那样分学期来表示，如果你能用“月”来记录发生的事情，那就更好了。

师：时间轴上的内容不一定光记事，还可以记令你难忘的人。成功的、不成功的，高兴的、不高兴的事情都可以记录，这些都是成长中的养料，记录的面再广一些。

师：还有好多同学制作了时间轴，每个时间轴都与众不同。根据刚才提出的建议，给大家一点时间进行修改、完善。

（学生修改、完善时间轴）

师：好了，咱们就修改到这里，如果还有小瑕疵，课下继续完善，做到尽善尽美。

（三）精心筛选，分享难忘回忆

师：岁月带不走光阴的故事，时间轴上记载着我们成长的足迹。下面，就让我们重温那过去的时光。

（课件出示活动要求）

生读：①选取时间轴上最有代表性的内容与同学分享，先在小组内交流，每人都要发言，认真倾听，可以点评。②各小组推选优秀的同学在全班分享（要讲明推荐理由）。大家认真听，可以提出合理化建议，也可以点出自己欣赏的地方。

（4 人一小组分享难忘回忆，推选优秀者）

师：好了，时间到。哪个小组来分享呢？请你抓住“难忘”，把事情讲述清楚。

分享一：

生：我们小组推荐王璐来讲述。她选取的事例有代表性。

生：她讲述的语言感人，听着很舒服。

生：她选取的内容真实，能打动人心。

王璐：（上台分享）我给大家分享考试作弊这一难忘的回忆。那是一年级时，我在班里学习名列前茅，同学们都羡慕我。期中考试了，妈妈前一晚上对我说，只要我能考全班第一，就给我买那辆我喜欢的自行车。我对自己蛮有把握，信心十足，也没好好复习。考试时，我看到试卷傻眼了，有几道题不会，我就想到了抄书，手不自觉地伸向了书本……其实，老师就在我身后。当我一转身，碰上老师那严厉的目光时，我默默地低下了头。考试结束后，老师把我叫到了办公室，语重心长地对我说：“孩子，一个人最重要的是要讲诚信，诚实考试，诚实做人。”我羞得无地自容，认识到了自己的错误，并铭记老师的教诲。

生：你讲得太好了！落落大方的讲述、真诚的话语很有感染力。同时，相信老师的教诲一定会让你铭记，时刻提醒你做一个诚实守信的人。

生：你的选材与众不同，大家一般会分享开心、成功的事情，而你分享的是愧疚、接受批评的事情。

师：是啊，批评也是爱！来，把“批评”两个字板书到黑板上。你很坦诚，摘取的回忆很有价值，讲述的话语很朴实，喜欢你，没理由。请回。

师：咱们上台分享的时候，一定要大方自然，做到语言流畅；下面的同学一定要认真倾听，这是对别人的尊重，也是一种很好的习惯。（板书：大方自然　语言流畅）

分享二：

生：我们小组推选丁子扬上台讲述。因为他选取了自己成功的事例，很震撼。

生：他的讲述自然，语言流畅。

生：他在讲述时还加上了自己的感受，我很欣赏。

子扬：（拿着作品，上台分享）我跟大家分享的是五年级的时候，我参加了西海岸新区第七届软笔书法临帖展的事。

有人问："你见过凌晨4点洛杉矶是什么样子的吗？"我想说："你见过凌晨4点的兰亭小学是什么样子的吗？"在作品交稿前一个周，我们书法兴趣组的同学加紧训练，而我，每天早上4点起床，趴在窗前开始读帖，一抬头就望到母校——兰亭小学在微薄的晨曦中隐约矗立。大约6点，我们书法组的同学和老师就陆续来到书法教室开始练习了。一个上午整整6个小时的习字时间，一整天大约得12个小时。在练习的过程中，我的手腕上磨出了厚厚的茧子。但是我发现，我手腕上的茧子越厚，我的书法水平进步越大，我对书法的兴趣也就越浓厚。经过自己的努力，我在书法方面获得的奖项很多，当然离不开老师的辛勤培育，更离不开我的辛苦付出，离不开我手腕上厚厚的茧子……（掌声四起）

师：这作品是上等臻品，这讲述让人感动。子扬，你问问下面同学想说什么呢？

生：你分享的难忘回忆很精彩，为你点赞。你的语言真切感人，好极啦。我也有类似的经历想向大家分享。

师：你真会倾听！学习的专注力太强啦！为你点赞！这是什么样的经历？（板书：认真倾听）

子扬：成功的事例。（板书：成功）

生：六年级上学期，我们参加了青岛市组织的诗文比赛。从9月份一直训练到11月份，两个月的训练从白天练到黑夜，比赛前甚至练到晚上8点多，为了得到这次比赛的冠军，我们非常努力，哭过、笑过，也累过，但从来没有放弃过，也不需要放弃！功夫不负有心人，我们夺得了第一名。对于这次活动，我久久难以忘怀。（掌声）

师：同学们，你们在活动中发展着自己、提高着自己，同时展示着你的才华。一张一弛方为文武之道！孩子们，参与吧，你将在活动中看到更优秀的自己！

师：还有同学也来分享关于活动的吗？

生：（举起奖杯）这个奖杯是我经历了整整七次失败才得来的。

师：哦，这奖杯得来实属不易，屡战屡败，屡败屡战，这也正验证了一句话——

生齐：失败是成功之母！

生：这奖杯是我考围棋一段得来的。我考了一段时间……然后，我考了七次，败了再战，战了再败……然后，我在第八次比赛时才得到了这个奖杯。

生：能把事情讲述清楚，如果把更多的"然后"去掉就更好了。以后说话时注意一点哦。

师：天道酬勤，力耕不欺。奖状与奖杯的背后浸透着你的辛酸和汗水，承载了你的努力与奋斗！孩子们，你们是最棒的！把掌声送给努力的自己！

师：活动中，不仅有成功，还会有失败。（板书：失败）失败不可怕，只要我们从头再来，坚持不懈地去做，一定会走向成功的。

师：我还看到一位同学带着荣誉证书呢。来，讲一讲你的难忘回忆吧。

生：这荣誉证书是我六年级上学期参加语文素养比赛得到的。

师：这证书凝聚着辛勤的汗水、艰苦的付出，成功永远属于勤奋者！来，老师送你一个大大的拥抱！

分享三：

师：老师从刚才大家分享的活动中看到了你们骄人的成绩，也看到了你们在失败中奋起。这离不开老师春风化雨的教育，六年来，教过我们的老师可真不少，很想倾听你与老师之间难忘的故事。谁来说一说呢？

生：我难忘五年级时教我的左老师，是他教会我勇于承担、敢于负责，每每想起他，我的心底就油然而生敬意。

生：我不曾忘记精心教导我的书法老师，他教会我犯了错要主动承认。

师：嗯，也就是说你犯过错喽。讲讲犯的那个小错误吧。

生：我没完成老师布置的作业，怕挨训就躲进了小区里。老师看到上课的时间到了而我没在教室里，就打电话给我妈妈。妈妈从小区里找到我，把我拎到了书法教室。课后，老师和我谈心，教育我主动承认错误，不要一味地逃避。我很感激老师的教诲，一辈子都忘不了。

师：刚才这位同学分享的是逃学的事例。从他的分享中，我看到了他那颗感恩的心。（学生板书：感恩）懂得感恩，才能走得更远，飞得更高。

师：教过我们的老师很多，温柔也好，严厉也罢，他们都像爸爸妈妈一样希望我们成人、成才。老师的耐心教导如春风化雨，这正如阅读材料里的田老师——

生：十年树木，百年树人；插柳之恩，终生难忘。

分享四：

师：小组内交流时，我还听到有同学分享了同学之间的难忘友情，说来听听。

生：大家好，我跟大家分享的是镌刻在我心底里的好朋友——李艳，她是我小学六年时光的参与者与见证者，我想跟她做一辈子的好朋友，可能有人会说一辈子太长，但对我来说一辈子的时间太短。记得那年盛夏，我和李艳一同参加书法比赛，由于我赛前紧张，把准备好的 0.7 的笔错当成了 0.5 的，我当时就傻了眼，不知所措。李艳看到了，把她爷爷给她准备的唯一一支笔放到了我的手上，并认真地说："你去参加比赛吧，你的字写得比我好，你去比赛获得一份共同的荣誉吧。"我热泪盈眶地看着她，没来得及说声"谢谢"，就被催着跑向考场……当然，我获得了不错的成绩。即使后来参加了各种各样的比赛，但这次比赛我终生难忘。希望我们的友谊地久天长，像伯牙子期一样成为志同道合的知音之交。（掌声四起）

生：细节讲得特别生动，语言有感染力，太棒啦！为你点赞。

师：是啊，有朋友真好，关键时刻给予你无私的帮助。等课下，赶快找你的好朋友拥抱一下吧。

师：还有谁想分享一下自己与好朋友之间的故事呢？

生：我的好朋友在海之韵小学上学，我和他是发小，每逢周末或小长假，我们就一起去爬爬山、游游泳，在一起的时光很快乐。

师：人生成长的过程中有朋友相伴，真是一大幸事。（板书：友情）

分享五：

师：我看到还有几个同学一直不举手很低调，默默无闻地只是在聆听中微笑着。我很想听听他们的难忘故事。

生：我带给大家的难忘回忆是公交车上发生的令我愧疚的事情。那天早上，我在公交车站等车，眼看时间匆匆而过，一辆车从远处缓缓而来。车到站后，我随着人流挤上车，这时司机师傅说话了："人太多了，车门关不上，下去一位吧。"我当时想，不能下车，时间来不及了！正当大家僵持着，谁都不想下车时，一位矮矮的老人说："我下去吧，我老了，不用赶时间上班……"老人说着下了车。我看到老人颤颤巍巍地走了，那满头苍苍白发却那么耀眼。我心里很是愧疚，应该尊老爱幼的，而我却没有做到。以后我再坐公交车，都会想起这位老人。

师：再遇到这样的事情，你一定会做得很好。

生：好棒呀！原来真人不露面啊！选取的事例很好，语言表达也很动情、流畅，掌声送给你。

（四）情动于衷，让心语卡联结你我他

师：听着你们分享的难忘回忆，我的心头涌起许多感动与甜蜜，生命中与你们邂逅，陪伴中一点点长大、一天天进步，为你们高兴。祝福你们，我亲爱的孩子们！

师：六年的小学生活对每一个人来说都是难忘的。把你想表达的感激、你想说出的歉意，你的委屈、你的快乐、你的祝福和心愿浓缩成简练的语言，课后写下来，做成心语卡，亲手送给你的同学或老师。

（五）布置作业，课外延伸

师：下面，布置作业。（课件出示）

①根据大家的建议，进一步修改、完善时间轴，然后张贴到后黑板上，互相欣赏学习。

②把你手中的心语卡完成，并亲手送给他（她）。

③继续收集、筛选成长资料，准备下节课制作成长纪念册。

师：这节课，老师看到了大家的精彩呈现，能够自主合作、探究性地开展实践活动，相信在下个板块的活动中，你们一定会完成得更加出色！未来的学习和生活中，你们一定是最棒的！

【板书设计】

综合性学习：难忘小学生活

回忆往事

成功　快乐

时间轴：收集、筛选、整理

难忘　遗憾

感恩

分享：语言流畅、自然大方

专心倾听

（2021年5月青岛市公开课实录）

我不怕

一、活动目标

（一）情感与态度

愿意想办法解决学习与生活中遇到的问题，有勇气尝试富于挑战性的活动。

（二）行为与习惯

在学习和生活中遇到问题和困难积极想办法解决，敢于尝试富于挑战性的活动，不怕苦、不怕难、不胆怯。

（三）知识与技能

初步懂得在学习和生活中遇到问题要想办法解决，能积极动脑、动手解决自己在学习和生活中遇到的问题。

（四）过程与方法

经历用讨论、调查、合作等方法进行探究活动、解决问题的过程，学习用多种办法收集资料，并进行简单的整理和应用。

二、活动准备

制作多媒体课件、小盒子、白纸。

三、活动时间

1 课时。

四、活动过程

（一）故事激趣，导入新课

师：看！今天还有小动物跟咱们一起来上课。（媒体点击，出现猫的图片）
师：说一说，你们知道的猫有哪些本领？（学生说一说）

师：今天，我就给大家讲一个《花猫学本领》的故事。

师：（讲故事）小猫咪咪跟妈妈学本领。妈妈先教它捉老鼠。漆黑的夜晚，它们来到老鼠洞边，妈妈说："孩子，你就在这儿练习捉老鼠吧。"咪咪一听吓得两腿发抖，急忙说："妈妈，妈妈，我怕，我怕黑，我怕黑，还是以后再学吧。"夏天到了，妈妈又要教咪咪学钓鱼，咪咪连忙说："妈妈，妈妈，我怕热，我怕热，还是以后再学吧。"秋天到了，妈妈对咪咪说："孩子，你现在什么本领都没有学会，就跟我学爬树吧。"咪咪望着高高的大树……

（师生互动，学生续编故事）

师：咪咪望着高高的大树，它又会说什么呢？

师：那你们猜猜看，咪咪最后学到本领没有？对呀，咪咪因为胆小，什么本领也没有学会，你们想学它吗？

师：这节课，我们来学习讨论"我不怕"这个话题。（出示课题、齐读课题）

（二）胆小国里说胆小

师：害怕就是胆小，胆小就是对自己没有信心。下面，我们一起去胆小国看一看。（媒体展示几幅胆小图片）说说你看到什么了？

师：胆小国里的孩子心中都有个"怕"字，那你们有没有胆小害怕的事情？请你们拿起桌上的白纸，把你认为害怕的事情写下来，不要写名字，不会写的字用拼音代替。写好了就把纸对折一次，放进老师的心意盒里。（屏幕上出示一颗大大的红心，播放一段柔美的音乐）

师：你们都很诚实，敢于展示真实的自我。现在我们就来看看你们有哪些害怕的事情。（从盒子里抽出张纸条）

师：（展开一张小纸条）这个同学怕晚上一个人在家。谁也和他一样啊？（十来个小朋友举手）谁来说说看？

师：我刚刚看到很多同学没有举手，你们晚上一个人在家都不怕，是不是？谁来给他出个主意，帮帮他？（指名说）

师：（小结）有自己喜欢的玩具陪着你，睡觉就不怕了。同学们，你们可真有办法。下次独自在家，请大家都来试试这些好方法，相信你们就不再害怕了！

师：（再展开一张小纸条）哦，我们班里有个同学怕打疫苗。谁也怕打疫苗？请举手。

师：这些同学都怕打疫苗，那给大家说说你为什么怕打针呢？

师：没有举手的同学，你们为什么不怕打疫苗呢？

师：（小结）你已经明白打疫苗的作用了吧！相信大家听了你的介绍，下次打疫苗的时候也会多一分勇气的。你还有什么好方法让自己不怕打针呢？（讨论交流）

师：困难是每个人都会遇到的，严重时会让我们失去信心。但我们要勇敢面对困难，并想办法解决困难，这样可以磨炼我们的意志，使我们变得坚强。（板书：勇敢面对　积极动脑）

（三）开动脑筋想办法

师：现在，我们一起去胆小国吧，为那里胆小怕事的孩子出个主意、想个办法，让他们变得胆大坚强起来。（媒体出示课本上的几幅图片，共同想办法解决）

师：我们班的同学太了不起了，不仅勇敢，还有很多办法，图中的孩子真该向你们学习呀！

（四）勇敢王国我最棒

师：胆小王国胆小怕事的病都被同学们治好了，那胆小王国也该改名了，你们觉得改什么名字比较合适呀？

（学生讨论交流）

师：勇敢王国成立啦！你们也想成为勇敢王国的公民吗？想成为勇敢王国的小公民还有些困难呢，得经过几道大门呢！那就让我们带着勇气，齐心合力一起去勇敢王国闯闯吧！

（课件出示一位学生滑楼梯扶手的图片）

师：这位小朋友最喜欢把楼梯扶手当作滑梯滑了，每次他滑的时候还对大家说："瞧，我多勇敢呀！"小朋友，你们认为他勇敢吗？

（讨论交流）

师：（小结）噢，听了你们的话，老师明白了，敢于做危险的游戏并不是真正的勇敢。

（课件出示小明踢球画面）

师：一天，小明在操场上踢球，突然"哐啷"一声，附近教室的窗户玻璃被球打碎了，还好！没有人看见，这个时候，小明会怎么做呢？

师：你们认为怎样的做法才是勇敢呢？

（讨论交流）

师：猜一猜，勇敢王国里，会有哪些人呢？

师：小朋友们，你们用明亮的眼睛辨别了什么是真正的勇敢，勇敢王国向你们敞开大门了！你们就是勇敢的好娃娃！

师：（课件出示儿歌）读一读。

电闪雷鸣风雨大，自然现象不可怕。

天黑妈妈未下班，独自在家那有啥。

众人面前不害羞，积极举手敢问答。

从小锻炼胆子大，我是勇敢好娃娃。

（五）心理激励树信心

师：现在你们都是勇敢王国的小公民了，你们想以什么方式来表达一下自己遇事真的不怕，变勇敢了呢？（学生用自己喜欢的方式来展示一下自己）

师：我也有一句话要送给大家——我自信，我不怕！跟我大声说一遍。

师：（总结）今天，你们用自己的行动和智慧证明自己不是胆小的孩子。克服困难、完成一件事情是多么快乐。我希望你们在今后的生活中继续勇敢地挑战困难，感受更多的快乐。

五、教学反思

娇弱、胆小、骄蛮是当前独生子女普遍存在的问题，如果这些问题得不到及时矫正，将导致儿童缺乏勇敢精神，长大后难以适应社会发展。为此，本课教学定位在消除儿童的这些不良心理倾向，养成积极向上的生活态度，逐步培养解决生活问题的能力上。为了有效地达成教学目标，我在执教时设计了一系列活动，这些活动成为教和学的中介，让学生在活动中建构了知识、培养了能力，养成了良好的德性。

（一）创设了情境性的活动

人的情感是在一定的情境中产生的，情感在人的实践活动中起着巨大的作用。苏联教育家列·符·赞可夫（Le Fu Zankov）曾说：“教学法一旦触及学生的情绪和意志领域，触及学生的精神需要，便能发挥其高度有效的作用。”“情以物迁，辞以情发”，只有受到环境、事物、气氛的感染时，人才会产生相应的情感。教师要在课堂中借助一定的教学手段的组合创设生活场景或虚拟生活情境，使学生得到情感体验并进行积极思维，激发学生的求知欲和情感，从而将道德认识内化为道德行为。我在课始就为学生创设了情境性活动，将《咪咪学本领》的故事设计成情境图，用学生喜闻乐见的形式激发了他们的学习积极性。在引导学生明白碰到害怕的事该如何做时，又采用故事《咕咚来了》，让学生在笑笑、说说、辩辩中建构了知识、促进了认识。

（二）创设了生活性的活动

《品德与社会课程标准》明确指出："教育的内容和形式必须贴近儿童的生活，反映儿童的需要，让他们从自己的心灵感受社会，用自己的方式研究社会。"因此，活动内容的选择应从儿童的生活实际出发，从正在发生的、活生生的生活实际中寻找教育的源泉，儿童才能结合自己的经验去感受、体验，生成自己的道德观念，发展自己的道德能力。这正如陶行知先生所说的那样："我们的实际生活就是我们的全部课程。我们的课程就是我们的实际生活。"为了培养学生的勇敢以及掌握克服胆小的方法，我选择了小学生当中普遍存在的怕黑、怕打针、不敢当众说话、不敢承认错误的典型行为，让孩子们谈谈当时的想法，让同伴介绍介绍好主意，再鼓励自己成为勇敢者。在不断对自己的肯定和鼓励中，学生能真正克服自身的胆小。

（三）创设了启迪心智的活动

其实，如果我们对学生进行调查，会发现不少孩子对"勇敢"的认识有偏差，比如，用武力为同学打抱不平；用弹弓打马蜂窝；羡慕有的男同学骑自行车不扶着车把手，双臂呈"一"字形……该如何让学生正确地分辨"勇敢"和"蛮干"？我的方法是，面对孩子日常中出现的滑梯现象，认识其危害；用事实来说明私自游泳带来的悲剧。沉痛的事实让孩子们体悟蛮干的严重后果，而一环扣一环的教学活动更使孩子对什么是勇敢有了更为清晰的理解。

现代教育理念认为，人的能力和个性是在活动中形成的，活动是维系外部生活世界与内部道德世界的纽带。《品德与社会课程标准》也指出："课程的呈现形态主要是儿童直接参与的主题活动、游戏和其他实践活动。课程目标主要通过教师指导下的各种教学活动来实现。"整堂课，我就是通过生动活泼、实在典型的教学活动激发了学生的学习热情，让学生在洋溢着亲和力的课堂中养成了良好的德性。

（2013 年 6 月黄岛区公开课教学设计）

习作赏析明技巧

一、课前组织

强调课堂纪律：坐如钟，专注听，大声读，安静写。

古诗背诵：指名背、齐背。

二、学习导入，表扬优秀

这是谁的习作？——赵姝慧！

可是，你的作文里写人家的名字写错了。姝慧，上台来，把咱们天下无敌超级美好的“姝”字写在黑板上。（赵姝慧板书“姝”）

姝慧的字写得很漂亮。咱们班上和姝慧一样字写得漂亮的同学还有很多。（出示）出现在屏幕上的同学，请按顺序大声自豪地喊出名字！

（学生依次喊自己的名字：赵姝慧、姜言溪、韩佳一、薛清月、宋若水、张瑜、蒋子涵、王洋、魏文博、薛子娴、殷晗、曹芳瑜、李昭萱、高沁妍）

人们常说，字是人的第二张脸，可见写好字有多重要，尤其是数字化、信息化的当下，小升初、中考、高考都是电脑阅卷，对我们的书写要求特别严格。没有一手规范字，就会吃大亏。有了一笔漂亮字，不但老师喜欢，同学羡慕，考试轻松过关，将来应聘找工作，老板都会钟爱。记住：一手好字，一生受益。（出示：一手好字，一生受益。学生齐读）

三、习作赏析，明晰技巧

（一）贴切用词

大家在读书的时候，有没有过这样的经历：读着读着，忍不住笑了；读着读着，眼泪出来了；读着读着，恨不得把书上的某人拉出来狠狠地揍一顿？（生点头）

文章中，让人哭让人笑让人心动的句子，一定很精彩。老师从你们的作文中，就发现了很多这样的精彩句段，我们一起来欣赏：

★刚出教室门，走廊里凉爽清新的空气扑面而来，我使劲地大口呼吸，然后敲门走进老师的办公室……

★一开始，我不以为然，觉得那一定是很轻松的，可是，我仅仅讲了六七分钟就感觉口干舌燥了，一节课还没结束，我的腿就麻木得不听使唤了……

★天空渐渐地不再乌蒙，霎时间，温暖的金色阳光洒满大地，枝头的小鸟一唱一和地唱着动听的歌，一班同学的加油声也愈发强烈。

——赵姝慧

这些精彩句子都是赵姝慧写的。我说过，姝慧不但字写得漂亮，作文也写得精彩。姝慧，大声读出来吧。

读得真好！看看画横线的词，齐读。

这些词语都学过吗？（学过）

是的，从一年级开始，我们从语文课本上学了很多精彩的词语，能恰当准确地把它们用到作文里，那才叫真本事。姝慧了不起吧！和姝慧一样有真本事的，还有：

★老师在我眼里是令人敬佩的、神圣的，我轻易不敢去触碰。而她却和老师像熟稔的朋友：和体育老师敞开心扉地聊天，同语文老师毫无顾忌地游戏，跟班主任侃侃而谈自己的建议……姝慧活泼开朗的性格是我求之不得的，令我羡慕不已的。

——薛子娴《我眼中的赵姝慧》

★一双水汪汪的大眼睛扑闪着，透着智慧与灵气，她常常把坚强写在脸上，把疼痛融化在心里。

——殷晗《我眼中的周心怡》

★那时的我欣喜若狂，一蹦三尺高，还不停地转圈圈。我向其他小朋友炫耀，像大人一样牵着狗在小区遛弯儿，我感受到前所未有的满足，这让我责任感倍增。

——韩佳一《我的心愿》

★雨过天晴，地上虽然还是湿漉漉的，但是空气中弥漫着青草和泥土的气息。走在小区里，一束阳光照在我的身上，一丝微风拂在我的脸上，我感到了前所未有的惬意，心中那份烦躁被微风吹得烟消云散了，被温暖的阳光蒸融了。

——薛清月《生活需要阳光》

女生齐读一二句。（女生读）

“敞开心扉、毫无顾忌、侃侃而谈”，把姝慧和老师的熟稔表达得淋漓尽致，是自己求之不得、羡慕不已的！“扑闪着”，看到的是眼睛的光芒；“坚强写在脸上”

与“疼痛融化在心里”的对比中感受到女孩的刚毅。殷晗同学真会用词！

男生齐读三四句。（男生读）

“欣喜若狂、前所未有”，写出了牵着小狗遛弯的兴奋。“烟消云散、被温暖的阳光蒸融”，突出了当时自己心中的惬意。

孩子们，恰当贴切地用词会让你的作文语言优美，文采大增！

（二）准确用“de”

学会了贴切用词，还要注意细节，大家看：（出示）

★我战战兢兢地站在李老师身边，双腿抖得像筛子，老师转过头来，温柔地对我说：“你是个聪明的女孩，不过，要增强自己的自信心。”

——宋若水《我的心愿》

宋若水，老师抱抱你！原因就在这三个“de”，你用得特别准确。说实话，这三个“de”很多初中、高中乃至大学生都搞不清楚，你真了不起。同样了不起的同学还有：（出示）

★我手拿炸串，在小区门口边吃边玩。妈妈立马跳下车，夺走我手中的炸串，怒气冲冲地教训我：“不许吃这些油炸食品……”

——尹浩然

★鲜红的数字静静地躺在那儿，我却觉得它是那样刺眼，甚至刺进了我的心中。我难过极了，手中握着卷子，不知所措地低着头，沉默不语。

——曹智哲

其实，这三个“de”很好区分，老师给大家编了一个口诀，记住它，三个“de”再也不会走错门了。

三“de”口诀：

三个“de”要牢记：

名词前面白勺“的”，

动词前面土也“地”，

动词后面双人“得”。

老师（　）话，轻轻（　）说，听（　）大家乐呵呵。

大家看着屏幕，齐读一遍。

记下了吗？想一想，后面两句话中应该填哪个“de”？为什么？

指名回答：第一个填白勺“的”，因为后面的话是名词。第二个填土也“地”，因为后面说的是动词。第三个是双人“得”，因为前面的听是动词。

看来，大家已经记住了。我们小试牛刀：下面是老师从咱们作文中找出来的几句话，里面的“de”走错门了，你能帮它找对家吗？（引导修改）

★在那里，他们很热情的招待了我。

★姐姐让着我，她跑得很慢很慢。

★大家都在小心翼翼地走在滑滑的路上。

（三）不“说”而说

大家看屏幕，读读这两句话，看看“病”在哪里。

★老师说：“你们看我在干什么？”

“缝包包，还在穿线呢！”我们说。

★过了一会儿，妈妈说：“好点了吗？”我说：“好多了。”妈妈说：“记住，以后不能在台阶上玩了。”

你能发现句子中的病吗？（指名回答：句中都有“说”字）

对。老师说、我们说、妈妈说，提示语都是“说”，我给它起了一个名字叫“说病”。既然这是病，那么该如何诊治修改呢？

请看大屏幕。

第一句，应该是老师在“问”，因为老师说的话是问句。所以，我们可以把“说”改成“问”。

第二句，“缝包包，还在穿线呢。”这是在回答老师的问题。老师“问”，我们“回答”，应该是有“问”有“答”嘛。

第三句，“好点了吗？”是问句，所以将“说”改成“问”。妈妈说：“记住，以后不能在台阶上玩了。”这里，妈妈应该是在“叮嘱”我。

孩子们，中国的语言非常有趣，也非常丰富。仅仅表示说的词就有很多个，大家看屏幕：

除了这些表示“说”的词语，你还能说出表示“说”的词语吗？试试看。

（学生积极抢答）七嘴八舌、异口同声、支支吾吾、自言自语、争先恐后、破口大骂、议论纷纷、豪言壮语……

既然有这么多表示“说”的词语，为什么要用一个“说”呢？爸爸“说”，妈妈“说”，哥哥“说”，姐姐“说”，爷爷“说”，奶奶“说”，老师“说”，同学“说”，说来说去都是“说”。所以，我们可以不用这些“说”，替换成表示“说”的词。

不过，真功夫连表示“说”的词都不用，还记得上学期咱们语文园地里的练习吧。看同学们习作里出现的佳句：

★小贺摇了摇头："怪不得会肚子疼，记得以后早上来训练前不要空腹喝牛奶了。"

——焦宗扬

★他从牙缝里挤出几个字："你给我记着，我不会放过你的！"

——张名扬

大家齐读这两句话。

一个"摇了摇头"，把无奈彰显出来；一个"挤"字写出了他的满腔愤怒。所以，不用"说"，这才见真功。

为了把功夫学到家，咱们进行一个小练习：

不用"说"，你会填吗？

老师（　　）："赵小强，以后不许迟到！"

老师（　　）："赵小强，你的作业呢？"

老师（　　）："昨晚作业，赵小强写得最好。"

老师（　　）："因为下雨地滑，今天的课间操取消了。"

老师（　　）："赵小强，请你出去！"

学生回答，分析指导。

中华文字内涵丰富，只要我们掌握一些写作小技巧，并灵活运用到写作中，我们的习作就会大放光彩。大家把羡慕嫉妒但没有恨的掌声送给这两位具有作文真功夫的同学！

（四）巧用修辞

继续欣赏下面的习作佳句：

★正当毫无希望时，王洋以迅雷不及掩耳之势抄起接力棒，犹如猛虎下山一般冲向前方，将比分成功反超。

——尹浩然

★我感觉天空忽然暗了下来，鸟儿不再欢叫，心里简直就像十五个吊桶打水——七上八下，紧张、烦躁……

——张夏曈

★那些大樱珠在阳光下泛着紫红的光芒，随着风在绿叶间左摇右晃，争先恐后地透过绿叶来招惹你。

——孙兴旺

★微笑就像一束温暖的阳光，驱散了我的恐惧；微笑就像雨后的彩虹，给予我鼓励和安慰；微笑就像一丝柔和的春风，轻轻拂过吹散阴霾……

——薛清月

★大海里如果没有礁石，就激不起浪花；生活也是一样，经不起挫折的人，终究成不了强者。

——李昭萱

★暑假里的一个中午，我上完辅导班往家走。烈日当空，一丝风也没有，人们被烤得出了油，树上的知了聒噪得要把耳膜震破。

——曹芳瑜

大家刚刚读了这些句子，你也知道这些句子好在运用了恰当的修辞手法。对，恰当的修辞是一支神奇的画笔，会用它，你的作文语言就会形象生动，特别有感染力。

记得在以后的习作中，也灵活地运用各种修辞哦！

（五）活用描写

★爸爸竟准备把小狗送走，这个消息如晴天霹雳。我恳求爸爸："不要把小狗送走，好不好？我会照顾它的。"爸爸却一言不发抱起小狗朝车走去。我想追上去，却被奶奶拦住了，费尽九牛二虎之力挣脱束缚，如同跑酷选手，翻过障碍，以猎豹般的速度追上爸爸，一边拽着他的衣袖，一边哭嚎着："不要把它送走，还我小狗！"

——韩佳一

★寒风呼啸，如箭一般刺穿我的棉衣直击我的皮肤。四周黑漆漆的，皎洁的月光映照着我，我就是那位被月光眷顾的女孩。

——韩佳一

佳一运用语言、动作描写，真切地写出了自己不舍得把小狗送走的心理感受，后一句的环境描写烘托出了自己演出成功的快慰。

老师的师父说过，能将自己内心的感受用语言表达出来的人，一定有作家的天赋。佳一，你就是那个有作家天赋的人！为你点赞！

咱班像佳一一样有作家天赋的还有不少呢！大家看：（出示）

★几只鸭子正悠闲地在湖畔上游着，时不时用嘴巴啄啄自己的翅膀或尾部，有时还会伸长脖子"嘎嘎"叫几声，真像朋友聊天时的开心大笑。水面上还有蜻蜓在点水，一圈圈的涟漪荡漾开去……

——薛青竹

★我没有多管，心想：“可不能输给妈妈，这棵蓝莓树上的蓝莓又多又甜，我不用寻找就会摘满筐啦！”

——徐子函

★他皮肤黝黑，胖乎乎的脸上嵌着一双浓眉小眼，一副黑边窄框眼镜架在高高的鼻梁上。这长相看上去平平无奇，人却是班级的搞笑大王呢！

——杨韵涵

★只见姥姥躲躲闪闪，眼神恍恍惚惚，明显一副撒谎的样子，慌慌张张地回到房间里去了。

——文宇婷

刚才欣赏了同学们习作里的佳句。如果像这些同学一样在作文里恰当地运用细节描写，作文里的人物就“活”起来了，就有了生机，读起来就能真切地感受到人物的内心世界，收到不一样的表达效果。

四、学以致用，修改习作

孩子们，美美地欣赏了这么多的优美文段，时间关系，我们就欣赏到这儿，更多精彩下节习作课继续！

欣赏的过程也是学习的过程，进一步学习了写好习作的一些小技巧。大文学家都赞同：好文章是改出来的。下面，我们就把这些小技巧用到实践中，修改周末布置的日记。

（学生修改习作）

集体赏析一篇修改后的习作。

你有一双慧眼！修改作文就要有这样的火眼金睛。

五、总结回顾，布置作业

孩子们，愉快的时光总是过得很快。这节课，我们一起分享了同伴们的精彩片段，美美地当了一回大夫，诊断了我们习作中出现的问题，进一步明确了习作中的一些小技巧，一起读——（指板书）希望大家以后能在习作中运用这些小技巧，使自己的文章锦上添花。

课上没有完成修改任务的同学，课下继续认真修改。

谢谢孩子们！你们的收获就是老师最大的幸福！下课！

【板书设计】

习作赏析，明晰技巧

贴切用词

准确用“de”

不“说”而说

巧用修辞

活用描写

（2022 年 5 月兰亭集团名师引领课教学设计）

心底的那片美好

1994 年 7 月，我满怀美好的梦想踏上了神圣的讲台，成为一名小学老师。在过去的 28 年里，我始终勤勤恳恳、踏踏实实地做事，忠诚于人民的教育事业，热爱每一个孩子，上好每一堂课，积累了丰富的工作经验。所带班级风气正、学风浓、品质高、成绩优，班级日常管理始终走在学校前列。我快乐地在这个平凡的岗位上播洒汗水和爱心、收获幸福和希望。我为自己的一步步成熟而高兴，更为学生的健康成长而自豪。

我特别注重业务学习，积极参加各项教育教学活动。自参加工作以来，我出示区级公开课 9 节、市级公开课 2 节、市级交流课 1 节，省级优质课比赛 1 节获一等奖、市级优质课比赛 1 节获二等奖、区级优质课比赛 3 节均获一等奖。

我爱岗敬业，为人师表，工作态度及成绩受到了领导及同事的一致肯定，近 5 年学年度考核中 4 年均为优秀等次，曾获得“省小学德育先进工作者”“青岛市教学能手”“青岛市记功一次”“青岛市青年教师优秀专业人才”“西海岸新区拔尖人才”“西海岸新区教书育人楷模”“区优秀教师”“区优秀班主任”“区优秀少先队辅导员”“胶南市中小学教育教学工作先进个人”“胶南市中小学德育工作先进个人”“区教育系统教书育人先进个人”“区中小学学科带头人”等荣誉称号。2015 年教师节，《半岛都市报》刊登了我的教育故事。

我十分注重教学研究，以科研推进教育教学工作，提升教育教学水平。我主持负责的山东省品德教研课题“拓展教材空间　培育学生健全人格”成功结题，并荣获一等奖，由此我被评为课题研究先进个人，学校被评为优秀实验学校；承担了一项十二五课题研究并在阶段总结会上进行了题为《牵手阅读，播撒幸福的种子》的课外阅读指导策略经验交流；先后参与了市级课题研究 2 项，分别是“小学研究性学习的研究”和“思维导图在小学小组合作学习中的应用研究”；参与了省级班主任家校共建研究课题。我撰写的《班级里的守望者》《儿子送我“大蛋糕”》等多篇论文在《中小学教育》等国家级或省级以上的刊物刊发。另外，《献给节日的礼物》教案设计被山美版品德与生活教参书采用；参与了青岛市教学资源《小学语文课外阅读》《语文单元双测》等编写工作；《童心飞翔的天空》在市教体局举办的课改交流会上展示并编印成册；在区小学语文教研活动上，做过“善于思考，学会质疑微课”的经验交流。

28 载的一线教学经历，无论是思想、课堂教学、教学研究还是班主任工作都已经走向了成熟，成长为教育一线的骨干教师，为教育奉献了自己的光和热。

一、坚定初心理想，让为人民的信念内化为自觉

一直以来，我始终牢记人民教育为人民的思想，认真贯彻执行“办人民满意的教育”的方针政策，坚定初心理想，始终如一为自己热爱的教育事业奋力拼搏、无私奉献，立志做新时代的教师楷模。我有较强的集体荣誉感和是非观念，对于自身各方面有着充分的认识和思考，对于前进道路上的困难有足够的勇气迎难而上，勤学善思、勇于开拓、文明修身、率先垂范，力求做到思想上求进步、行为上做表率。在工作实践中，我服从领导的工作安排，紧密结合岗位实际，完成各项教育教学任务，坚持精益求精的原则，认真对待每一件事，认真对待每一项工作。

每每想念起家中老父亲因溶血性贫血一年里接连住 10 次院，每次都是高烧不退、昏迷不醒……作为女儿，理应尽全力伺候陪伴在老人身边，但作为教师，我又无法放下我的学生。每每这时，我的心情都会十分矛盾。丈夫也看到了我纠结的心情，他十分明白我心灵的天平一定会倾向自己的那帮孩子。他总会第一时间告诉我：“床我来陪，你回去吧，还有一大群孩子等着你呢……”家人的支持给了我强大的精神动力，在实际工作中更是以身作则，吃苦耐劳、善于钻研，与全校语文教师齐心协力，倾心打造好兰亭教育集团“好书共读，经典润心”的教育品牌。

二、做到以心换心，用真挚的爱赢得学生的信任

在教育教学过程中，我认真履行岗位职责，一直遵循着“做学问先做人”的原则，注重对学生人格的培养，将自己对教育事业的无限热爱和执着追求倾注在对学生的谆谆教导中。在教育教学工作中，我坚持以不伤害学生自尊心为原则，严慈相济，在学生表现好的时候绝不吝啬赞美的语言，在学生犯错的时候也绝不姑息迁就。我注重营造民主和谐、自由宽松的氛围，既能以学生朋友或合作伙伴的角色与学生建立深厚的友谊，又能在学生遇到各种困难、困惑时尽全力帮助他们，用奋进、乐观、向上的态度对待一切，引导学生健康地成长，所带班级团结向上、积极进取，形成了良好的学习氛围，得到了领导及教师的认可，得到了家长的拥护和爱戴。

我拥有一颗恒心，相信坚持不懈、精诚所至能让石头也开花。教师最头疼的就是班级里的学习后进生和不守纪律的调皮生，面对他们有时真的是束手无策，如果他们成绩更差、纪律更乱怎么办？我做好了任重道远的心理准备，怀揣一颗恒心，在漫长曲折的道路上用心去转化、去教育。课余饭后在思想上谈谈话、在学习上补补课吃个小灶，哪怕有那么一点点进步也无限地放大他们美好的一面，让他们学会改变，对自己负责。记得去年寒冬家访入户，热心的航家长拉着我的手说："真是感谢徐老师对孩子的教育，细致耐心，如妈妈般的鼓励树立起孩子的自信，学习上有了劲头。我看到了航一天天地进步，当娘的真是高兴。这再过一年航就要小学毕业了，早些年遇到您该多好啊……"教师不是神，教育也不是万能的。但教学生涯中遇上了这些天使，我就尽所能去感化，精诚所至，相信在真情的教育下，石头也会开花。

三、坚持教学相长，在教学实践中提升自身素质

作为教师拥有爱心固然重要，但仅有爱心是不够的，还要具备过硬的本领，才能培养全面发展的人才。所以为了加强专业理论学习，促进专业成长，我总会在课余时间读书学习，研读名家的教育教学专著，创新教育教学方法。在教学过程中，我善于把学到的理论运用到教育教学实践中，指导自己去研究教法、学法，准确把握教材，挖掘教材内容，更好地加强对学生思维能力、创新意识和实践能力的培养。在研究学科教学的同时，我十分注重将自己的所教、所学、所感、所悟记录下来，形成教育教学论文。

新时代、新课程要求教师树立终身学习的目标，秉承终身学习的教育理念，以适应教育改革的浪潮，实现自身的可持续发展。我积极参加各级培训学习，接受高端的专业知识，汲取渊博的、广泛的教育智慧。记得2018年去上海参加骨干教师培训时，一位教授的独特观点引起了我深深的思考，当即我做了如下的记录：在面对学生时，过多关注的是学生的成绩，学生在繁重的学业负担下似乎也变得麻木、没有动力，如果能让学生感受到他今天的努力就是明天获得美好生活的能力、拥有幸福的能力，那么学生就会更多地发挥他们自动自觉的一面。只有课堂上的生动语言和有深度的提问才能吸引学生，激发学生的学习兴趣。只有提高了自己的文学修养，才能讲出生动的一课。那就必须耐得住寂寞，沉下心来，去读一些书，一些有用的书。"一本好书，就是一个好老师！"博览群书，取之所长，为我所用，用到教育教学工作中，使教育工作如虎添翼，更上一层楼。

四、永葆工作激情，把教书变为追求幸福的动力

我既未获得特级教师的头衔，也不是一位赫赫有名的教师，但我在自己的工作岗位上成就着一批批孩子的未来，用自己的实际行动诠释着教师的幸福。在很多人的眼中，中年教师过多地重视家庭，缺少工作热情，而我虽年近半百仍在努力向上，展现出比年轻人更充沛的活力、更成熟的自信、更激昂的情怀，在本职岗位上从来没有懈怠。每天晚上，我都会把当天来不及批阅的学生作业尤其是习作带回家中，细细批阅，从来不让学生代批或互批。每一堂课我都会精心准备，有时甚至反复研磨到凌晨，心里没底不上课，这是我一直坚守的底线。当心中有了先进的教学理念、有了充满热情的工作状态、有了看淡功利的高傲、有了拒绝浮躁的淡泊、有了矢志不渝的坚守，学生和家长就会对你有道德制高点的仰视、知识的折服和情感的依恋，作为教师的幸福就会油然而生。“老师，谢谢您！因为您的一句表扬，我的孩子进步很大，真的很感谢您！谢谢！”当我看到昭妈妈发来的这一条简短的信息时，深深地被感动了，刹那间，有一股暖流漫过心底溢出眼眶。原来感动不需太多的言语，感激也无须轰轰烈烈的事情。只要真心付出，定有真爱流露。教师的幸福，还有什么比和一群年轻的生命一起构筑一座富丽堂皇的精神大厦更令人惬意的事呢！今生为师，绝无遗憾！

做教师很辛苦，除了教书育人之外，还需要用个人的魅力去征服学生，用满腔的热情去感染学生，用软声细语去抚慰学生。教师们说：我有着无穷的精力，是为工作而生的人。走上讲台，教书育人；走下讲台，为人师表。作为语文教师，教学有方，学生喜爱，成绩骄人；作为班主任，尽心竭力，关爱学生。从教 28 年来，我在教育的天地里默默守望，演绎人生的价值；在付出和给予中感受生命的意义，再苦再累也无怨无悔，在奉献和关爱中享受教育的快乐和幸福！